INICIACIÓN A LA INICIACIÓN

MARÍA TOSCANO - GERMÁN ANCOCHEA

INICIACIÓN A LA INICIACIÓN

EDICIONES OBELISCO

Si este libro le ha interesado y desea que le mantengamos informado
de nuestras publicaciones, escríbanos indicándonos qué temas son de su interés
(Astrología, Autoayuda, Ciencias Ocultas, Artes Marciales, Naturismo,
Espiritualidad, Tradición…) y gustosamente le complaceremos.

Puede consultar nuestro catálogo en www.edicionesobelisco.com

Colección Textos tradicionales
INICIACIÓN A LA INICIACIÓN
María Toscano - Germán Ancochea

1.ª edición: noviembre de 1997
2.ª edición: noviembre de 2025

Corrección: *Sara Moreno*
Diseño de cubierta: *Enrique Iborra*

© 1997, Germán Ancochea - María Toscano.
© 1997, 2025 Ediciones Obelisco, S. L.
(Reservados los derechos para la presente edición)

Edita: Ediciones Obelisco, S. L.
Collita, 23-25. Pol. Ind. Molí de la Bastida
08191 Rubí - Barcelona - España
Tel. 93 309 85 253
E-mail: info@edicionesobelisco.com

ISBN: 978-84-1172-341-1
DL B 15784-2025

Printed in Spain

Impreso en los talleres gráficos de Romanyà/Valls S. A.
Verdaguer, 1 - 08786 Capellades - Barcelona

A MODO DE JUSTIFICACIÓN

Para los que nos han precedido en el camino,
nuestro agradecimiento.
A los que están en el camino, nuestra hermandad.
En los que nos sigan en el camino, nuestra esperanza.

En un mundo donde «casi» todo está dicho y «casi» todo está escrito, uno siente la necesidad de justificarse cuando escribe un nuevo libro. En nuestro caso, además, no queda el fácil recurso de apelar al «casi», porque no intentamos decir nada nuevo (en el fondo no es posible cuando se habla de la tradición); a lo más, impulsados por algunos «compañeros del camino», intentamos poner juntas, y en un cierto orden, materias y reflexiones que, por separado, otros han dicho antes y mejor que nosotros.

Sin embargo, las páginas que ofrecemos no son, para nosotros, páginas muertas, ni fósiles de un museo. Al margen de las consideraciones históricas, una parte importante de lo que aquí contamos evoca para nosotros caras y circunstancias concretas. Bajo el manto del símbolo algunas reflejan experiencias que, en parte, hemos vivido. Otras, las más, reflejan lo vivido por personas que conocemos. Una pequeña parte responde a lo vivido por conocidos de las personas que conocemos. Y es lógico que así sea, porque en la medida en que somos lo que conocemos, de la misma manera no conocemos más que aquello que ya somos, al menos en potencia, y, por tanto, uno puede entender poco más que aquello que personalmente ha experimentado, en el fondo únicamente lo que está ya en condiciones de experimentar. Aunque a veces se acabe teniendo la osadía de hablar de lo que no se sabe.

El primer capítulo intenta aproximarnos al concepto de iniciación, recogiendo múltiples definiciones que se completan y ajustan entre sí, y apuntan hacia una idea dinámica, concebida la iniciación como *un proceso que hace posible que el hombre vaya tendiendo a su plenitud, muriendo y renaciendo a sucesivos niveles del ser*. Este capítulo puede ser usado, cuando convenga, como el comodín de una baraja; siempre que necesitemos una ayuda para cerrar la jugada, para profundizar en cualquiera de las partes que siguen, puede volverse a él.

En el segundo capítulo pretendemos aproximarnos a algo que en otros tiempos fue obvio y hoy es casi ignorado –si no despreciado–: el concepto de un cosmos jerarquizado desde el punto de vista del Ser, el único que da cabida a la posibilidad de la aventura del Ser, que es la base de la iniciación, para un hombre de naturaleza trinitaria (y por tanto dialéctica)[1] de cuerpo, alma y espíritu. Cuanto más próximo se está a la fuente del Ser más se es, y esto, en cada momento, establece diferencias cualitativas entre los distintos seres no en cuanto a lo que están llamados a ser, sino en cuanto a aquello que ya han conseguido ser. Esta jerarquización no da origen a ninguna sensación de «superioridad» por parte del que está en el camino, pues a medida que avanza hacia la luz se va haciendo consciente de que la distancia que lo separa de la unión con el Ser es inconmensurable con respecto a aquella que le separa de los que vienen detrás, tanto que ésta no se percibe por el que, en un momento dado, va delante; en todo caso, se aprecia por los que, en un momento dado, creen que van detrás.

En el tercer capítulo esbozamos un recorrido por lo que ha sido la tradición iniciática en Occidente, desde los cultos mistéricos al esoterismo de las tres ramas del tronco abrahámico: judaísmo, cristianismo e islamismo. No pretendemos comparar, ni siquiera analizar, todas estas tradiciones; lo que interesa es poner de manifiesto que, por encima de sus particularidades, todas ellas marcan al hombre un camino de retorno a la casa del Rey nuestro Padre, entendido como camino hacia la plenitud del Ser, como toma de conciencia y realización de aquello que nunca hemos dejado de ser. Recorrido cuyas principales etapas señalamos en el capítulo cuarto, desde la nostalgia que nos pone en

---

1. La Trinidad es pura interrelación.

marcha hasta el momento del rito de la iniciación, del que toda la peregrinación y sus pruebas son simultáneamente preparación y símbolo.

Finalmente, en el capítulo que lleva el cinco como número, proponemos algunas rutas que pueden intentarse cuando se desea poner el pie en el camino, apuntando una reflexión sobre lo que constituyen los rudimentos de un saber iniciático que deben ayudar a despertar al conocimiento, a la gnosis, invitando al compañero del camino a las tres actividades fundamentales del discípulo: orar, meditar y amar, a la espera de que el maestro aparezca.

Muchos sentimos la ausencia (¿ocultación?) de una enseñanza iniciática; echamos en falta la presencia y la ayuda de un maestro; se ha dicho, sin embargo, que la crisis del ideal Iniciático que vive nuestra época es más una crisis de discípulos que de maestros, que no hay maestros porque no hay discípulos. Estas páginas pretenden contribuir a «prender en las almas el deseo del retorno» y propiciar así que, cuando los caminos empiecen a llenarse de peregrinos, aparezcan los que puedan orientarnos (volver nuestras caras hacia el Oriente, hacia el punto en el que surge la luz) en cada una de las etapas. Que así sea si a Dios place.

Madrid, equinoccio de primavera de 1997

Queridos:
ahora somos hijos de Dios
y aún no se ha manifestado lo que seremos;
sabemos que cuando se manifieste
seremos semejantes a Él
porque le veremos tal cual es.

(1 Juan 3, 2)

Cuando Adam Kadmon
ha absorbido y experimentado
todo aquello que ha cobrado existencia
entonces la imagen de lo Divino
sabe quién está dentro y fuera.
En este espejo el rostro
contempla al rostro y se produce la unión total.
Entonces YO SOY EL QUE SOY es Uno
y la existencia se desvanece dejando solo a Dios.
Dios ha contemplado a Dios.

(Z'ev ben Shimon Halevi)

Tan largo tiempo lleva sentado el Amado,
cara a cara con mi corazón,
que mi corazón
se ha vuelto todo Él.

(Magrebi)

¿QUÉ ES LA INICIACIÓN?

La palabra «iniciación» tiene, en este momento, una pluralidad de contenidos que van desde los más fenomenológicos de los antropólogos e historiadores de las religiones, a los más metafísicos de los autores tradicionales, pasando por las versiones psicologistas, religiosas u ocultistas de otros.

La pretensión de establecer *a priori* una única definición corre el riesgo cierto de empobrecer el concepto, ofreciendo una visión forzosamente unilateral de éste. Nos ha parecido más enriquecedor empezar ofreciendo una pluralidad de aproximaciones, para intentar, después, resaltar los aspectos que consideramos más relevantes a nuestro propósito.

Todas las definiciones que se recogen a continuación nos muestran aspectos de una realidad que, en su totalidad, es inabarcable por el hombre profano.[1]

Es posible que todas ellas sean parciales, pero en conjunto nos ofrecen un material para la reflexión, la meditación, la contemplación, que puede hacer saltar la chispa intuitiva que nos permita una realización del concepto.[2] Y sigue siendo válido el consejo de san Pablo: «Examinadlo todo y quedaos con lo bueno». (1 Tesalonicenses 5, 21).

Poco importa que algunos de los autores citados parezcan hablar de algo de lo que son meros espectadores y que no corresponde a una experiencia personal. Es frecuente, en la transmisión del pensamiento

---

1. Recordemos que lo «pro-fano» es lo contrario de lo *fanum*, lo sagrado.
2. Es más, nos atreveríamos a recomendar al lector una lectura sosegada de las citas que siguen antes de continuar, e incluso releerlas haciendo un alto entre capítulos, en ellas puede descubrir por sí mismo la mayor parte de todo lo posterior, y ese descubrir le resultará más fecundo.

tradicional, cuando se realiza a través del símbolo, del mito y del folclore, que la transmisión sea tanto más fiel cuanto menos entiende el que hace de portador si éste no tiene una especial cualificación; pues menos riesgo se corre de que tiña la información de sus propios prejuicios.[3]

Definiciones de la iniciación[4]

La iniciación constituye uno de los fenómenos espirituales más significativos de la historia de la humanidad. Es un acto que no pone en juego sólo la vida religiosa del individuo..., pone en juego su vida total.[5]

La palabra «iniciación» deriva de dos palabras latinas: *in* = en, *ire* = ir; por lo tanto, es la iniciación de un comienzo o la entrada en algo. Significa, en su más amplio sentido, la entrada en la vida espiritual o en una nueva etapa de esa vida.[6]

¿Qué es exactamente la iniciación? La raíz misma de la palabra significa «empezar», «comenzar de nuevo». La iniciación es así el principio de una nueva fase o actitud hacia la vida, la entrada a un tipo de existencia completamente nuevo. Su característica es la de abrir la mente a una experiencia de otros niveles de conciencia, tanto internos como externos. Y, por encima de todo, iniciación significa «crecimiento espiritual», un punto clave en el espacio de la vida humana.[7]

Iniciar quiere decir abrir la puerta del misterio.[8]

---

3. Así, por ejemplo, los exegetas del Nuevo Testamento consideran con más probabilidad de ser textuales y auténticos aquellos dichos de Jesús que el evangelista parece no haber entendido y los sitúa fuera de contexto o en contradicción aparente con éste.
4. Se ha evitado ordenar de acuerdo con cualquier criterio preconcebido, de autores o de temas el material que viene a continuación. Un cierto «azar» puede ser útil en un momento inicial, después vendrán los intentos de sistematización.
5. Eliade, M. *Iniciaciones místicas.*
6. Bailey, A. *Iniciación humana y solar.*
7. Regardie, I. *Golden Dawn.*
8. Dürckheim, K.G. *El maestro interior.*

No puede haber religión sin ritos, sin mitos, sin símbolos y, posiblemente y ante todo, sin una iniciación, el rito mediante el cual nace el individuo a los mitos y a los símbolos de la comunidad religiosa.[9]

La iniciación, como acceso a lo sagrado, aparece sobre todo en los niveles culturales elementales.[10]

El misterio de la iniciación descubre poco a poco al neófito las verdaderas dimensiones de la existencia, introduciéndolo en lo sagrado; la iniciación le obliga a asumir su responsabilidad de hombre.[11]

Por iniciación se entiende un conjunto de ritos y enseñanzas orales que tienen por finalidad la modificación radical de la condición religiosa del sujeto iniciado.[12]

Filosóficamente hablando, la iniciación equivale a una mutación ontológica del régimen existencial. Al final de las pruebas el neófito goza de una vida totalmente diferente a la que tenía antes de la iniciación: se ha convertido en otro.[13]

El iniciado se transforma en otro hombre por haber tenido una revelación religiosa acerca del mundo y de la existencia.[14]

De capital importancia en las sociedades tradicionales, la iniciación es prácticamente inexistente en la sociedad occidental de nuestros días.[15]

A la ciencia tradicional es a la que van a tener acceso los novicios. Instruidos durante largo tiempo por sus tutores, asisten a ceremonias secretas, soportan una serie de pruebas, siendo éstas, sobre todo, las constitutivas de la experiencia de la iniciación: el encuentro con lo sagrado.[16]

La iniciación verdadera es un proceso íntimo, secreto, donde el hombre cambia sus imágenes mentales a través de la reforma total de su psiquis, y por lo tanto incluye una muerte al mundo conceptual

---

9. En Eliade, M. *La prueba del laberinto.*
10. En Elíade, M. Ibíd.
11. Mariel, P. *Rituales e iniciaciones en las sociedades secretas.*
12. Eliade, M. *Iniciaciones místicas.*
13. Eliade, M. Ibíd.
14. Eliade, M. Ibíd.
15. Eliade, M. Ibíd.
16. Eliade, M. Ibíd.

profano, lo cual es una reconversión del ser y, por lo tanto, va seguida de un nuevo nacimiento a un estado diferente.[17]

La iniciación es, por excelencia, un rito secreto.[18]

Las pruebas iniciáticas revelan en forma plástica y dramática el acto mismo por el que el espíritu transciende un cosmos condicionado, polar y fragmentario, para volver a la unidad fundamental antes de la creación.[19]

La iniciación es un arte, el arte de la vida…, la teoría puede ayudarnos a comprender mejor un arte, pero sin la práctica no existe el artista.[20]

La forma superior de iniciación se realiza cuando un ser plasma en él permanentemente el templo de Dios: está entonces más allá de los rituales, de lo exotérico y de lo esotérico, cumpliendo todos los rituales y asumiéndolos todos.[21]

Ser iniciado es alcanzar el ello, despertar el corazón, coger la flor de oro, volver a encontrar la palabra perdida. Todas estas metáforas tienen el mismo sentido: despertar lo divino que hay en nosotros, lo que vuelve al iniciado plenamente consciente.[22]

Un iniciado es un hombre reconciliado consigo mismo y esta reconciliación tiene lugar en torno a la chispa divina que brilla en cada uno de nosotros.[23]

El iniciado no es solamente un «recién nacido gnóstico», o mejor, un resucitado o, como dicen los hindúes un «dos veces nacido». Es un hombre que sabe, que conoce los misterios, pues a este nivel de la percepción espiritual «conocer» es «nacer con», «nacer dentro» o, mejor aún, «reintegrarse a la gnosis primordial»… La iniciación equivale a la maduración espiritual…: el iniciado, el que ha conocido los misterios, es «aquel que sabe».[24]

---

17. Programa Agharta.
18. Eliade, M. Ibíd.
19. Eliade, M. *Tratado de historia de las religiones.*
20. Wirth, O. *El ideal iniciático.*
21. Frere, J. C. *Rituales e iniciaciones en las sociedades secretas.*
22. Mariel, P. *Rituales e iniciaciones de las sociedades secretas.*
23. Mariel, P. Ibíd.
24. Mariel, P. Ibíd.

La iniciación puede definirse como un proceso destinado a realizar psicológicamente en el individuo el paso de un estado reputado inferior del ser a un estado superior… La iniciación propiamente dicha es la introducción en un mundo «superior», en un estado psíquico «más perfecto» que el estado profano. En el límite, la iniciación llegaría a ser una verdadera «deificación».[25]

Por la iniciación el ser se realiza de una manera auténtica, hace pasar sus posibilidades latentes de la potencia al acto. Una vez alcanzada la iniciación se hace permanente.[26]

La iniciación es la actualización en el ser humano del principio mismo que en la manifestación universal aparece como el avatar eterno.[27]

La iniciación tiene esencialmente por meta superar las posibilidades de ese estado (el estado individual humano) y hacer efectivamente posible el paso a estados superiores e incluso, en última instancia, llevar al ser más allá de cualquier estado condicionado, sea el que fuese.[28]

La iniciación efectiva debe conducir por grados, y según la vía personal, a esa realización integral que se cumple, no en el desarrollo aislado de ciertas facultades especiales, sino en el desarrollo completo, armónico y jerárquico de todas las posibilidades implicadas en la esencia del ser.[29]

La realización metafísica[30] consiste en la realización total e incondicional. Supone para el ser humano la liberación de las determinaciones propias de su particular estado de manifestación. Ahora bien, la realización total se identifica con el conocimiento absoluto… ser y conocimiento son una misma cosa… conocer en sentido total supone la realización correspondiente.[31]

La finalidad de la realización metafísica es la liberación, lo que significa romper los límites de la individualidad.[32]

25. Hutin, S. *Las sociedades secretas.*
26. Hutin, S. Ibíd.
27. Guénon, R. *Aperçus sur l'initiation.*
28. Guénon, R. Ibíd.
29. Guénon, R. *Op. cit.*
30. Meta de la iniciación, para el autor.
31. Biolcati, V. A. *La edad crepuscular.*
32. Biolcati, V. A. Ibíd.

Para acceder a estadios más elevados en el conocimiento y, finalmente, a la realización metafísica, en todas las antiguas escuelas de misterios… se precisaba recorrer un camino riguroso de formación… Tal itinerario implicaba hitos progresivos, al término de los cuales se recibía de un maestro espiritual un tipo de enseñanza especial que se iba haciendo más profundo según el avance demostrado por el discípulo. Esta forma de transmitir el saber se llamaba iniciación.[33]

La iniciación presupone en una doctrina dos aspectos diferentes: uno exotérico y otro esotérico… El aspecto exotérico se manifestaba en la enseñanza escrita y era, por esa misma razón, de fácil comprensión y divulgación. El aspecto esotérico, en cambio, era mantenido más bien secreto y sólo se transmitía a los discípulos regulares y preparados especialmente para tal iniciación.[34]

La vida iniciática gravita en torno a la experiencia del Ser y el esfuerzo para llegar a la unidad con él.[35]

Entrar en la vía iniciática supone un viraje completo, la gran revolución. Este entrar impone la decisión definitiva de ponerse al servicio de la transcendencia, lo que implica sacrificar todo lo que lo impida y comprometerse con todo lo que pueda favorecerla.[36]

Por medio de la iniciación, el hombre avanza siguiendo las etapas prescritas, y fuera de la existencia superficial de su conciencia natural, hacia su conciencia profunda, en la que puede desarrollarse su Ser esencial, es decir, el Ser sobrenatural que vive en él.[37]

La vida iniciática gravita en torno a dos polos: la experiencia del Ser esencial, redentor y liberador, y la transformación, creadora de una forma individual que tiene su base en el Ser esencial.[38]

El paso del hombre preiniciático a iniciado es el salto que hace subir un nuevo escalón humano… La iniciación caracteriza un nivel de evolución humana. Este grado puede ser innato o adquirido.[39]

---

33. Biolcati, V. A. Ibíd.
34. Biolcati, V. A. Ibíd.
35. Dürckheim, K. G. *El maestro interior.*
36. Ibíd.
37. Ibíd.
38. Dürckheim, K. M. *El maestro interior.*
39. Ibíd.

La vida iniciática no busca la realización definitiva de un ideal, es un movimiento sin fin mediante el cual, poco a poco, se va revelando el Ser esencial; la vía sin fin ocupa el lugar del fin.[40]

La pauta de toda vida iniciática exige discernir la relación entre el yo existencial, el Ser esencial y el esfuerzo que tiende a integrarlos.[41]

Resulta evidente que la iniciación consiste en morir y renacer, lo que se consigue mediante una muerte ritual o renaciendo a una nueva condición social. Este proceso de regeneración tiene ordinariamente un carácter sacramental en el sentido de que implica la comunicación de una sacralidad a los neófitos por medio de un banquete sagrado y la investidura con emblemas, vestiduras u objetos sagrados.[42]

En las religiones superiores, la iniciación se repite muchas veces periódicamente, conforme el neófito avanza a través de una serie de pasos en el culto mistérico; pero el principio es el mismo, ya que los ritos tienen por objeto una renovación de la vitalidad espiritual a través de un drama de muerte y resurrección.[43]

Iniciación, esta pretensión grandiosa del hombre antiguo de maximizar su dimensión, de superar las contingencias exteriores e interiores en busca de la unidad primordial del Ser.[44]

La iniciación es coexistente con toda existencia humana auténtica, corresponde a la eterna nostalgia del hombre que busca el sentido de la muerte, que acepta la muerte como un rito de paso hacia una forma superior de vida.[45]

En sentido estricto, la iniciación es la transmisión de iniciado a iniciado, de los primeros elementos de tradición fundamentales, es decir, la comunicación por parte de alguien que ha experimentado los métodos básicos de regeneración y superación espirituales.[46]

Se trata de un ensanchamiento de la conciencia y no de un arrebato más o menos místico, una vibración simultánea de todas las facultades

40. Ibíd.
41. Ibíd.
42. James, E.O. *Introducción a la historia comparada de las religiones.*
43. Ibíd.
44. Cobreros, J. *El camino iniciático de Santiago.*
45. Eliade M. *Herreros y alquimistas.*
46. Cobreros, J. *El camino iniciático de Santiago.*

del hombre cuya finalidad es tender hacia una constante conciencia cósmica.[47]

Basta contemplar la etimología del concepto de iniciación para recordar su sentido preparatorio. La iniciación es un condicionamiento previo para poder lanzarse al desarrollo de la plenitud de su esencia.[48]

El iniciado no se ha fijado un límite, sino que va hacia el infinito. Tales esfuerzos de transformación, renuncia, meditación contemplativa solitaria no están al alcance de todos. Así como el exoterismo, la religión llama a todos y les promete el paraíso, la iniciación prepara para un retorno a la dimensión primordial perdida. No se trata de un premio, de una situación, sino de un estado intermedio entre la divinidad y el hombre. No se ha caminado entre el premio y el castigo, sino hacia la máxima dimensión posible, la máxima participación posible en la esencia divina.[49]

La iniciación o el proceso de experimentar la expansión de conciencia es parte del proceso normal del desarrollo evolutivo, considerado en amplia escala.[50]

La iniciación conduce al monte en que se puede observar la visión… Conduce a esa corriente que, cuando se ha penetrado en ella, arrastra al hombre hasta llevarlo a los pies del Señor del Mundo, a los pies de su Padre en los Cielos, a los pies del Triple Logos… Conduce a la caverna en cuyos muros limitadores se conocen los pares de opuestos… Conduce a la cruz y al total sacrificio… Revela el misterio oculto… Conduce de un estado de conciencia a otro.[51]

La iniciación implica ceremonia… La ceremonia de la iniciación señala un punto de realización.[52]

Cada iniciación sucesiva produce la unificación más completa de la personalidad con el ego… La evolución del espíritu humano es una unificación progresiva, unificación que tiene lugar en el momento de

47. Ibíd.
48. Ibíd.
49. Ibíd.
50. Bailey, A. *Iniciación humana y solar.*
51. Bailey, A. Ibíd.
52. Bailey, A. Ibíd.

la individualización, cuando el hombre se transforma en una entidad consciente y racional.[53]

Puede llamarse iniciación a ese despertar del alma a tal estado de conciencia superior.[54]

Se iniciará entonces el discípulo en el augusto misterio relacionado con el nombre de Cristo. Cristo se le revela como el sublime ideal del hombre sobre la tierra.[55]

La historia antigua y los rituales de las sociedades primitivas contemporáneos nos proporcionan abundante material acerca de los mitos y los ritos de iniciación, por los cuales a los jóvenes, varones y hembras, se los acostumbra a separarse de sus padres y se los fuerza a convertirse en miembros de su clan o tribu.[56]

En el rito de iniciación la identidad se desmembra o disuelve temporalmente en el inconsciente colectivo. Después es rescatado de esa situación mediante el rito del nuevo nacimiento. Éste es el primer acto de la verdadera consolidación del ego con el grupo mayor.[57]

Los acontecimientos de iniciación no se limitan a la psicología de la juventud. Toda nueva fase en el desarrollo de la vida individual va acompañada del conflicto originario entre las exigencias del «sí mismo» y las del ego.[58]

La palabra «iniciación» se deriva de una raíz que significa «un primer paso o comienzo», y esto, por supuesto, es lo que es la iniciación. Es el primer paso de una nueva vida.[59]

Hay dos componentes esenciales en un verdadero rito iniciático. En primer lugar, el corte con la vieja vida, dramatizado en ciertas formas simbólicas, y, en segundo lugar, la transmisión de poder al neófito.[60]

Los ritos iniciáticos unen al neófito con la vida de la mente grupal y, asimismo, implantan dentro de él las semillas de poder que, en un

53. Bailey, A. Ibíd.
54. Steiner, R. *La ciencia oculta.*
55. Ibíd.
56. Jung, K.G. *El hombre y sus símbolos.*
57. Jung K.G. Ibíd.
58. Ibíd.
59. Butler, W.E. *Magia: su ritual, su poder y su propósito.*
60. Butier, W.E. Ibíd.

tiempo futuro, se espera que le llevarán a la realización consciente de su verdadera naturaleza.[61]

El término «iniciación» pertenece al vocabulario de la primitiva tradición cristiana y designa la «introducción» catequética y sacramental a los misterios cristianos como conocimiento y experiencia. La iniciación cristiana es una «mistagogía», introducción y experiencia de los misterios en los cuales se sumerge, por decirlo así, no sólo aceptando mentalmente lo que ellos quieren expresar, sino también dejándose impregnar en su sensibilidad, e interiormente en su psicología, hasta quedar incluso impactado en su psique.[62]

La iniciación cristiana es una celebración simbólica plenamente objetiva, que implica la conciencia del cristiano más allá incluso de lo que por el momento es capaz de entender, asumir y experimentar.[63]

El mundo no conoce ya iniciaciones de tipo tradicional. Ciertos temas iniciáticos perviven aún en el cristianismo, pero las distintas confesiones cristianas ya no le otorgan valor de «iniciación».[64]

Los temas iniciáticos viven, sobre todo, en el inconsciente del hombre moderno. Esto viene confirmado por el simbolismo iniciático de ciertas creaciones artísticas…, pero también por su resonancia en el público.[65]

Algunos dicen que la meta de la iniciación es el perfeccionamiento del hombre, otros enseñan que la iniciación es una experiencia astral, mientras que el pensamiento popular cree a menudo que el hombre que busca la iniciación la encontrará en algún remoto distrito detrás de altos muros.

Ninguno de estos conceptos contiene la verdad entera, pero hay un elemento de certidumbre en todos ellos… La iniciación es una experiencia espiritual, no astral; el candidato traspasa el foco de su conciencia de la personalidad –la unidad de encarnación– a la individualidad, el ego inmortal –o unidad de evolución– y la conciencia de la individualidad, siendo abstracta, es capaz de aprehender las

---

61. Butier, W.E. Ibíd.
62. *Diccionario de espiritualidad: «Iniciación cristiana».*
63. Ibíd.
64. Eliade, M. *Iniciaciones místicas.*
65. Eliade, M. Ibíd.

cosas del espíritu que no tienen manifestación en los planos de la forma.[66]

La primera iniciación consiste en el relámpago de conciencia cósmica en la que el ego ve con los ojos del espíritu en vez de con los ojos de la carne… Pero habiendo sido conocida tal experiencia, es necesario vincular la conciencia con la subsconsciencia por medio de una cadena asociativa, a fin de traer este aspecto particular de contenido subconsciente a la percepción consciente. Esto se consigue por medio de la iniciación ritual.[67]

Todas las iniciaciones superiores se muestran unánimes a propósito de la constitución del hombre en tres principios, con desdoblamiento del segundo.[68]

La iniciación, que debe ser secreta y sólo puede ser otorgada a personas cualificadas, comporta esencialmente la transferencia de una influencia espiritual, la cual sólo puede ser transmitida por una organización iniciática.[69]

En un sentido restringido y virtual, la iniciación es la transmisión de una fuerza espiritual, por medio de un rito, que pone al postulante en el «inicio» de un camino. En un sentido más amplio es el recorrido de la vía o iniciación efectiva, una nueva existencia durante la cual serán desarrolladas posibilidades de un orden totalmente distintas de la vida humana común.[70]

La nostalgia de una *renovatio* iniciática que esporádicamente surge de lo más recóndito del hombre arreligioso moderno, nos parece profundamente significativa: sería, en definitiva, la expresión moderna de la eterna nostalgia del hombre por encontrarle un sentido positivo a la muerte, por aceptar la muerte como un rito de paso a un modo superior de ser.[71]

Iniciarse es poder comenzar a ser verdaderamente. Se considera que el neófito entra en una vida nueva; pero al mismo tiempo no hace más

---

66. Fortune, D. *Las órdenes esotéricas y su trabajo.*
67. Fortune, D. Ibíd.
68. Papus. *Tratado elemental de ciencia oculta.*
69. René Guénon citado por Georgel, G. en *Iniciación y cristianismo.*
70. René Guénon citado por García Bazán, F. en *René Guénon o la tradición viviente.*
71. Eliade, M. *op. cit.*

que «volverse él mismo», como dice Goethe.[72] La iniciación presenta una doble dimensión cuyos términos parecen contradictorios: se refiere a la vez a lo visible y lo invisible. Se articula en el punto de unión de estas dos dimensiones.[73]

La iniciación se diferencia de las ceremonias religiosas por numerosos rasgos, el más importante de los cuales es que aquí el *misto* empieza por ser un espectador del drama que se desarrolla ante sus ojos –drama cuyas figuras son una búsqueda, una muerte y una resurrección–, para volverse luego un actor en el sentido pleno del término.[74]

La iniciación no es automática. Tiene que ser una aspiración: la aspiración primordial del hombre de llegar a ser aquello que realmente es –o se supone que es o que está llamado a ser–. Tiene que haber primero un descubrimiento o una revelación, por tenue que sea.[75]

La verdadera iniciación no sólo significa el comienzo de una nueva vida, implica también una ruptura con el estado previo de existencia.[76]

La iniciación es el nacimiento, tal como lo expresa el tema mítico del *Puer æternus*, «nacimiento» que marca justamente el advenimiento celestial de la madurez espiritual.[77]

En la comunidad antaño agrupada en torno a los *Oracula Chaldaica* la iniciación era vivida como un «sacramento de inmortalidad».[78]

El fruto de la iniciación espiritual es preservar al iniciado de la «segunda muerte».[79]

Todas las tradiciones han creído que tanto los estados en los que nos encontramos como los fines a los que tendemos están ordenados jerárquicamente y que el paso de un grado a otro requiere unos medios adecuados. Esto es la iniciación.[80] Es necesaria, porque el salto de un estado a otro, de un grado a otro, de un nivel a otro, no es automático;

---

72. Nataf, A. *Los maestros del ocultismo.*
73. Nataf, A. Ibíd.
74. Nataf, Ibíd.
75. Panikkar, R. *Elogio de la sencillez.*
76. Panikkar, R. Ibíd.
77. Corbin. *Iniciación y caballería espiritual.*
78. Corbin, H. Ibíd.
79. Corbin, H. Ibíd.
80. Panikkar, R. *La experiencia de Dios.*

se necesita una colaboración entre, por un lado, una mano que se tiende y, de otro, unos pies que se alcen, que se esfuercen para llegar a coger esa mano.[81]

Iniciación procede del latín *initium*, «comienzo», que dio el verbo *initio*, «iniciar en los misterios». Significa, por lo tanto, «nuevo principio», acceso a un estatuto radicalmente diferente de aquel que se deja. Este paso de lo profano a lo sagrado está considerado como un «segundo nacimiento», como una regeneración del ser, que a través de ella recupera su estado original, hasta entonces ocultado por sus condicionamientos materiales.[82]

La iniciación es, ante todo, purificación personal y, en segundo lugar, transmisión por el maestro de la energía espiritual de la que es heredero.[83]

El proceso iniciático

Las consideraciones anteriores nos permiten inferir que la iniciación es fundamentalmente un proceso que hace posible que el hombre vaya tendiendo a su plenitud, muriendo y renaciendo a sucesivos niveles del ser. Del conjunto de las definiciones pueden extraerse una serie de elementos comunes del proceso iniciático que hacen referencia: al hombre iniciable o iniciado, al rito iniciatorio o iniciación propiamente dicha y al proceso pre y posiniciático. Bien entendido que el pensamiento tradicional asigna, a cada uno de estos elementos, contenidos que van más allá de los conceptos ordinarios, y a veces incluso los contradicen.

En consecuencia –y siguiendo, en esto, a René Guénon, la persona que en el Occidente contemporáneo, y en nuestra opinión, mejor ha analizado la iniciación en sus aspectos metafísicos–, hay que destacar y analizar, tres momentos o aspectos del proceso iniciático: la potencialidad, la virtualidad y la actualidad.

---

81. Panikkar, R. Ibíd.
82. Brosse, J. *Los maestros espirituales.*
83. Brosse, J. Ibíd.

La *potencialidad* hace referencia a las posibilidades inherentes a la naturaleza propia del individuo y que son la materia prima sobre la cual deberá efectuarse el trabajo iniciático.

La *virtualidad* es la transmisión, por medio de la vinculación, a una organización tradicional, de una influencia espiritual que dará al ser la iluminación que le permitirá ordenar las posibilidades que el hombre lleva en sí.

La *actualidad* es el trabajo interior por el cual recorrerá gradualmente la jerarquía iniciática hasta la meta final.[84]

---

84. García Bazán, F. *René Guénon o la tradición viviente.*

Que Él, el Dios de la paz, os santifique plenamente
y que todo vuestro ser, el espíritu, el alma y el cuerpo,
se conserve sin mancha hasta la venida
de Nuestro Señor Jesucristo.

(1 Tesalonicenses 5, 23)

POTENCIALIDAD: EL SUJETO DE LA INICIACIÓN

Hay tantas concepciones sobre el hombre, su naturaleza, origen y destino como escuelas, tradiciones y sistemas filosóficos. Pretender que una concreta de ellas abarca toda la verdad con exclusión de las demás es absurdo, pero no se puede ignorar que sólo determinadas doctrinas, encuadradas en lo que se suele llamar el pensamiento tradicional, ofrecen un marco en el que la iniciación es concebible.

En otros sistemas ni siquiera es posible hablar del concepto, y ése es precisamente el drama de nuestro mundo moderno occidental. Los esquemas filosóficos y psicológicos predominantes no dejan espacio para un hombre que puede y debe ir escalando distintos niveles de conciencia y del ser en el camino de su realización final. Ya no se trata de que el hombre no sea individualmente capaz de alcanzar su meta, es que no es capaz, ni individual ni colectivamente, de sospechar que existe algo que trasciende su cotidianeidad, como nos recuerda el cuento del águila.

Un hombre encontró un huevo de águila. Se lo llevó y lo colocó en el nido de una gallina de corral. El aguilucho fue incubado y creció con la nidada de pollos.

Durante toda su vida, el águila hizo lo mismo que hacían los pollos, pensando que era un pollo. Escarbaba en la tierra en busca de insectos, piando y cacareando. Incluso sacudía las alas y volaba unos metros por el aire, al igual que los pollos. Después de todo, ¿no es así como vuelan los pollos?

Pasaron los años y el águila se hizo vieja. Un día divisó muy por encima de ella, en el límpido cielo, una magnífica ave que flotaba elegante y majestuosamente por entre las corrientes de aire, moviendo apenas sus poderosas alas doradas. La vieja águila miraba asombrada hacia arriba. «¿Qué es eso?», preguntó a una gallina que estaba junto a ella. «Es el águila, el rey de las aves –respondió la gallina–, pero no pienses en ello. Tú y yo somos diferentes de ella».

De manera que el águila no volvió a pensar en ello.

Y murió creyendo que era una gallina de corral.[1]

Intentando no caer en el sincretismo,[2] trataremos de recordar aquellos conceptos sobre el ser y el hombre que son en buena parte comunes del pensamiento tradicional o que constituyen su sustrato. En ocasiones deberemos recurrir a distintas descripciones de la realidad, siendo conscientes de que las varias aproximaciones pueden ayudar a iluminar unos temas cuya formulación es, en cierto modo, analógica y siempre condicionada a la capacidad de comprensión y explicación de las personas implicadas.

El concepto jerárquico del Ser

El concepto jerárquico del Ser se fundamenta, en Occidente, en la filosofía platónica y neoplatónica –sin olvidar la *catena aurea* que, en la poesía homérica, religa dioses, daimones y hombres– que ha creado una metafísica del Ser-Uno desde la cual todo tipo de realidad se forma o es. La situación real con respecto del Ser se define en una posición jerárquica, que se mide desde dentro, es decir, metafísicamente, y no desde fuera. Cualquier valoración de tipo axiológico sería insuficiente e inexacta. Se trata de medir el ser en función del Ser y lo que

---

1. De Mello, s. j. A. *El canto del pájaro.*
2. Las distintas doctrinas tradicionales son otras tantas vías que, como radios de una rueda, conducen al centro común y, en la medida en que lo hacen, son en sí mismas verdaderas y completas (véase Ancochea, G. y Toscano, M. en «Buscad mi rostro»); el sincretismo es el error resultante de forzar las manifestaciones múltiples para que sean uno, cuando no se ha superado la ilusión de las formas. (véase Ancochea G. y Toscano M. en *El simbolismo del número*). Mezclarlas es, pues, un error. De sabios es estudiarlas con respeto y procurar que las otras vías iluminen la propia. Sólo a unos pocos les es dado recorrer varias de ellas.

va a medir esta distinción es «la cantidad de Ser» contenida en el interior de cada realidad.

La realidad se difunde, emana desde el Uno pasando por distintas posiciones: el alma del mundo, el intelecto, el alma individual y el mundo sensible, etcétera, para así ordenar metafísicamente, y en función de la proximidad óntica, el grado y la situación de cada uno de los seres. Esta jerarquía no tiene nada que ver con una valoración externa al propio Ser, sino que, insistimos, es una concepción metafísica y cosmológica de toda la realidad, desde las realidades inteligibles a las sensibles.

La influencia de esta concepción platónica de la realidad puede detectarse no solamente en los neoplatónicos, sino también en el pensamiento tradicional islámico y en la cábala judía.

Platón en el mito de la caverna[3] expone de forma poética, clara y ordenada su concepción de la realidad. El hombre, esclavo de la materia, vive encadenado en el interior de la caverna, confundiendo las sombras con la realidad (ignorancia). Cuando el esclavo logra romper las cadenas descubre la luz que viene de «otro mundo», el mundo de lo inteligible, el mundo de la verdadera realidad, iluminado por el Sol del bien. Ese mundo es aquél donde las cosas son lo que son. El esclavo trata de alcanzar la luz partiendo de la oscuridad; este camino es la dialéctica platónica, auténtica gnosis que eleva el alma de la pseudo-rrealidad a la realidad verdadera. Este ascenso del alma a la luz es una verdadera carrera iniciática que comienza en el momento en que el hombre se da cuenta de la oscuridad en la que vive y define lo que le rodea como no-realidad y oscuridad.

Este esquema básico ha servido a la gnosis y a los neoplatónicos para plantear la realidad como una auténtica graduación que va desde el pseudoser (sombras, imágenes) al verdadero Ser, y es el hombre, precisamente, el llamado a recorrer esta distancia entre los dos mundos.

Proclo[4] expone con detenimiento este proceso de emanación que va del Uno a las realidades particulares y concretas, para después, ter-

---

3. Libro VII de *La República*.
4. Neoplatónico del siglo v.

minada la procesión del Ser, volver a reintegrarse todas las realidades en la Unidad *(epistrofé)*.

Cada momento del proceso emanativo contiene el Todo según su modo propio, cada momento estará caracterizado por una manera de producir, pues todo poder verdadero actúa por su ser mismo. *La naturaleza engendra sus derivaciones según el modo de la naturaleza. El alma, según su modo de alma. El espíritu, según su modo pensante. El Uno es, pues, la causa universal según su modo de unidad, y la emanación que parte de él está marcada por el sello de la unidad.*[5]

La función del Uno es ir pasando la unidad a los órdenes o grados inferiores, es decir, conferirles su propia naturaleza, *de ahí que unificar sea deificar.* Por ello es como un derramamiento del Ser que no implica alteridad sino que el Uno transmite unidad, formando así la multiplicidad de las cosas.

La emanación es, pues, el proceso mediante el cual lo superior produce lo inferior por sobreabundancia, el Uno no pierde nada en el proceso, como ocurre con la difusión de la luz. Es un autodespliegue del Ser; lo emanado conserva así una identidad con el Ser del que emana.

También en el islam encontramos la justificación filosófica de la jerarquización de la realidad. Ibn-Sina[6] mantiene que la creación de la existencia de las cosas es producto de una emanación. *El pensamiento divino se piensa a sí mismo y este conocimiento que el Ser divino tiene eternamente de sí no es otra cosa que la primera emanación, el primer «nous» o inteligencia primera.* Resultado de estas emanaciones consecutivas son diez inteligencias «querubínicas» y las «almas celestes», que carecen de facultades sensibles pero que poseen la imaginación en estado puro. De la décima inteligencia, que es activa, deriva la tierra y el alma de los hombres, que es una sustancia indivisible, inmaterial e inalterable. El filósofo es aquel que encuentra el camino de estas inteligencias, dice Ibn-Sina, por lo tanto, ha de ser también un verdadero místico.[7]

---

5. Proclo. *Teología platónica.*
6. Avicena, médico, filósofo y místico persa del siglo x.
7. Esta relación entre filosofía (entendida como teo-sofía) y mística viene ilustrada por el encuentro entre el filósofo Ibn-Sina y el sufí Abu Said Aboljeir. Éste decía de Ibn-Sina: «Todo lo que yo veo él lo sabe», mientras que el filósofo decía del

Según Ibn-Arabî[8], la revelación del ser divino se lleva a cabo como una sucesión de epifanías que presentan tres grados: epifanía de la esencia divina a sí misma, de la que sólo se puede hablar por alusión; una segunda teofanía que es el conjunto de las teofanías en las cuales y por las cuales la esencia divina se manifiesta a sí misma bajo las formas de los nombres divinos; la tercera es la teofanía en las formas de los individuos concretos, dando existencia concreta y manifiesta a los nombres divinos.

Experimentalmente no los conocemos más que por nuestro conocimiento de nosotros mismos: Dios se describe a nosotros por nosotros mismos.[9]

Mullâ Sadrâ[10] considera que todas las cosas existentes son grados o fases de un solo ser, que se extiende desde el Ser Puro o Dios hasta las materias primas. Todas las cosas del mundo, en la esfera de la manifestación corpórea y psíquica, se hallan en un estado de continuo cambio y flujo sustancial.

Afirma incluso que al principio el alma humana es lo mismo que el cuerpo y sólo a través del movimiento transustancial gradual se separa del cuerpo hasta alcanzar la catarsis completa.[11]

La tradición oral de la cábala afirma que la razón de la existencia es que «Dios deseaba contemplar a Dios». Hubo, pues, previamente una no-existencia en la que según la tradición escrita «el rostro no contemplaba al rostro». En un acto de voluntad totalmente libre, Dios extrajo de su lugar al Todo Absoluto *(Ain Sof)* para que apareciera un vacío en el que pudiera manifestarse el espejo de la existencia. A este acto alude el dicho rabínico: «El lugar de Dios es el mundo, pero el mundo no es el lugar de Dios».[12]

---

sufí: «Todo lo que yo sé, él lo ve». Cfr. notas al prólogo de Ibn Tufayl a su libro *El filósofo autodidacta.*

8. Uno los más grandes maestros sufíes, nacido dentro de un ambiente sunnita, nacido en Murcia el 1195.
9. Cfr. Corbín, H. *Historia…*
10. Es una de las mayores figuras de la filosofía (quizá mejor teosofía) irano-islámica. Vivió en los siglos XVI-XVII.
11. Nasr, S.H. *Vida y pensamiento en el islam.*
12. Cfr. Halevi. *Op. cit.*

En este contexto de la tradición cabalística, Isaac Luria mantiene que la existencia del universo es posible gracias a una «contracción» de Dios. Como si Dios hubiese tenido que «hacer sitio». Así pues, el primer acto del ser infinito no fue hacia fuera sino hacia dentro y, como dice Scholem, es el exilio de Dios en sí mismo. Más tarde, en un segundo momento, Dios lanza un rayo de luz y así empieza su revelación creadora.

En el proceso de creación hay dos tendencias, una de flujo y otra de reflujo. La creación es aquí como un organismo gigante cuyo ritmo se mide por la inspiración y la espiración. Los destellos emanados del *Ain Sof*[13] son recibidos y conservados en cada una de las *sefirot*.[14]

Todas estas concepciones jerárquicas del Ser colocan al hombre en el lugar que le permite reiniciar la vuelta al Uno, la epistrofé, que implica conversión, volver la cabeza hacia la verdadera patria, reencontrar su verdadera naturaleza, y ese camino del reencuentro ha de realizarse en el interior de cada hombre, pasando por las etapas correspondientes hasta alcanzar la plenitud, objetivo de todo verdadero camino iniciático. Los pasos iniciáticos no son más que las puertas de entrada que nos permiten ascender, pasar, a cada uno de nuestros descansillos interiores. Implica siempre la culminación de una etapa previa; muerte, pues, a todo lo anterior, y paso a una nueva etapa, a una nueva esfera, que implica nacer a un nuevo momento de nosotros mismos.

Las gnosis de todos los tiempos han propuesto este esquema como la base de todo verdadero conocimiento. La gnosis salva en la medida en que el hombre, caminante, se da cuenta de dónde está, es decir, en qué lugar se encuentra en la situación general del Ser y, dentro de ella, en qué momento personal y evolutivo está, en el largo proceso que lo separa del Ser Uno.

El igualitarismo espiritual sería la proclamación de la ignorancia de esta situación. Los hombres no podemos ser iguales partiendo de un concepto jerárquico del Ser, en la medida en que cada uno ocupa un lugar muy determinado en la escala de ascensión del Ser y, por lo tanto, es «la cantidad de Ser» que hemos ido realizando la que nos permite estar más o menos cerca ónticamente de nuestro objetivo.

---

13. Lo ilimitado.
14. Manifestaciones de lo creado, textualmente: esferas.

La gente nunca debería pensar tanto en lo que tienen que hacer, tendrían que meditar más bien sobre lo que son... Que no se pretenda fundamentar la santidad en el actuar, la santidad se debe fundamentar en el ser... Quienes no tienen grande el ser cualquier obra que ejecutan no dará resultado.[15]

Se nos presenta así un universo jerarquizado desde el punto de vista del conocimiento, de la conciencia, del ser. Los procesos iniciáticos sólo tienen sentido y consistencia si concebimos toda la realidad como ella misma también jerarquizada. Fuera de este concepto de universo jerarquizado no hay lugar para el concepto de iniciación. «La iniciación tiene sentido dentro de un mundo jerárquico, fuera del cual carece totalmente de él. Hablar de iniciación en un mundo donde prevalece una mentalidad supuestamente igualitaria y donde el poder y la autoridad son ejercidos en nombre de una mayoría, también supuestamente democrática, o en una sociedad donde la autoridad se ejerce en nombre del dinero, de las armas o de la inteligencia sería un contrasentido y un anacronismo... La iniciación se establece en aquellas sociedades que son conscientes del carácter jerárquico de la realidad –traiga esto luego abusos o no los traiga, eso es ya otra cuestión– y que consideran que el camino a una mayor transparencia y fidelidad al espíritu requiere una serie de pasos, una preparación un "capacitarte para"... Hemos perdido el sentido jerárquico de la realidad; la iniciación casi ha desaparecido».[16]

Del carácter jerárquico, y por lo tanto no democrático, del mundo iniciático no cabe hacer peligrosas extrapolaciones al mundo político ordinario. El mundo de la «polis» hace referencia a los ciudadanos que, en cuanto tales, son todos iguales y no cabe hablar de grados de ciudadanía.[17] No es, por consiguiente, justificable la extrapolación de la jerarquización iniciática a la jerarquización política, sin por ello ignorar que detrás de los ideales sinárquicos se ocultan importantes intuiciones pero también importantes peligros. Esta tentación ha llevado, en teoría, a la justificación de ciertos totalitarismos y, en la práctica, a

15. M. Eckhart. Tratado 4.
16. Panikkar R. *La experiencia de Dios.*
17. Algo que, por otra parte, ignoran los racistas de todas las razas.

sistemas teocráticos cuya tiranía es tanto más dura cuanto que se ejerce en nombre de la presunta verdad suprema. La línea que separa tradición y fundamentalismo puede ser, a veces, muy sutil, pero traspasarla ha resultado siempre trágico para los hombres.

En el polo opuesto, el mundo profano pretende democratizar espacios de la realidad que son dominio del Ser y, por lo tanto, jerarquizados. No deja de ser curioso que no se conciba la jerarquización del hombre en el ámbito de la consciencia y del Ser en un mundo que se caracteriza por el dominio del cientifismo y donde nadie intentaría democratizar el concepto de «verdad científica», a pesar de su carácter relativo. Este desconocimiento es una de las causas que impiden al hombre moderno su acceso a la iniciación y, por ende, le dificultan terriblemente el camino de su propia realización.

Ambos extremos son consecuencia de la trivialización en unos casos, de la adulteración en otros, de la profanación,[18] en definitiva, de verdades que deberían haberse mantenido, en el ámbito que les es propio, secretas.

El concepto trinitario del hombre

El Ser, en cuanto se manifiesta, lo hace de forma trinitaria[19] como Dios, como cosmos y como hombre. De este Ser Único que se manifiesta de forma trinitaria nos dice el maestro sufí Shah Nematollah Wali (n. 1329):

La ola, el océano, la espuma
los tres son uno y lo mismo.
No hay sino un Único Ser
desde lo pequeño hasta lo grande.

Y, de manera análoga, el esoterismo judío afirma en el *Zohar*:

---

18. Profanación: La pérdida de carácter sagrado.
19. Panikkar, R. *La Trinidad*.

El Antiguo (bendito sea) existe con tres cabezas que no forman sino una sola y esta cabeza es lo que hay más elevado entre las cosas elevadas. Y como el Antiguo (bendito sea) está representado por el número tres, todas las otras luces que nos aclaran con sus rayos están igualmente comprendidas en el número tres.

Cada una de las manifestaciones posee, a su vez, naturaleza trinitaria y es, a su nivel, reflejo de los otros dos. Así, el hombre, hecho a imagen y semejanza del Dios trinitario, es un microcosmos reflejo de todo lo manifestado: el macrocosmos. Y el viejo precepto: «Conócete a ti mismo» lleva al hombre desde el autoconocimiento al conocimiento del cosmos y de Dios.

El olvido de la naturaleza trinitaria del hombre está en la base de la incapacidad de las religiones (que hayan perdido u olvidado su dimensión esotérica) para dar razón de algunas de sus verdades más profundas. Y, por otra parte, de los errores dualistas[20] que han acechado tanto a los esoterismos –en particular los de raíz gnóstica– como a la moral de las religiones ortodoxas en su contraposición cuerpo-alma.

Este carácter trinitario del hombre ha sido expresado de diversas maneras, como puede comprobarse hojeando cualquier libro de historia de las religiones.

En el mundo occidental, la formulación más común ha sido considerar al hombre constituido por cuerpo, alma y espíritu.

«Hay tres mundos, el de la materia, el de la mente y el del espíritu, que nosotros experimentamos en nosotros mismos como cuerpo, alma y espíritu. Pero estos mundos no están realmente divididos. En términos hindúes se debe a la ignorancia *(avidya)* e ilusión *(maya)* y, en términos cristianos, al pecado y a la caída, la vivencia de esta división en nosotros».[21]

El cuerpo es el elemento material, procedente del mundo físico; el alma sería el elemento vital, procedente de la naturaleza universal, y el espíritu sería su elemento inmortal.[22] O, en palabras del maestro

---

20. Ancochea, G. y Toscano, M. *El simbolismo del número.*
21. Griffiths, B. *El matrimonio de Oriente y Occidente.*
22. Papus. *Tratado elemental de ciencia oculta.*

Eckhart: «Nuestro Señor llamaba alma a su espíritu creado, por cuanto le daba vida al cuerpo y estaba unida con los sentidos y la facultad intelectual».[23]

«El espíritu es como el cielo, resplandeciente e inmutable sobre los horizontes del alma. Es un mundo que, aunque todavía no es Dios, es inseparable de él, de modo que alcanzarlo es estar ya en el atrio del paraíso y en la proximidad de lo divino. También el cuerpo lleva en su existencia objetiva y natural, aunque no necesariamente en su prolongación subjetiva de la psique, "los vestigios del Creador", de modo que puede ser considerado como el templo del espíritu y puede desempeñar un papel completamente positivo en el proceso mismo de realización espiritual. Lo que resta del hombre, a saber, el alma o ánima es precisamente la materia del trabajo espiritual. Es el plomo que debe ser transformado en oro, la Luna que debe desposarse con el Sol y, al mismo tiempo, el dragón que debe ser muerto para que el héroe pueda alcanzar el tesoro… El hombre "caído", por usar la terminología cristiana, es precisamente aquel que únicamente se identifica con su mente o sustancia psíquica, sin darse cuenta de que ésta no es sino un reflejo en el plano psíquico del intelecto… Para alcanzar a Dios el alma debe llegar a parecerse a Dios».[24]

El esoterismo judío, tal y como se formula en el *Zohar*,[25] divide, a su vez, el alma en tres partes: *nefech,* el soplo vital; *ruah,* el espíritu, y *neshamá* o alma propiamente dicha. El alma que debe descender para animar un cuerpo se niega a dejar su lugar original, pero acaba por obedecer la orden divina; debe conquistar un complemento de perfección del lado del mundo material y, al mismo tiempo, está encargada de impregnar la materia de una parcela de espíritu para purificarla e impulsarla hacia lo alto. El hombre es, por lo tanto, una mezcla de santidad y de mancilla. Es un mediador de las fuerzas cósmicas. Sólo el perfecto devoto puede llegar a tener *neshamá,* alma sagrada. El *Zohar* identifica al devoto con el perfecto cabalista y éste adquiere la

---

23. Sermón XLIX.
24. Nasr, S. H. *Sufismo vivo.*
25. El *Sefer ha-Zohar* (Libro del Esplendor), obra clave de la literatura cabalística, se elabora en España hacia finales del siglo XIII. Fue redactado por Moisés de León, aunque atribuido a un rabino del siglo II, Simón bar Yohai.

neshamá sólo cuando consigue penetrar en los secretos de la Torá, es decir, por medio de la comprensión mística de sus poderes cognoscitivos. La *neshamá* es el poder intuitivo más profundo que conduce a los secretos de Dios y del universo. Al adquirirla, el cabalista aprehende algo de lo divino en su propia naturaleza. El Zohar sostiene que sólo el *néfesh,* o alma natural, que reciben todos los hombres es capaz de pecar; la *neshamá,* la chispa divina más profunda del alma, está más allá del pecado. En el acto de pecar la *neshamá* abandona al hombre. De hecho, después de la muerte las diversas partes del alma, una vez cumplida su misión, regresan a su lugar original, pero aquellas que han pecado son llevadas ante el tribunal y purificadas en la corriente de fuego de la Gehena o, en el caso de los pecadores más impenitentes, son quemadas. La *neshamá* misma no se ve afectada por el pecado ni por el castigo después de la muerte, y si desciende al infierno es sólo para guiar a algunas almas sufrientes hacia la luz.[26]

Aunque iremos profundizando sobre estos conceptos, señalar ahora que todos los elementos, en cuanto manifestaciones del Ser, son, en su nivel, inmortales.[27] Nada se destruye, todo se transforma: la materia en otros elementos materiales, la energía psíquica en otras formas de energía psíquica.[28] Otra cosa es el nivel de conciencia que alcance a cada uno de esos elementos, por eso *a priori* se habla del espíritu como único elemento inmortal.

El esquema anterior nos valdría para un ser que tuviese un sólo ciclo de existencia o para aquellos autores tradicionales que, hablando

---

26. Cfr. Nataf., A. *Los maestros del ocultismo,* y Scholem, G. *Las grandes tendencias de la mística judía.*

27. Como dice una tradición sagrada del islam: «Él es el principio, él es el fin, él es la verdad, él es lo oculto, él es lo manifestado, él es el (eterno) presente».

28. Dejar apuntada aquí, para la reflexión personal, la responsabilidad sobre las formas psíquicas creadas por cada uno de nosotros. Señalar, por ejemplo, que aquí está la base de muchas formas de magia, el mundo de los cascarones psíquicos dejados por los muertos y conectados a través de determinadas prácticas y el fundamento, probablemente olvidado, que da la Iglesia católica a los pecados de pensamiento, cuyos efectos pueden ser mucho más duraderos que los generados por los pecados de hecho. De manera análoga, en el pensamiento oriental es el propio «deseo» el que genera el karma, independientemente de que se traduzca o no en acto.

de estados múltiples del ser, consideran que el ser sólo debe ser llamado hombre cuando se manifiesta con cuerpo y alma, correspondiéndole otros nombres en los distintos estados.

Guénon[29] distingue, a estos efectos, entre personalidad e individualidad. La primera es aquella que trasciende al ser manifestado; es el principio inmutable del cual un ser individual no es más que una realidad circunstancial. La personalidad, por trascender la manifestación, se encuentra más allá de las formas espaciales y temporales, y no se ve afectada por la transitoriedad de los estados individuales. Uno de los estados individuales es el humano.[30]

Otros autores[31] consideran al hombre formado por espíritu, individualidad y personalidad. El espíritu es el principio inmutable que está más allá de la forma. La individualidad estaría constituida por aquellos elementos que trascienden una manifestación concreta y que acumulan la experiencia de existencias pasadas; para los que creen en la reencarnación, lo que va reencarnando una y otra vez hasta liberarse de la rueda del karma. La personalidad sería lo propio de la manifestación del estado humano y estaría constituida por el cuerpo y la psiquis.[32]

Este espíritu que clama: ¡Padre![33] es el que pone al hombre en movimiento para su realización como ser humano, como hijo de Dios,[34] de acuerdo con la potencialidad con la que ha sido creado:

Tomó Dios al hombre así construido y, habiéndolo puesto en el centro del mundo le habló de esta manera:

---

29. Véase Guénon, R. *Los estados múltiples del ser.*
30. Biolcati, V.A. *La edad crepuscular.*
31. Véase, por ejemplo, Knight, G. *Guía práctica del simbolismo cabalístico.*
32. Nótese que los distintos autores utilizan la misma palabra para designar conceptos radicalmente distintos. Creemos que mantener esta pluralidad nos ayuda a afinar la mente y nos impide fosilizar y absolutizar los conceptos. Lo importante, una vez más, es que la reflexión permita que brote la chispa intuitiva.
33. «La prueba de que sois hijos es que Dios ha enviado a vuestros corazones el Espíritu de su Hijo que clama: ¡Abba, Padre!» (Gálatas 4, 6).
34. Aunque este tema se irá desarrollando a lo largo del libro conviene dejar claro, ya desde ahora, que, cuando el pensamiento tradicional habla de «hijo de Dios», está hablando de alguien que es de la misma naturaleza que su Padre, que no es meramente una criatura, al margen de las matizaciones filosóficas, muchas, importantes y, sin duda, necesarias, correspondientes a las distintas escuelas.

«Oh, Adán, no te he dado un lugar determinado, ni un aspecto propio, ni una prerrogativa peculiar, con el fin de que poseas el lugar, el aspecto y la prerrogativa que conscientemente elijas y que, de acuerdo con tus intenciones, obtengas y conserves. La naturaleza definida de los otros seres está constreñida por las precisas leyes por mí prescritas. Tú, en cambio, no constreñido por estrechez alguna, te la determinarás según el arbitrio a cuyo poder te he consignado. Te he puesto en el centro del mundo para que más cómodamente observes cuanto en él existe. No te he hecho ni celeste ni terreno, ni mortal ni inmortal, con el fin de que tú, como árbitro y soberano artífice de ti mismo, te informes y plasmes en la obra que prefieras. Podrás degenerar en los seres inferiores que son las bestias, podrás regenerarte, según tu ánimo, en las realidades superiores que son divinas.[35]

»Hemos propuesto el legado de nuestros secretos a los cielos, a la tierra y a las montañas; todos se han negado a aceptarlo, todos han temblado de miedo a recibirlo. Sólo el hombre lo ha aceptado. Es un violento y un inconsciente».[36]

La forma humana es el supremo testimonio que Dios nos ofrece de su creación. Es el libro que ha escrito con su propia mano. Es el templo que ha edificado con su sabiduría. Es la reunión de las formas de todos los universos. Es el compendio de los conocimientos surgidos de la tabula secreta. Es el testigo visible que responde por todo lo invisible. Es la garantía, la prueba contra todo negador. Es la vía recta trazada entre el paraíso y el infierno.[37]

El Hombre contiene todo lo que está arriba en los cielos y abajo sobre la tierra, tanto las criaturas celestes como las terrestres; por esa razón, el Anciano de los Ancianos eligió al hombre como su divina manifestación. Ningún mundo podía existir antes de que Adán[38] cobrara vida, pues la figura humana contiene todas las cosas y todo lo que es existe en virtud de él.[39]

---

35. De la Mirandola, P. *Discurso sobre la dignidad del hombre.*
36. Corán 33, 72.
37. Imam Ja'far. Citado por Corbin, H. en *Historia de la filosofía islámica.*
38. Se refiere al Adán Kadmon, al hombre arquetípico y primigenio.
39. *Sefer ha-Zohar.*

El hombre es pues, síntesis de toda la creación. El Ser que está en él lo contiene todo y como un holograma[40] cósmico refleja su totalidad en cada una de sus manifestaciones. Y este hombre es una plenitud: no sólo cuerpo, no sólo alma, no sólo espíritu. Sólo ser, siendo.

La realización del ser humano

El pensamiento tradicional se muestra unánime al considerar el carácter divino de este espíritu que anima al hombre; sin embargo, nos ofrece múltiples hipótesis sobre el origen, destino y naturaleza de esa relación. Una vez más, unas teorías iluminan y complementan a las otras dejando al lector ante la posibilidad de su propia síntesis.

La chispa divina siempre hace un doble recorrido, desde la divinidad a la materia y desde ésta a la divinidad.

Desde el principio de los tiempos
y durante eternidades
yo estaba entre sus tesoros ocultos.
De la nada él me sacó,
pero, al final de los tiempos,
seré llamado, de nuevo por el Rey.[41]

Salí del Padre y vine al mundo; de nuevo dejo el mundo y me voy al Padre. [42]

De él venimos y a él volvemos [43]

La parte que nos incumbe, a partir del estado en que actualmente nos encontramos, es el viaje de vuelta, el regreso a casa, al país natal,

---

40. Recordar que, en su versión más simple, un holograma es una placa fotográfica, impresionada de forma especial, que además de generar una imagen tridimensional cuando es de nuevo iluminada por un rayo láser, tiene la propiedad de que, dividida en varias partes, cada una de ellas reproduce la totalidad del objeto.
41. Rabino Nahmánides. España s. XIII.
42. Juan 16, 28
43. Corán, 11, 156.

desde un mundo donde nos sentimos «extranjeros y peregrinos»[44] y en el que una profunda nostalgia es la que hace que nos pongamos en camino. «Basta con una palabra oída, con una visión de belleza que emana de la naturaleza o de un rostro iluminado por la gracia, para que la llamada se produzca de nuevo, semejante a una vibración latente que, de pronto, se acentúa».[45] Pero para poder realizar el viaje de vuelta es preciso tener alguna idea sobre el viaje de ida.[46]

«El canto de la perla»[47] nos habla de un joven hijo del rey que deja el palacio paterno para emprender un largo viaje a Egipto, para traer una perla; si lo hace, «estarás con tu hermano, el heredero de nuestro reino, que vive con nosotros», promete su padre. A lo largo del viaje, poco a poco, va olvidándose de quién es hasta ignorar completamente su origen y su patria. «Desde entonces olvidé que era hijo del rey y fui esclavo de su rey». Finalmente, su padre debe enviarle, en sueños, una carta que le recuerde su origen real. Recuerda, consigue la perla y de regreso a casa vuelve a recibir el maravilloso vestido de niño, cuyo esplendor había olvidado.

«El hombre caído es, por definición, *olvido;* la vía será por consiguiente el recuerdo. Un proverbio árabe, que se funda en la relación fonética entre las palabras "olvidar" *(nasiya)* y "hombre" *(insân)* dice que "el primer ser olvidadizo fue el primer hombre"».[48]

Este «recordar»[49] forma parte permanente del proceso. Se trata de

---

44. 1 Pedro 2, 11.

45. Davy, M.M. *El hombre interior y sus metamorfosis.*

46. El consenso de la opinión cabalística considera que el camino místico hacia Dios es el reverso del proceso por el cual nosotros emanamos de Dios. Conocer los estadios del proceso creador significa conocer también los estadios de nuestro propio retorno a las raíces de la existencia. En este sentido, la doctrina esotérica de la creación ha sido siempre de fundamental importancia para la cábala. (cfr. Scholem, G. *Las grandes tendencias de la mística judía).*

47. «El canto de la perla» es un añadido a los apócrifos Actos de Tomás.

48. Schuon, F. *Comprender el islam.*

49. «Recuerda» es uno de los términos más usados en el Corán, más de 270 veces. Por eso –según E. Galindo, *La experiencia del fuego–,* la mejor definición que se puede dar del islam es «recordar»: recordar el origen, recordar el pacto, recordar la imperiosa ley del retorno.

   Los sufíes han sido llamados precisamente «el pueblo del recuerdo». «Todo depende de la memoria. No se comienza por aprender, sino por recordar. La

recordar lo que, en el fondo, nunca hemos dejado de ser. Ese vago recuerdo es precisamente el origen de la nostalgia a la que hacíamos referencia antes.

Dentro del pensamiento tradicional encontramos dos grupos de explicaciones sobre el viaje de ida.

Para unos es una consecuencia de la caída. Una pérdida «voluntaria» y «culpable» de la unidad primordial hace que el espíritu se precipite en la materia y todo el trabajo consiste en liberarse de las ataduras que esta caída comporta.

> Pues un cuerpo corruptible agobia el alma, y esta tienda de tierra abruma el espíritu lleno de preocupaciones.[50]

Esta actitud, que corre siempre el riesgo, que hemos reiterado, de caer en el dualismo enfrentando espíritu y materia, es matizada por los que señalan que es la propia caída del hombre la que arrastra a la materia en su descenso y que, por ello, es responsabilidad del propio hombre liberar a todos los reinos que le están sometidos. A esto hace referencia la necesidad del descenso a los infiernos y la obligación del hombre de llevar la conciencia, o lo que es lo mismo, el conocimiento, o lo que es lo mismo el Ser, a los reinos inferiores.

> Pues la creación entera espera con ansia la manifestación de los hijos de Dios. La creación, en efecto, fue sometida a la vanidad no espontáneamente, sino por aquel que la sometió, con la esperanza de ser liberada de la servidumbre de la corrupción para participar en la gloriosa libertad de los hijos de Dios.
>
> Pues sabemos que la creación entera gime hasta el presente y sufre dolores de parto. Y no sólo ella. También nosotros mismos que poseemos las primicias del espíritu, nosotros mismos gemimos en nuestro interior anhelando el rescate de nuestro cuerpo.[51]

---

distancia entre la existencia eterna y las dificultades de la vida nos hacen recordar. Por esta razón Dios ordena: ¡Recordad!», dice Ismail Hakki.

50. *Libro de la Sabiduría* 9,15.
51. Romanos 8, 19-23

O como dice la tradición alquímica: «Alquimia es una ciencia interior de nuestro corazón que no se aparta de la naturaleza a la que arrastró con su caída; a la que levantará con su propio realzamiento. Esto es seguro y cierto, pues hubo un primogénito que cayó; pero también de entre los nacidos surgió un primogénito, hombre verdadero, que venció a la muerte. La ley de la naturaleza es que la muerte está vencida. Está ya restituida la deuda que el hombre contrajo con la mancha de sombra con que cubrió a la creación, dando así nacimiento al tiempo y a la historia… Vencida la muerte, la historia y el tiempo se han acabado».[52]

Aunque también puede afirmarse dentro de la tradición que la alquimia «es el arte de llegar a hacer completo algo que todavía no lo es», como lo expresó Paracelso, parafraseando la creencia común de su tiempo de que todas las cosas han sido creadas incompletas.[53]

Ahmad Sam'âni[54] nos ofrece una atractiva interpretación del mito de la caída de Adán que combina la tradición bíblica de la desobediencia con la interpretación de la caída como un paso necesario para que el hombre alcance la plenitud.[55]

El islam nunca ha enfatizado las consecuencias negativas del mito de la caída tanto como lo ha hecho el cristianismo. Sin embargo, muchas autoridades musulmanas han considerado la caída como resultado de la ira de Dios y han acentuado esta ruptura del equilibrio con la divina realidad como resultado.

De acuerdo con la tradición coránica, cuando Adán y Eva comieron del fruto prohibido (el trigo) se arrepintieron. Dios les perdonó e incluso eligió a Adán como profeta.[56] Sam'âni nunca se refiere a esto como un pecado sino como un «resbalón». Posteriormente se les dijo: «Idos de aquí» (Corán 11, 38). Ésta es la «caída» propiamente dicha, por la cual Adán y Eva descendieron a la tierra.

A Adán, con carácter único entre las criaturas, le fueron revelados todos los nombres de Dios. Sin embargo, según Sam'âni, cuando Adán

52. Martínez Otero, L. M. *Fulcanelli: Una biografía imposible.*
53. Panikkar, R. *Elogio de la sencillez.*
54. Sufí persa del siglo XII.
55. Cfr. Chittick, W. C. *The myth of the Adam's Fall.*
56. «Su Señor lo eligió» (Corán 20, 122).

estaba en el paraíso no había realizado el pleno conocimiento de todos los nombres. Había alcanzado el conocimiento del significado de los nombres «belleza» y «gracia», que caracterizan al paraíso, pero no conocía el sentido de los nombres «cólera» y «severidad», que caracterizan al infierno. Para poder obtener este conocimiento, primero tenía que descender a la tierra, único lugar donde coexiste la manifestación de los atributos de belleza, gracia, cólera y severidad. Sólo cuando todos los seres humanos hayan conocido los nombres de Dios en su propia y única manera, podrán ser actualizadas cada una de las potencialidades constitutivas del ser humano.

Sam'âni destaca que el Corán establece de forma explícita que el propósito de Dios al crear a Adán fue colocarle como vicario suyo en la tierra. Adán no hubiera podido serlo si hubiese permanecido en el paraíso. ¿Por qué no lo situó, entonces, directamente en la tierra? Sam'âni considera que una de las ventajas de que Adán fuese creado en el paraíso, y saliese de él, es que allanó el camino de regreso para sus descendientes, porque cuando Dios expulsó a Adán del paraíso le prometió traerlo de regreso con toda su descendencia.

Pero existe una razón más profunda que enlaza con el camino de retorno. Dios creó todo como manifestación de su poder y al hombre como respuesta a una demanda de amor. Y así como el amor demanda la unión también demanda la separación, porque no hay amor sin prueba ni juicio. El verdadero amor se prueba a sí mismo porque se torna más intenso cuando el amado está lejos. De ahí que el amante deba experimentar la aflicción, el dolor y el sufrimiento como efectos de la cólera y la severidad, puesto que estos nombres son la manifestación del distanciamiento de Dios. Los ángeles permanecen al margen del amor de Dios, porque no pueden saborear la verdadera distancia. Las bestias están lejos del amor porque no pueden experimentar la auténtica cercanía. Los seres humanos están tejidos de cercanía y distancia. Todos los atributos en conflicto residen conjuntamente en él. Sólo él puede amar verdaderamente a Dios en quien todos los opuestos coinciden. Son precisamente esta conciencia de la separación y el recuerdo de la unión las que encienden en el corazón del sufí el deseo del retorno.

Los indios yaquis nos hablan de una chispa que se escapa del águila y da lugar a cada hombre. En el momento de la muerte del hombre normal, esa chispa vuelve a ser reabsorbida por el águila. Si el que muere es un guerrero impecable la chispa evita ser reabsorbida y el guerrero consigue existir como tal en otros planos de existencia.[57]

En su sencillez, este mito nos ilustra otra de las hipótesis. El espíritu sería una chispa divina que al encarnarse en un hombre tiene ante sí una doble posibilidad: conseguir que este hombre se haga consciente de su naturaleza divina y salvar consigo todo lo que la chispa divina ha iluminado en su existencia terrena, o volver a su origen dejando su cuerpo y su alma como cadáveres inanimados. Otra cosa es cuál es el destino del guerrero que se salva de ser reabsorbido.

Los Oráculos caldeos[58] afirman: «Los oráculos de los dioses declaran que a través de ceremonias purificadoras, no sólo el alma, sino los propios cuerpos se vuelven dignos de recibir ayuda y salud, porque, dicen ellos, la vestimenta mortal de materia amarga será, por este medio, preservada».[59]

Éste es precisamente el núcleo de la tradición hermética a la que nos referiremos más adelante: «El ser humano es un microcosmos que contiene en pequeño toda la energía del macrocosmos. Si imaginamos la Tierra en el centro del universo, el alma ha adquirido esas energías en su viaje descendente (o interior), desde las regiones celestiales a través de las esferas planetarias y surge a la vida terrena en el vientre materno, llena de potencialidades y tendencias que son delineadas en su horóscopo natal. Durante la vida, el alma trabaja con estas potencialidades con la esperanza de refinarlas para que emerjan como virtudes, si logra su objetivo al abandonar, en la muerte, su cuerpo es luz y, desembarazada, está lista para ascender (al exterior) a su lugar de origen. Si, por el contrario, las energías han coagulado en vicios, entonces el viaje ascendente se tornará difícil y el alma podría permanecer atrapada en la atmósfera de la Tierra, un tormento para ella misma y una ponzoña para sus

---

57. Véase Castaneda, C. *El don del águila.*
58. Los Oráculos caldeos son un conjunto de fórmulas filosóficas y litúrgicas que tienen su origen en una organización iniciática y teúrgica y que aparentemente fueron compilados por Juliano el caldeo hacia el siglo II d. C. Cfr. Introducción de F. García Bazán a la edición citada.
59. Citado por Godwin, J. en «Anales del colegio invisible», *Symbolos* n.os 11-12, según la versión inglesa.

compañeras… Según las escuelas modernas de alquimia… no queda nada de la mayoría de las almas de las personas una vez que han sido filtradas por las esferas planetarias. La mayor parte de ellas serán extintas como personalidades poco después de la muerte, y tal vez luego recicladas como personalidades diferentes.

Para ponerlo más sencillamente, no existe garantía alguna de inmortalidad personal… La ambición del adepto es sobrevivir a esa disolución general y, si volviera a encarnar, hacerlo sólo por elección deliberada y no por una atadura a un proceso natural como el resto de las personas. Para atravesar más allá de los límites del cosmos (simbolizado por la esfera estelar) y entrar conscientemente a otra forma de vida, el adepto debe haber forjado durante su vida un «cuerpo radiante» como vehículo para su individualidad… En la alquimia operativa, el forjado del cuerpo radiante va en paralelo con eventos [al]químicos y su terminación la marca el surgimiento de la piedra filosofal [...]. Enoch y Elías, tal como Jesús y (según la doctrina católica) María, su madre, no dejaron tras de sí un cuerpo físico después de su muerte. Éste es el estado más elevado de la transmutación alquímica… De tal manera ha sido transformado en vida el cuerpo físico de una persona que ha llegado a no ser distinto del «cuerpo radiante». El alma toma entonces el cuerpo consigo, a dondequiera que vaya después de dejar la Tierra.[60]

Varios versículos del Nuevo Testamento adquieren una nueva luz bajo este prisma:

No temáis a aquellos que pueden matar el cuerpo… Temed más bien a los que pueden echar cuerpo y alma a la *gehenna*. (Mateo 10, 28)[61]

El cual [Jesucristo] transfigurará este miserable cuerpo nuestro en un cuerpo glorioso como el suyo. (Filipenses 3, 21)

Aquél cuya obra resista recibirá la recompensa. Mas aquél cuya obra quede abrasada se quedará sin ella. Él se salvará, pero como el que pasa a través del fuego. (1 Corintios 3, 14-15)

---

60. J. Godwin, «Anales del colegio invisible», *Symbolos*, n.os 11-12.
61. La *gehenna* era el fuego en que se quemaba la basura en Jerusalén.

Profundizando en esta dirección se nos ofrece la hipótesis de que cuando el Ser comienza su manifestación lo hace a través de un proceso de densificación creciente a través de distintos estadios, las sefirot o esferas de la cábala o del esoterismo islámico, hasta llegar al más denso que es el material en el que se manifiesta el hombre. El papel de este hombre es recorrer el camino hacia arriba adquiriendo la experiencia y reasumiendo la totalidad de la manifestación hasta reconstruir el Adam Kadmon, el hombre primigenio, el Cristo.[62]

En este contexto, y usando el lenguaje de la cábala, tan sagrada es la primera emanación de Dios *(Kether)* como la última *(Malkuth)*. O en palabras de Shâh Ni'matollâh:[63]

De un extremo a otro la creación
y todo lo existente en ella
es el reflejo de un solo rayo de luz
surgido de la faz del Amado.

La Risâlah,[64] por su parte afirma: «Cuando se descubre el enigma de un solo átomo, se puede ver el misterio de toda la creación, tanto interior como exterior. Verás que Alá no sólo ha creado todo, sino que verás, además, que tanto en el mundo invisible como en el visible, no hay más que él, pues estos dos mundos no tienen existencia propia».

Una hipótesis más atrevida diría que Dios necesita al hombre para hacer la experiencia de todo lo manifestado.[65] Alá dijo al Profeta: «Yo era un tesoro oculto; quise ser conocido y creé el mundo». El propio Dios no estaría completo hasta que el hombre no hubiese completado,

---

62. Según la *kabbalah* judía, el nombre de Dios, YJHVH, Bendito sea, quedó dividido en dos, YH-VH en el momento de la transgresión de Adán y Eva. La tarea es reunificarlo y éste es el fin de la *kabbalah*. La *kabbalah* cristiana dirá que es el fuego, el amor, representado por la letra *shin,* la que realiza la reunificación dando lugar al nombre de Jesús YHSVH, que precisamente quiere de decir: «YHVH (el Señor, Bendito sea) nos salva». Volveremos sobre este tema en el capítulo correspondiente a la tradición kabalística.

63. Uno de los grandes maestros sufíes que vivió en Persia en el siglo XV.

64. Obra atribuida a Ibn'Arabi, citado por Schaya, L., en *La doctrina sufí de la unidad.*

65. El universo sería el «sensorium Dei», los sentidos de Dios, que dijo Newton.

valga la redundancia, el camino de vuelta, después de haber llevado la conciencia, el Ser Divino, a la parte de la creación que le ha sido encomendada. Es el Cristo cósmico, cuya manifestación, en esta plenitud de los tiempos, comenzó con el Jesús histórico[66] y será completada cuando todo sea recapitulado en él.

> Dándonos a conocer el misterio de su voluntad. Éste es el plan que había proyectado realizar por Cristo cuando llegase el momento culminante: recapitular en Cristo todas las cosas del cielo y de la tierra.[67]

El hombre, por lo tanto, no sería más que aquella parte de Dios que todavía no es consciente de serlo. La plenitud de los tiempos llegaría cuando todos y cada uno de nosotros realizásemos, hiciésemos real, nuestra filiación divina, nuestro propio Cristo y, juntos, el Cristo total.

> En el principio[68] ya existía el Verbo, y el Verbo estaba junto a Dios y el Verbo era Dios.
> El Verbo en el principio estaba junto a Dios. Por medio del Verbo se hizo todo, y sin él no se hizo nada de lo que se ha hecho.
> En el Verbo había vida y la vida era la luz de los hombres. La luz brilla en las tinieblas y las tinieblas no la recibieron…
> El Verbo era la luz verdadera que alumbra a todo hombre. Al mundo vino y en el mundo estaba; el mundo se hizo por medio de él y el mundo no lo conoció.
> Vino a su casa y los suyos no lo recibieron, pero a cuantos lo recibieron les da el poder para ser hijos de Dios, si creen en su nombre…

---

66. Conviene recordar que la presunta naturaleza de la caída o incluso su no existencia, no afectan al papel desempeñado por Jesús el Cristo en la economía de la salvación. Ni los Evangelios sinópticos, ni los escritos de san Juan hacen referencia al tema.

67. Efesios 1, 9-10.

68. Recuérdese que el Evangelio según san Juan comienza con la misma palabra que el Génesis: *(Beresith)* «En el principio», y que el Corán empieza con la palabra *Bismillah* (en nombre de Dios), de modo que Biblia y Corán empiezan con la segunda letra de sus respectivos alfabetos, la B, aludiendo —entre otras cosas— a que existe todo un misterio de la divinidad escondido en la letra A *(alif o alef)* anterior a la manifestación de la divinidad a los hombres a través de su palabra.

A Dios nadie lo ha visto jamás: el hijo único, que está en el seno del Padre, es quien lo ha dado a conocer.[69]

La identidad entre el ser y el conocer es, precisamente, lo que fundamenta la posibilidad de la realización del ser-hombre a través del proceso iniciático. En último término, el hombre es lo que conoce, es decir, que su ser es determinado por su conocimiento; al igual que, inversamente, lo que conoce depende de su ser, de quién es y de qué es.[70]

Cuando se habla de conocer no se trata de amontonar conocimientos[71] sobre lo múltiple, sino precisamente de eliminar todo lo que nos impide llegar a la contemplación de la realidad última, lo Uno. El alma es todo lo que ella conoce.[72]

«El principio metafísico de que el conocimiento y el ser son en último término uno, y de que el cosmos existe por la intelección, subyace tanto en las doctrinas gnósticas como en las teosóficas del islam. Sin una comprensión de este principio no se puede entender el papel esencial que la gnosis, y la contemplación de lo divino, desempeñan en el sostenimiento del entorno cósmico. Si la sociedad humana quedase huérfana de contemplativos[73] dejaría simplemente de existir. Toda la existencia terrenal proviene del Ser, el manantial luminoso de todo cuanto existe, y el Ser y el conocimiento son uno en último término. Si la luz que el hombre contemplativo derrama sobre el entorno llegase a apagarse, cesaría el vínculo que une el Ser con sus manifestaciones terrestres y éstas quedarían privadas del nexo ontológico consciente con su fuente. Caerían en el abismo de la nada. Además, dado que el propósito de la creación es que mediante ella, resumida como está en el corazón del gnóstico, lo divino llegue a conocerse a sí mismo, de no ser por la presencia del contemplativo en el mundo. la propia creación dejaría de tener razón para existir.

---

69. Juan 1, 1-18.
70. Nasr, S. H. *Vida y pensamiento en el islam*.
71. Aunque cierto tipo específico de conocimientos jueguen su papel en el proceso iniciático.
72. Aristóteles en *De anima*.
73. Nótese que para el sufismo, como veremos más adelante, el contemplativo sólo lo es en cuanto, en alguna medida, participa de la Unidad.

Es por ello por lo que en el islam se dice: *la tierra nunca estará vacía del «testigo de Dios»*.[74]

Conocimiento secreto que se sitúa en el corazón del Ser y escapa a la aprehensión exterior de los sentidos o de la razón. Una frase atribuida al Profeta del islam, dice: «Abu Bakr[75] no os es superior por sus plegarias o sus ayunos sino por algo que se ha aposentado en su pecho». Conocimiento es, pues, transfiguración del estado del ser.[76]

El proceso consiste, como hemos señalado anteriormente, en ir escalando las distintas etapas del ser jerarquizado, accediendo a distintos niveles de conciencia-Ser, mediante un proceso reiterado de muertes y resurrecciones. Se es lo que se conoce, se conoce lo que se es, pero no se puede ser algo nuevo sin dejar de ser, en cierto modo, lo que se era. Aunque en el proceso del ser todo lo que se es comprende y da plenitud a todo lo que se ha sido.

En la medida en que la meta final es la realización absoluta, que se identifica con el conocimiento absoluto del Ser absoluto, el proceso iniciático se presenta al hombre como un camino sin fin, en el cual el camino ocupa el lugar del propio fin.

La elevada meta de la liberación nos plantea el problema de su dificultad y, por lo tanto, de su carácter selectivo, y la mayoría de las tradiciones dicen que son pocos aquellos que se salvan, muchos son los llamados y pocos los escogidos.[77] El resto, o bien son desgraciados que han equivocado el camino de la verdadera vida (y este error es el infierno) o deben recomenzar, con esperanza o sin ella, el ciclo de una existencia inauténtica. Parece que el corazón humano tiene dos respuestas a la casi universal creencia de la frustración final de la mayoría de los mortales. Una respuesta es escatológica: más tarde, en otra vida (o vidas) nos será dada la retribución u otra oportunidad. En el segundo caso es el sí mismo, la totalidad del cosmos, el Cristo,[78] el que compensa las deficiencias individuales.[79]

---

74. Cfr. Nasr, S. H. *Sufismo vivo.*
75. Primer sucesor de Mahoma.
76. Skali, F. en el prólogo a la edición de *Futuwah* de Al Sulami.
77. Mateo 22, 14.
78. «Para los hombres es imposible, mas para Dios todo es posible» (Mateo 19, 26).
79. Panikkar, R. *Elogio de la sencillez.*

Cabe dejar apuntada aquí la diferencia entre salvación y realización plena. La salvación sería la realización completa de un estado concreto del Ser. La realización plena nos hablaría de la plena realización de todos los estados del Ser. El simbolismo de la cruz[80] representaría la salvación con su trazo horizontal y la realización con su trazo vertical. El hombre individual debe morir en la cruz para que resucite el hombre universal: el Cristo. Cada realización parcial debe ser sacrificada para dar lugar a una nueva realización. El hijo de la promesa debe morir, para que se cumpla la promesa. Cada realización de Dios debe morir para dejar paso a Dios y evitar que mi realización de Dios se convierta, para mí, en un ídolo porque sólo Dios es Dios. En el mismo sentido, las doctrinas que hablan de «liberación» (como distinta de salvación) hacen referencia a la liberación por parte del Ser de las determinaciones concretas propias de cada estado de manifestación.

Cuando se habla de Iniciación (con mayúscula) se está hablando de realización plena, es, por tanto, algo que trasciende la salvación, aunque la suponga.

---

80. Cfr, Guénon, R. *El simbolismo de la cruz.*

En su infancia Cipriano fue consagrado a Apolo, a los siete años iniciado a Mitra, a los diez a Deméter y Core así como a la serpiente de Palas sobre la Acrópolis; a los quince años pasó cuarenta días sobre el Olimpo en compañía de siete hierofantes. Luego participó en los misterios de Hera de Argos y se inició en la unidad formada por los cuatro elementos. También fue iniciado en los misterios de Artemisa y residió diez años en Egipto; a los treinta años viajó a Caldea para aprender los secretos de la astrología. Finalmente se instaló en Antioquía.

Panegírico de san Cipriano,
obispo de Cartago,
por san Gregorio Nacianceno

VIRTUALIDAD I: LA TRADICIÓN INICIÁTICA EN OCCIDENTE

La tradición iniciática anterior al cristianismo[1]

La mayoría de las tradiciones religiosas anteriores al cristianismo tenían una componente iniciática, que era consustancial a su carácter de religiones de salvación, al margen de que algunas tuviesen una manifestación exotérica de amplia difusión y otras casi se limitasen a su pura dimensión esotérica.[2] Desde esta óptica adquieren especial relevancia las religiones de los misterios.

Los misterios egipcios
A pesar de la mucha información existente sobre los misterios egipcios, textos, papiros, estelas, tumbas, objetos rituales, inscripciones, cantos sagrados, procesiones, el sentido profundo del ritual se nos escapa.

---

1. Seguimos en este apartado a Rivière, J., Eliade, M. y Leipoldt, J. Cfr. bibliografía final.
2. En una tradición lo exotérico hace referencia a su aspecto exterior accesible públicamente. Lo esotérico es su aspecto oculto, doctrinas y métodos que sólo son accesibles a personas con una capacidad determinada. Capacidad que, como venimos repitiendo a lo largo de estas páginas, hace referencia a los niveles del Ser y de la conciencia. Lo esotérico es oculto, misterioso (del griego *mistes:* iniciado) por propia naturaleza: sólo el que ha accedido a un determinado nivel de conciencia puede entender lo que se percibe en ese nivel de conciencia. No puede haber, por lo tanto, esoterismo sin experiencia. Lo esotérico es la vida de la tradición externa, cuando ésta pierde su contacto con su dimensión interior se convierte en una religión seca, moralizante, no salvadora.

Desde la antigüedad, el origen divino de Egipto se mantiene como indudable, incluso se habla de las tres dinastías divinas anteriores a las tres dinastías humanas que ya conocemos.

En el principio existía el *Nw* primordial donde estaban todas las realidades en estado virtual, rodeadas de tinieblas; allí faltaba el espíritu de Aton que lleva en sí la suma de la existencia y de los seres, pero Aton encontró en su corazón el deseo de manifestarse y se irguió en un acto de separación, de oposición creadora; así creó a los grandes dioses. Hizo a Ra, la luz ante las tinieblas, se desdobló en demiurgo y en centro inmutable. Creó la voz que crea, el dios Thot. El demiurgo creó el mundo nombrándolo; el mundo es, pues, una creación del espíritu. La orden salida más tarde de la boca del faraón equivaldrá a una creación. Los dioses son los miembros de Ra, dios creador que dio vida y conformó el universo por la emisión de su voz. Si la palabra es creadora, la palabra justa es sagrada y por ello todopoderosa.

Osiris e Isis son la pareja más importante de toda la teología. Sus mitos, sus misterios, su culto, son lo sagrado, lo santo, ni siquiera se le da nombre, se habla de «Aquél». Gracias a Plutarco y a Diodoro tenemos noticias de lo que fue el secreto mejor guardado durante cuatro mil años.

Osiris es el gran conductor ancestral de pueblos, fundador de civilizaciones, inventor de la industria de los metales, de la cría del ganado, del cultivo de la tierra y del descubrimiento de la escritura. Isis, la gran maga, será su hermana esposa. Horus, el hijo de ambos, continuará la línea de formación divina hasta Menes, el primer pontífice-faraón humano.

El mito[3] que animará la vida de los templos será siempre el siguiente: Seth, hermano de Osiris, llevado de un gran odio y envidia, lucha contra éste y logra vencerlo y matarlo a pesar de la vigilancia de Isis. Descuartiza el cadáver, lo mete en un cofre y lo echa al mar. Isis emprende la búsqueda de los miembros descuartizados de su esposo entre

---

3. El mito no es más que un caso particular de la expresión simbólica –*véase* cap. 5–. «La palabra griega *Mythos* procede de la raíz mu y ésta (que vuelve a encontrarse en el latín *mutus,* mudo) representa la boca cerrada y, por continuidad, el silencio… En cuanto a *mueô,* significa iniciar en los misterios cuyo nombre sale de la misma raíz». Guénon, E. *Apreciaciones sobre la iniciación.*

lloros y lamentos, y los encuentra, ayudada por su hermana Neftis. Anubis recoge los miembros envolviéndolos en un lienzo e, Isis, convertida en halcón, reconstruye y reanima a Osiris, que se convierte así en el rey de los muertos. Horus venga a su padre y entabla una lucha feroz contra Seth. El juicio de los dioses da la razón a Horus. Esta narración, divulgada entre el pueblo, permanece inalterable a través de los siglos; sin embargo, el significado esotérico es impenetrable, ya que el pueblo no entró jamás en el santo de los santos. Esto preservó la doctrina. Se trataba, en definitiva, de la experiencia mística del propio mito, vivencia que no podía ser expresada de forma intelectual.

Osiris se convierte así en el «dios venerable», grande y bienhechor, príncipe de la eternidad, pero es también horripilante, es el dios de los misterios. Es el guía que conduce y que identifica al muerto y al iniciado. Isis, que da la inmortalidad, es el origen de todos los misterios. El iniciado de los templos sagrados de Egipto consiente en convertirse en otro Osiris y acepta las pruebas de la muerte iniciática para renacer como un dios.

La importancia del templo egipcio se basaba en una sociedad altamente jerarquizada y en organizaciones férreas con límites prefijados. El ritual de la fundación de los templos era preciso y fijaba cómo y dónde había que fundar el «castillo[4] del dios». Junto a bibliotecas y salas estaba, en el fondo, el santuario de los santuarios, el *naos* que encerraba la estatua divina, y sólo el sacerdote accedía allí. El dios llevaba una vida familiar, rodeado de su corte, adorado y servido por los «puros». Gracias a estos gestos el cielo se unía a la tierra.

Los adeptos representaban el drama completo unidos a miembros especiales del clero egipcio. Todo era simbólico, todo tenía un sentido oculto, todo gesto representaba una cosa. Donde el pueblo sólo percibía una suntuosa ceremonia, los adeptos traspasaban los gestos para llegar a su sentido metafísico y místico. Esto hace pensar[5] que los llamados textos funerarios representaban también los gestos iniciáticos.

Un largo ritual preparaba al iniciable hasta poder llegar al santo de los santos. Primero, la purificación, que lo retornaba a su estado de gracia,

---

4. Que tenía que resistir a los enemigos ocultos del dios.
5. Véase Rivière, J. *Op. cit.*

era condición indispensable para llegar a ese lugar terrible que era la cámara del dios, donde el oficiante era el único en ver y escuchar al dios. Se limpiaba el santuario con agua y con incienso y se rompían los sellos que cerraban la puerta de acceso a éste. Entonces se abrían los ojos y la boca del dios, haciéndose así la estatua viva. Se le insuflaba al dios descuartizado, al ahogado de la primera vez, la vida con el beso de Horus de boca a boca. El ritual se aplicaba tanto al dios como al difunto y al iniciado. El iniciado era acostado en forma fetal sobre la piel de un animal sacrificado (esto se llamó el sacramento de la piel). El iniciado entonces nacía del vientre de la madre. Volvía a nacer. Este iniciado ha de someterse a un enfrentamiento con fuerzas hostiles que sólo dejarán pasar a los dignos.

Es la reactualización del mito, es la muerte de Osiris, muerte iniciática para ser resucitado por Isis. La osirización de los difuntos se encuentra en la base de la iniciación; el neófito deja su vida habitual para entrar en la inmortalidad. La iniciación convierte al neófito en un nuevo Osiris, se convierte así en un igual a los dioses. Los iniciados adquieren en su nueva vida poderes y voz, «liberados ya de las tinieblas de la muerte». «Me levanto como dios vivo, brillo en el círculo de los dioses, soy como uno de entre vosotros, oh, dioses».[6]

Los misterios de Eleusis

Los misterios de Eleusis,[7] los más importantes y conocidos de la antigüedad, tanto como los de Dionisios y cómo los órficos, descienden directamente de un ritual agrario estructurado en torno a la muerte y resurrección de una divinidad que preside la fertilidad de los campos. Los ritos iniciáticos reactualizan un mito de origen que narra las aventuras, muerte y resurrección de una divinidad. A la muerte mística sigue un estado de nuevo renacimiento espiritual que se traduce en un cambio radical del régimen existencial del iniciado. La finalidad de los ritos es la trasmutación espiritual del novicio. Se busca trascender la condición humana y lograr un modo superior, sobrehumano. Se identificaba con los dioses –apoteosis–, se hacía igual a ellos. «Sábete que

---

6. *Libro egipcio de los muertos.*
7. Véase Eliade, M. *Iniciaciones místicas.*

eres un Dios».[8] La trasmutación ontológica del iniciado se verifica, sobre todo, en la existencia posterior a la muerte.

El himno homérico a Deméter relata el mito central y la fundación de los misterios. Perséfone (Koré) hija de Deméter[9] fue raptada por Plutón[10] mientras cortaba flores. Su madre la buscó desconsoladamente hasta que se enteró de que Zeus había decidido unir a su hija con Plutón. Llena de ira y despecho decide no volver nunca al Olimpo. Disfrazada de mortal acepta la invitación para ser nodriza de Demofón, el último hijo del rey Keleo. Deméter no lo amamantó, sino que lo alimentó con ambrosía[11] y por las noches lo revolvía como un tizón en el fuego para hacerlo inmortal. El niño empezó a parecerse cada vez más a un dios. Una noche, sin embargo, su madre lo descubre e interrumpe, a partir de entonces Demofón ya no podrá evitar la muerte. Entonces Deméter se muestra como diosa en todo su esplendor, se lamenta de la estupidez humana y pide que se le construya allí mismo un gran templo y un altar debajo.

Deméter se retira al interior del santuario y desde allí provoca una terrible y prolongada sequía hasta que Zeus le ordena a Plutón que le devuelva a su hija. Éste accede, pero logra introducir en la boca de Perséfone un grano de granada[12] que la fuerza a volver a su lado durante cuatro meses al año. Una vez recuperada a su hija, Deméter vuelve al Olimpo y restituye a la tierra su verdor. Antes de regresar, la diosa reveló sus ritos y enseñó sus misterios a Triptolemo, Diocles, Eumolpo y Keleo. «Los ritos augustos que no pueden ser transgredidos, penetrados ni divulgados: el temor a las diosas es tan fuerte que detiene la voz».[13]

Los misterios de Eleusis eran ante todo un drama, en el que había «cosas mostradas» y «cosas representadas». Los iniciados repetían gestos antiguos transmitidos por aquellos que de una forma primordial habían estado más cerca de los dioses. La enseñanza esotérica de los misterios no era filosófica ni moral sino fundamentalmente mística.

---

8. Cicerón. *De República*.
9. Diosa de la vegetación.
10. Dios del Hades, los infiernos.
11. Bebida de los dioses.
12. Quien prueba los manjares del otro mundo ya no puede retornar entre los vivos.
13. Himnos homéricos.

Los misterios de Eleusis se celebraron sin cambios sustanciales casi durante dos mil años. Los neófitos admitidos, «todos los que tenían las manos puras», eran tanto griegos como bárbaros que hablaran griego, libres y esclavos, hombres y mujeres.

En la iniciación existían ceremonias públicas y ritos secretos. En ellos había varias etapas de las que sólo conocemos la primera parte, tanto por restos arqueológicos como literarios. Sin embargo, la parte central jamás ha sido revelada y el misterio en realidad continúa hoy en día.

Los pequeños misterios se celebraban en un templo cercano a Atenas, en Agras, en el mes de febrero. Los grandes misterios en Eleusis, un año después de que el iniciado hubiera sido admitido en Agras. Esto sucedía en el mes de septiembre, durante ocho días.

El primer día, los «hiera» eran transportados al *Eleusinion* de Atenas. Los hiera eran objetos sagrados, que no sabemos en qué consistían; guardados por los eumólpidas se conservaban en lugares privilegiados del templo y eran el centro de las grandes procesiones rituales.

El segundo día, en solemne procesión hacia el mar, cada aspirante era acompañado por un tutor y llevaba en sus brazos un lechón que sacrificaba al regresar después de lavarlo en el mar.

El tercer día, el arconte y su esposa efectuaban el gran sacrificio.

El quinto día marcaba la culminación de la ceremonia. Al alba salía una gran procesión compuesta de neófitos, tutores y muchos atenienses que acompañaban a los sacerdotes, que a su vez eran acompañados por los *hiera*.

Por la noche, el hierofante abría las puertas del *megarón* y mostraba, sólo a los *mistos,* los objetos a la luz deslumbrante de las antorchas; ésta era una de las revelaciones de los misterios, y una de las más grandes. Verla era un privilegio para los iniciados. Debía de encerrar una gran fuerza dramática, pues se ha guardado con enorme secreto. «He ayunado, he bebido el *kykeon,* he tomado el cestillo, y después de haberlo manipulado he puesto en el canasto, y luego volviendo a tomar el canasto he vuelto a poner en el cestillo».[14] La otra parte de la noche se dedicaba a danzas y cantos en honor de las diosas.

---

14. Testimonio de Clemente de Alejandría, Padre de la Iglesia.

Al día siguiente los aspirantes ayunaban y ofrecían sacrificios, pero sobre el contenido de la ceremonia del *teleté*[15] sólo se pueden formular hipótesis. Incluía frases, breves fórmulas litúrgicas e invocaciones, pero lo que realmente ocurría en el momento álgido de la ceremonia no se sabe realmente. La visión suprema, la *epopteia* que se derivaba de ella seguirá siendo siempre un secreto.

Hay testimonios no sólo de escritores griegos, sino también de apologetas cristianos que debemos tener en cuenta. Narran que los *mistos* son sometidos en la iniciación a pruebas que reflejan lo que le ocurre al alma inmediatamente después de la muerte; pasa de la oscuridad a la luz, recupera el conocimiento de lo que sucede en la muerte y eso lo libera del terror a ella, se une a hombres santos y contempla a los no iniciados como hombres que permanecen en la oscuridad y en la tiniebla.

El himno homérico a Deméter muestra la alegría incontenible del iniciado y al mismo tiempo compasión por el no iniciado:

Dichoso el hombre que viviendo en la Tierra ha contemplado estos misterios.

Tres veces dichosos los mortales que después de contemplar los misterios marcharán al Hades; sólo ellos podrán vivir allí, mientras que todo será dolor para los restantes.[16]

Feliz quien va bajo tierra habiendo visto aquello. Conoce, sí, el final de la vida. Pero conoce también el principio dado por Zeus.[17]

Muchos filósofos y literatos de la antigüedad han hablado de los ritos del Eleusis, dando interpretaciones alegóricas de los misterios que expresaban las etapas sucesivas que ha de atravesar el alma en su camino de ascensión a la divinidad. Así, la filosofía neoplatónica, Jámblico, Proclo, en que el alma separada de la materia podía volar hacia su verdadera patria.

---

15. Presunta ceremonia de la muerte iniciática.
16. Sófocles
17. Píndaro.

Los misterios de Mitra

Otra de las grandes tradiciones mistéricas de Occidente la constituyen los misterios de Mitra.[18] «Esta nueva religión mistérica imponía admiración por su potencia y originalidad. El culto secreto de Mitra había logrado conjugar el sincretismo grecorromano con la herencia irania... El mitraísmo era casi exclusivamente un culto secreto reservado a los soldados, y su difusión seguía el movimiento de las legiones... Se diferenciaba de los restantes cultos secretos (de la época) por ser el único que excluía a las mujeres».[19]

Mitra es un antiguo dios iranio del cielo y de la luz. En Persia se celebraban ya sus cultos en el año 400 a. C. Mitra nació, de forma misteriosa, de una roca que simboliza el cielo, los pastores fueron los primeros en asistir al nacimiento y dirigir su plegaria al niño desnudo. La lucha principal del joven dios fue contra un toro salvaje, al que monta y conduce, lo mata clavándole su puñal en el cuello, y de su sangre nacerán las cepas y de su médula el trigo. El sacrificio tiene lugar en una caverna[20] en la que están presentes el Sol, la Luna y los planetas, que son así testigos de un acto salvador de origen cósmico. Mitra y el Sol sellan su amistad en un banquete en el que comparten la carne del toro, que es servida por dioses portando máscaras de animales. Posteriormente, tras la lucha final contra las tropas del mal acaudilladas por Ahriman, Mitra destruye el mundo, pero antes salva a todas las almas humanas, llevándoselas hasta las estrellas. Se mostrará así como protector del género humano y del mundo. Es el único dios que no sufre el destino trágico de las restantes divinidades mistéricas que mueren y resucitan.

Los cultos de Mitra se realizaban en una cripta más baja que el resto del edificio, en donde se reproducía la degollación del toro, cuya sangre corría sobre el iniciado. Previamente se había bautizado al neó-

---

18. «Si el cristianismo hubiera sido detenido en su crecimiento por una enfermedad mortal, el mundo hubiera sido mitraísta». Renan, E. citado por Eliade, M. en *Historia de las creencias...*
19. Véase Eliade, M. *Op. cit.*
20. La caverna, llena de luz, de la que renacía cada año Mitra, que aparece como un dios cosmócrata y redentor, es uno de los más clásicos símbolos iniciáticos que reaparecerá posteriormente en la gruta de Belén.

fito con agua, lo que significaba la purificación de los pecados morales.[21] Después se celebraba un gran banquete, que actualizaba el banquete primordial entre Mitra y el Sol, y que era servido por iniciados portando las máscaras representativas de sus rangos. La sangre del toro y el banquete cultual prometían a los mistes la existencia celestial y la resurrección, de acuerdo con las palabras que se conservan en un grafito del *mithrœum* del Aventino: «Salvaste a los hombres con el derramamiento de la sangre eterna».

Gracias a un texto de san Jerónimo y a numerosas inscripciones conocemos la nomenclatura de los siete grados de la iniciación: cuervo, desposado, soldado, león, persa, corredor del Sol y padre. Los tres primeros eran sirvientes, los cuatro últimos participantes. Cada uno de los grados tenía ropas propias y unos distintivos que les eran entregados después de cada una de las pruebas. A los primeros grados se podía acceder desde los siete años. Se sabe que recibía una determinada educación y aprendían juntos cánticos e himnos. Vivían en pequeñas comunidades y los ricos se hacían cargo de los gastos de la comunidad. Observaban una moral estricta y se llamaban entre sí hermanos.

Las notables analogías entre el simbolismo mitraico y el cristiano fueron ya objeto de debate en los primeros siglos de nuestra era y preocuparon en su momento tanto a filósofos no cristianos como a algunos Padres de la Iglesia. La ignorancia de la unidad trascendente de las religiones y del valor universal y operativo del símbolo produce el miedo a paralelismos y exacerba los particularismos. La fuerza subyacente de la tradición es, sin embargo, percibida muchas veces con más claridad, aunque sea de forma inconsciente, por los pueblos, que reconocen la aventura del hombre hacia su divinización como una continuidad y que muestran una especial sensibilidad para captar la especial energía de algunos lugares tradicionalmente sagrados. Así, y valga como un ejemplo entre cientos, la basílica de San Clemente en Roma está erigida sobre una basílica romana, levantada a su vez sobre un templo de Mitra que se conserva en impresionante buen estado. Para

---

21. Nótese que este bautismo tenía carácter de purificación y por lo tanto era preiniciático, mientras que los bautismos de carácter iniciático tienen carácter ontológico, es decir, afectan a la dimensión del Ser.

reforzar el simbolismo se encuentran enterrados en ella los santos Cirilo y Metodio, que abrieron al cristianismo los países de habla eslava. No menos significativas son las ruinas del templo de Mitra de Mérida, que se encuentran en el entorno y debajo de la plaza de toros.

El pitagorismo

Dentro de la historia de la tradición iniciática, y difundiendo su influencia a lo largo de los siglos tanto a través de la filosofía como de los movimientos esotéricos y religiosos, ocupa un papel destacado el pitagorismo.

Pitágoras nació en Samos en el siglo VI a. C.., siglo que vio nacer a Buda, Confucio, Zoroastro, Lao-Tsé y a los profetas de Israel, y que ha marcado la historia de la humanidad.

La vida de Pitágoras se hunde en la leyenda que lo lleva a recorrer los principales centros iniciáticos de su época.[22] Parece incontestable su iniciación en los misterios egipcios y sus numerosos viajes. De regreso a su tierra natal su enfrentamiento con el tirano de su ciudad le obliga a exiliarse al sur de Italia, la Magna Grecia, donde se supone falleció.

Pitágoras sentó bases de una «ciencia total», holística, de tipo tradicional, en la que los conocimientos científicos se integran en un conjunto de principios éticos, metafísicos y religiosos, acompañados de técnicas corporales. En resumen, el conocimiento tenía una función a la vez existencial y de salvación.[23]

Fundó una escuela esotérica basada en un estricto secreto (lo que ha dificultado el conocimiento de sus ideas) y en profundos lazos de fraternidad que permitían al iniciado, convenientemente identificado mediante un signo de reconocimiento, ser acogido por cualquier hermano en cualquier país. Silencio, secreto y pureza de corazón eran la esencia de la doctrina pitagórica.

La sociedad pitagórica estaba organizada en tres grados iniciáticos. El novicio permanecía tres años recibiendo la doctrina que le era transmitida por un maestro detrás de un telón y al que no tenían derecho a

---

22. Jámblico. *Vida de Pitágoras.*
23. Véase Eliade, M. *Historia de las creencias…*

formularle preguntas. En la transmisión de la doctrina desempeñaba un papel especial el símbolo (fuese éste una frase, una palabra, un signo o, sobre todo, un número), la música, las matemáticas y la astronomía. «Todo es número» y «todo es armonía de los contrarios». Es precisamente la armonía la que preside tanto la vida de la fraternidad como la doctrina pitagórica. Recibida la primera iniciación seguía un nuevo período de cinco años, en el cual «el discípulo era iniciado en la metafísica matemática (ley del número) y en la interpretación de los símbolos, por el conocimiento de los cuales llegaba a la percepción en el amor de la gran armonía a la que se había aproximado, preparado ahora para intentar sin miedo la gran aventura: liberación de la tumba, de la larga jornada de pruebas, salida de la caverna de las sombras a la plena luz...».[24] Tras este período, el iniciado accedía a la categoría de los «completos» que podían ver al maestro.

Los pitagóricos frecuentaban los templos: «Honra ante todo a los dioses inmortales, según establece la ley»[25] y se conformaban con los usos del pueblo, pero «sabían».

La liturgia de la comunidad pitagórica, reservada a los elegidos, comportaba purificaciones (resaltadas por el revestimiento de ropas blancas como símbolo de pureza), libaciones, un sacrificio precedente a la comida en común y una lectura escogida por el más antiguo y leída por el más joven de los asistentes. Al final, el maestro de la asamblea, el anciano, recordaba las grandes verdades pitagóricas:

El alma, de origen divino, se encuentra encerrada en el cuerpo como en una cárcel, condenada al sufrimiento.

Esta alma transmigra continuamente y el ciclo es eterno. La iniciación rompe la cadena trágica:

Cuando te hayas familiarizado con estas costumbres, sondearás la esencia de hombres y dioses y conocerás, de todo, el principio y fin.

Sabrás también, oportunamente, la unidad de la naturaleza en todas sus formas...

Mas ten valor, que la raza humana es divina.

---

24. Ghyka, M. C. *El número de oro.*
25. Pitágoras. *Los versos áureos.*

La sagrada naturaleza te irá revelando a su hora sus más ocultos misterios. Si te hace partícipe de ellos lograrás la perfección. Y sanada tu alma te verás libre de todos los males…

Y cuando emancipado de la materia seas recibido en el éter puro y libre, vencerás, como un dios, a la muerte con la inmortalidad.[26]

Los pitagóricos tuvieron una intensa actividad política, y el gran poder alcanzado terminó, a mediados del siglo v a. C.., con la toma de las ciudades pitagóricas y la matanza de la mayor parte de los jefes de la cofradía,[27] se salvaron sólo dos de ellos y un reducido número de novicios. Las escuelas y la doctrina sobrevivieron e influyeron durante siglos, en la Roma imperial, en el esoterismo judío y en toda la tradición esotérica occidental.

Los esenios

En la época de Jesús existía en el desierto de Palestina una importante comunidad: los esenios, con presencia en todo Oriente Medio, especialmente en Damasco. De ellos, a pesar de ser en su origen una escisión de estricta observancia del judaísmo, nos dice Flavio Josefo:[28] «Los que llamamos esenios practican un género de vida conforme a los principios de Pitágoras».

Alrededor del 150 a. C., junto a las riberas del mar Muerto, cerca de Hebrón «había un pueblo eterno… donde no se nacía».[29] Filón llamaba a sus pobladores «los servidores de Dios». No conocemos bien sus orígenes, y su forma de vivir, cenobítica, no era común entre los judíos. ¿Orígenes neopitagóricos, asiáticos, egipcios? No lo sabemos con certeza, y hasta el descubrimiento, en 1948, de los manuscritos del Qumran

---

26. Pitágoras. *Los versos áureos.*
27. Circunstancias y desenlace que recuerdan, inmediatamente, el final de otra orden iniciática: la del Temple.
28. Autor judío de la segunda mitad del siglo i. En sus obras se encuentra la primera referencia extraevangélica de Jesús de Nazaret. Todos los conocimientos que se han tenido sobre los esenios, hasta el descubrimiento de los rollos del mar Muerto a mediados de nuestro siglo, se encuentran en su obra junto con la de Plinio y Filón de Alejandría.
29. Plinio el Viejo

no existían fuentes que nos explicasen quiénes eran y de dónde realmente provenían los esenios. Hoy se sitúa su origen en la resistencia a los intentos de helenización de los judíos llevados a cabo en la mitad del siglo II a. C.. por Antíoco con la consiguiente rebelión de los macabeos y el nombramiento como sumo sacerdote de Jonatan, que no era de tribu sacerdotal, y que conllevó la huida al desierto de un grupo de sacerdotes.

En la antigüedad eran muy comunes los lazos espirituales entre distintas comunidades, incluso está constatada en ésta época la influencia de monjes budistas que recorrieron y pasearon por el Mediterráneo. Estas interrelaciones eran frecuentes, sobre todo entre las grandes comunidades iniciáticas que aunaban las aspiraciones místicas y religiosas de todos los hombres: su forma de vivir, su doctrina, la búsqueda de lo puro tienen un indudable sabor pitagórico. En sus doctrinas se pueden encontrar influencias orientales y griegas. Así, sus creencias sobre la vida futura, la naturaleza imperecedera de las almas, la eternidad de las penas… Por otra parte, mantienen actitudes que después vamos a encontrar en la predicación de Jesús. Así, la abstención del juramento, el desprecio de las riquezas, renuncia al mundo, la caridad como forma perfecta de vida, el amor a los hermanos. Aunque Qumran[30] está próximo al lugar donde el Bautista predicaba y al desierto donde se retiró Jesús a ayunar, los esenios son, curiosamente, el único grupo religioso entonces existente de los que no habla explícitamente ningún evangelista.

Vivían en comunidades monásticas con refectorios comunes reservados a los hermanos, y ningún extraño podía entrar allí; se reunían siempre para la comida ritual. Vestían de blanco, llevaban cíngulo, se comprometían a adorar al verdadero dios, a observar la justicia, a no emitir juicios temerarios, a odiar a los injustos y a amar a los buenos.[31] Vivían en régimen de comunidad de bienes, ninguno de ellos poseía casa propia, todos tenían todo en común.

---

30. De acuerdo con los autores antiguos y con los restos encontrados existieron otras comunidades que vivían en distintos puntos de Asia Menor, como Damasco y Éfeso y grupos como los llamados «terapeutas» o los «caraítas» que tenían una gran analogía con los esenios.
31. Cfr. Rivière, J. *Op. cit.*

En cada casa o monasterio había una persona encargada de repartir la ropa o la comida y de acoger a los viajeros. Cuando viajaban no llevaban nada encima, cada comunidad proporcionaba lo necesario y eran «reconocidos» en cada una de ellas como auténticos hermanos.

El día tenía siempre la misma estructura. Se comenzaba con una plegaria, después cada uno trabajaba en lo que le correspondía, se ocupaban fundamentalmente de la agricultura y descartaban la producción de armas. Los sacerdotes preparaban el pan y la comida. Antes de cada comida eran obligatorias las abluciones y los lavados rituales. Estas observancias rigurosamente practicadas desarrollaban por sí mismas tanto las virtudes sociales como las individuales que despertaron en sus contemporáneos una cierta admiración y asombro. Su vida fue una mezcla de moderación y renuncia. Sobrios, continentes, silenciosos, vestidos pobremente, evitaban todo exceso, toda impaciencia.

A la comunidad se accedía *para buscar a dios con todo el corazón y toda el alma,*[32] a través de un proceso iniciático cuyas etapas están claramente descritas en la regla de la comunidad.[33] El candidato que deseaba entrar en la comunidad era «examinado… en lo referente a su inteligencia y a sus obras, por el presidente en jefe de la multitud. Si le encuentra capaz de observar la disciplina lo introducirá en la alianza… [y] lo instruirá en todas las constituciones de la comunidad».

Después empezaban las etapas de la iniciación propiamente dicha. Durante el primer año llevaba el mismo género de vida de la comunidad, pero sin practicar la comunión de bienes ni participar en los actos sagrados.

Al final del año la comunidad decidía si era o no admitido, y en caso afirmativo era encomendado a un instructor. Finalizado el segundo año era requerido de nuevo el voto de «la multitud» y si éste era favorable participaba ya en la «purificación» y tenía acceso a la comunidad de bienes. Al final del tercer año se requería una nueva votación y si era positiva pasaba a formar parte de la comunidad participando en la «purificación», en «el banquete» en la comunidad plena de bienes y disfrutaba de voz y voto en la asamblea.

---

32. Regla de la comunidad.
33. Cfr. González Lamadrid, A. *Op. cit.*

La entrada en la comunidad tenía lugar, probablemente, el día de Pentecostés, en el que toda la asamblea renovaba la alianza. El neófito prestaba su juramento ante todos los miembros, juramento que debía respetar «incluso a precio de la vida»; prometiendo no descubrir las enseñanzas que recibía y conservar los libros de la cofradía con tanto respeto como los nombres, secretos, de los ángeles. Los ritos fundamentales de la comunidad, a los que el nuevo miembro iba accediendo en etapas sucesivas, eran, como hemos señalado, «la purificación» y «el banquete».[34]

Las purificaciones, a través del agua (tanto las solemnes como las abluciones diarias) implicaban un perdón de los pecados a los que participaban en ellas al que no tenían acceso los que no lo hacían. Tenían, a la vez que una dimensión moral y espiritual, un carácter escatológico como signo de la purificación que en el fin de los tiempos realizará el espíritu.

En la vida de Qumran, el banquete tenía singular relevancia. Se celebraba en un recinto sagrado, en el que reinaba un silencio lleno de misterio y en el que los profanos no podían entrar. Los participantes vestidos de especiales vestiduras de lino blanco, que sólo se usaban para la celebración, se purificaban, antes de entrar, con un baño preparatorio. Presidía el acto un sacerdote que bendecía antes y después de la comida.

> Cuando hayan dispuesto la mesa para comer y hayan preparado el vino para beber, el sacerdote alargará primero su mano para pronunciar la bendición sobre las primicias del pan y del vino.[35]

Constituían una comunidad esotérica enfrentada a los sacerdotes del templo, a los que consideraban usurpadores, tenían un calendario distinto, esperaban dos Mesías, uno de origen sacerdotal y otro real,[36]

---

34. Cfr. González Lamadrid, A. *Op. cit.*
35. Regla de la comunidad
36. El tema de una doble jerarquía sacerdotal y real será recogido de forma explícita por la comunidad del apóstol Juan: «Has hecho de ellos un pueblo de reyes y sacerdotes y reinan sobre la tierra» (Apocalipsis 5, 10) y, posteriormente, por la Orden del Temple (que no por casualidad se fundó sobre la ruinas del antiguo Templo y tuvo su maduración en los desiertos del mar Muerto) y se incorpora, como veremos más adelante, al simbolismo de las novelas del grial.

y se consideraban los hombres del Camino. Su concepción del mundo es dualista (un dualismo moral que no llega a ser ontológico) y, de acuerdo con ella el cosmos, los hombres y la historia, se dividen en dos grandes grupos: la «luz y las tinieblas», «los hijos de la luz y los hijos de las tinieblas», «el ángel de la verdad y el ángel de las tinieblas»... La comunidad se prepara ardientemente para el combate espiritual de los últimos tiempos en que los hijos de la luz, con el poder y la ayuda de Dios, vencerán a los hijos de las tinieblas. El combate se desarrolla simultáneamente en el plano individual, en el plano colectivo y en el plano cósmico.

La comunidad de Qumran tenía conciencia de hallarse en vísperas de los tiempos escatológicos,[37] en algunos textos viven la inminencia de los acontecimientos en sentido estricto, otros expresan la convicción de la escatología ya realizada. La comunidad se da a sí misma nombres como «Resto», «Nueva Alianza», «los Santos», «Nuevo Templo». Manifiestan así su conciencia de estar viviendo un momento especial de la historia (de la hierohistoria) en la que son los depositarios de una tradición y unas promesas que ya se realizan en la propia comunidad, al mismo tiempo que son símbolo de una realización futura para toda la humanidad.[38]

Especial importancia tiene la consideración de «Nuevo Templo». El Templo de Jerusalén, punto de encuentro de Dios y el hombre, lugar donde (como veremos al hablar de la cábala) se produce la reunificación del nombre de Dios, y que ha sido profanado.

La comunidad de Qumran critica severamente al Templo de Jerusalén, edificado por Zorobabel en el año 515 a. C., y sus abominaciones en tiempos de la dinastía asmonea. A él se opone la visión del Templo celeste, del cual la comunidad misma es, en su estructura, símbolo y anticipación. Las ideas, las imágenes y las expresiones teológicas que se encuentran en el libro de Ezequiel son empleadas por los esenios de Qumran para formular y presentar su teología del Templo.

---

37. Del final de los tiempos.
38. Ésta es una característica común a la mayor parte de las comunidades iniciáticas de origen abrahámico, que son conscientes de que al mismo tiempo que preparan la llegada del fin de los tiempos, esto son ya una realidad para los miembros de la comunidad. [«Porque el reino de Dios ya está entre vosotros» (Lucas 17, 21).]

Existe en Ezequiel «el resto de Israel», aquellos que llevan en su frente la marca impresa por el ángel: «Pon una marca sobre la frente de los hombres que suspiran y gimen sobre las abominaciones cometidas contra el Templo».[39] Frente a esto se eleva la *imago novi templi* contemplada por Ezequiel en un éxtasis visionario y del que la comunidad de Qumran tenía el sentimiento de ser la realización. Este Templo no estaba ya realizado, sino que la comunidad tenía el sentimiento de ser ella misma este nuevo Templo, en tanto que Templo espiritual cuyo asentamiento o fundación inauguraba una nueva era. La profecía de Ezequiel sobre el nuevo Templo se cumplía así en la comunidad de Qumran. Se constituye, pues, ella misma como Templo espiritual –*Miqdash-Adan,* Templo humano–. La *imago templi* es realizada aquí en el acto, como Templo espiritual o teológico. La nueva comunidad es el nuevo Templo.[40]

La comunidad de Qumran hace una transferencia de la entidad concreta del Templo al reino espiritual, a la comunidad Templo, y sustituye los actos sacrificiales por una vida de observancia de la Torá y por una liturgia de himnos y salmos, celebrada al unísono de la liturgia celeste. La angeleogía domina la vida de Qumran. Los ángeles están presentes en el consejo, en la liturgia, en el combate. Esta comunión y compañerismo con los ángeles caracteriza la comunidad Templo y la espiritualidad de Qumran y encuentra su expresión más alta en una liturgia angélica.

La comunidad de Qumran no es una iglesia multitudinaria; es el Templo. No es el pueblo elegido, sino la reunión, la selección de individualidades elegidas. La estructura del templo material queda expresada y realizada en la estructura interna de la propia comunidad. El santo de los santos y el santuario son representados ahora por el círculo sacerdotal y el que forma el resto de la comunidad, tipificados por Aarón e Israel. Vivir en comunidad sería para los laicos conducirse siempre como en el Templo, y para los sacerdotes considerarse siempre en el santo de los santos. La comunidad de Qumran era plenamente consciente de la presencia en ella del espíritu de Dios.

---

39. Ezequiel 9, 4
40. Cfr Corbin, H. *Temple et contemplation.*

Los paralelismos entre el cristianismo de los primeros tiempos y los esenios son significativos, como significativas son, asimismo, las diferencias que en algunos casos parecen ser deliberadamente remarcadas, tanto en algunas palabras de Jesús como en otros escritos neotestamentarios.

Sin ánimo de detenernos excesivamente en el tema conviene señalar algunos de los principales puntos de contacto:

Juan el Bautista, de ascendencia sacerdotal, cumple las condiciones, establecidas por la regla, de un esenio que abandona la comunidad y continúa, en solitario, viviendo como miembro de ésta en el desierto en donde la comunidad tenía una de sus sedes. Su bautismo y sus palabras guardan un paralelismo casi textual con escritos de Qumran.

El papel mesiánico de Jesús[41] recoge claros aspectos del Maestro de Justicia y se separa de forma no menos evidente de otros. En Jesús se da simultáneamente el origen real (de la casa de David) y la función sacerdotal, pero frente al sacerdocio aarónico (ritual) de los esenios la carta a los Hebreos[42] destaca el sacerdocio según la Orden de Melkisedec[43] de Jesús. Jesús rompe claramente el carácter exclusivista y legalista del movimiento esenio, dando al mensaje un contenido más universal.

La influencia de la tradición esenia en la comunidad que se reúne alrededor del apóstol Juan[44] es evidente. Hay varios indicios de sucesivas conversiones de miembros de esta comunidad al cristianismo,[45] dentro de la Iglesia apostólica, pero también es más que probable que muchos de los que se movían en el entorno del Bautista se incorporasen a la comunidad de Juan. En los escritos de Juan se encuentran numero-

---

41. Dejar apuntado, ¿cómo curiosidad?, que a principios del siglo XIX, Katharina Emmerich, sin conocimiento alguno de quiénes eran los esenios, y ciento cincuenta años antes de que se descubriesen los manuscritos del mar Muerto, describió en una visión la vida de los primeros años de María con los rasgos de la vida de una familia esenia.

42. La Carta a los Hebreos puede interpretarse como una carta a miembros de la comunidad convertidos al cristianismo.

43. Volveremos varias veces sobre este tema.

44. Que constituye el origen histórico de lo que se llamará la Iglesia de Juan.

45. «La palabra de Dios iba creciendo; en Jerusalén se multiplicó considerablemente el número de los discípulos y multitud de sacerdotes iban aceptando la fe», (Hechos 6, 7).

sos paralelismos con su doctrina: el enfrentamiento de la luz y las tinieblas, el espíritu de verdad que conduce a los hijos de la luz, la ley como agua de vida, el nuevo Templo.[46] Desde muchos puntos de vista la comunidad de Juan, tanto en su aspecto histórico como en su historia esotérica, puede considerarse como la sucesora de la tradición esenia.

También es importante la influencia en los escritos paulinos, especialmente en la Carta a los Efesios, si bien en este caso se especula que el contacto de Pablo con los esenios se produjo en las comunidades de Damasco o Efeso.

No menos significativos resultan los paralelismos organizativos: las primeras comunidades se organizaron con el mismo patrón que las comunidades esenias y, sobre todo, con los mismos rituales, a los que la muerte y resurrección de Jesús iluminó con nueva luz. Bautismo y cena, los dos ritos cristianos por excelencia, tienen sus antecedentes no en el judaísmo oficial, sino en los dos ritos básicos de los esenios. Parece que Jesús, que resaltó en su última Pascua el rito claramente esenio del pan y del vino, pudo haberla celebrado de acuerdo con el calendario esenio, lo que evitaría las dificultades surgidas para explicar sus movimientos en los días que precedieron a su muerte.

Desde el punto de vista simbólico, los esenios desempeñan un papel que va más allá de lo que ellos parecían pretender. Parecería como si la comunidad hubiese tenido como finalidad preparar la venida de Jesús y mantener hasta su llegada la continuidad de la tradición. Después de fecundar, y en buena parte conformar, las primeras comunidades cristianas, los esenios parecen sumergirse y desaparecen poco a poco de la historia visible. No puede dejar de establecerse un paralelismo[47] con aquellas «personas de Oriente Medio educadas en los valores de la rectitud y la integridad, a las que se llamaba "los poseedores de la virtud", que aceptaron el islam como su religión y que dieron origen al sufismo, los hombres de la Senda».[48]

---

46. «Jesús le dice: "Créeme, mujer, que llega la hora en que, ni en este monte, ni en Jerusalén adoraréis al Padre... llega la hora, y es ésta, en que los adoradores verdaderos adorarán al Padre en espíritu y en verdad, porque así quiere el Padre que sean los que le adoren"» (Juan 4, 21-23).
47. ¿Paralelismo o continuidad? ¿Azar o plan?
48. *Véase* en el apartado 3.4 el párrafo correspondiente a los orígenes del sufismo.

Por otra parte, la función de los esenios como Templo será asumida por la propia comunidad cristiana,[49] y en especial, como hemos señalado, por la comunidad de Juan[50] que, aparentemente, también se sumerge poco a poco en la historia, pero cuando llegue la hora se manifestará de nuevo como los custodios del Eterno Templo: la Orden del Temple.

La cábala[51]

La cábala es el aspecto interior, místico del judaísmo. Es la perenne enseñanza de los atributos de lo Divino, de la naturaleza del universo y del destino del hombre. Transmitida por revelación, ha sido manejada durante siglos mediante una discreta tradición, que ha variado periódicamente su dimensión mitológica y metafísica según las necesidades de los distintos lugares y épocas.

De acuerdo con la tradición[52] «El libro de la Sabiduría eterna ha sido traído del cielo y puesto en manos de Adán por el Maestro de los misterios, quien fue precedido por tres mensajeros. Adán transmitió el libro a su hijo Set. Más tarde, el libro llegó hasta Enoc, príncipe de la Divina Faz, quien llegó a ser luego Metatrón. Finalmente, el libro de

---

49. Vosotros, como piedras vivas, entráis en la construcción de un Templo, para un sacerdocio santo, para ofrecer sacrificios espirituales, que Dios acepta, por Jesucristo (I Pedro 2, 5).

50. La comunidad de Juan como símbolo ¿y realidad? del esoterismo cristiano puede rastrearse desde su clara existencia en los tiempos evangélicos hasta casi nuestros días, con momentos en que su presencia se hace casi evidente y otros en que meramente se intuye.

51. El kabalismo como grupo místico diferenciado aparece en el siglo XIII de nuestra era, siendo la publicación del *Sefer ha-Bahir* en Girona a finales del siglo XI y el *Sefer ha-Zohar* en Castilla en el siglo XIII los momentos culminantes de esta eclosión. Sin embargo, el Sefer Yetzirah, texto básico de la especulación kabalística se remonta al siglo II y todos los textos hacen referencia a tradiciones anteriores.

En este capítulo hemos seguido, además del resto de los autores citados, fundamentalmente las ideas de Z'ev ben Shimon Halevi, *La cábala* y G. Scholem, *Las grandes tendencias de la mística judía*.

52. Grad, A.D. *Libro de los principios cabalísticos*.

la Sabiduría fue entregado a Abraham». Otras tradiciones[53] afirman que Moisés recibió en el Sinaí tanto la Torá escrita, es decir, la ley exotérica, que fue transmitida al pueblo, como la Torá oral, la tradición esotérica, que fue luego transmitida a Josué, «Josué la transmitió a los Antiguos; los Antiguos la transmitieron a los Profetas y los Profetas la transmitieron a los hombres de la gran Asamblea».[54]

El término *kabbalah,* que significa precisamente «tradición», constituye un excelente ejemplo de la naturaleza paradójica del esoterismo.[55] La doctrina que se centra en el contacto inmediato y personal con lo divino –lo que supone una forma muy personal e íntima de conocimiento– se concibe como un saber tradicional. Pero lo cierto es que el esoterismo ha combinado siempre la idea de un conocimiento –que por su propia naturaleza es difícil de comunicar, y en consecuencia permanece secreto– con la idea de un conocimiento que constituye la tradición secreta de algunos espíritus elegidos o iniciados.

Las siguientes palabras del autor del Zohar ponen precisamente de manifiesto esta ambigüedad de la tradición. Es secreta por su propia naturaleza, se transmite sólo de maestro a discípulo, boca a boca, si bien en períodos determinados la tradición debe hacerse accesible a un público más amplio, aunque, como dice el propio autor, se hace cumpliendo una obligación, no por iniciativa propia, y simultáneamente se vela y se revela lo manifestado, o en palabras de Moisés Cordovero:[56] «Toda manifestación es una disimulación y toda disimulación es una manifestación».

«Estoy revelando misterios profundos y secretos que, en el sentido estricto de la palabra, no están hechos para ser revelados a fin de que no se conviertan en objeto de la sagacidad de cualquier ocioso. Estos

---

53. Pirqué Aboth Ia.
54. Esta tradición circunscribe la *kabbalah* al mundo judío (y a él nos ceñiremos en este apartado), y a través del mundo judío, al cristianismo, tanto por su influencia en Jesús y en los primeros cristianos como por las sucesivas aportaciones de los judíos convertidos al cristianismo y por la importante influencia ejercida sobre los movimientos esotéricos cristianos del Renacimiento. Sin embargo, la primera tradición le da a la *kabbalah* un carácter más universal y la extiende a todos los pueblos de la tradición abrahámica.
55. Cfr. Scholem, G. *Las grandes tendencias de la mística judía.*
56. Uno de los grandes kabalistas de Safed (Galilea) que vivió en el siglo XVI.

santos hombres del pasado han meditado durante toda su vida sobre estas cosas y las han ocultado y no se las han revelado a nadie y ahora he venido a revelarlas... Cuando vi todo esto me sentí obligado a escribir sobre estos misterios, a ocultarlos y a meditar sobre ellos a fin de revelarlos a todos los hombres que piensan y para transmitir todas esas cosas a las que dedicaron su vida los sabios del pasado... Y, aunque ahora revelo sus misterios, el Dios Todopoderoso sabe que mi propósito al hacerlo es bueno, a fin de que muchos puedan volverse sabios y conservar su fe en Dios, oír y aprender, sentir temor en sus almas y regocijarse porque conocen la verdad».[57]

La propia palabra hebrea *kabbalah* guarda en su interior, de acuerdo con los propios métodos cabalísticos, la mejor definición de su contenido. Con las consonantes de la palabra podemos formar las siguientes palabras:

Kabbalah[58]	קַבָּלָה	Tradición
LeB	לֵב	Corazón
LaHaB	לַהַב	Fuego
KiBeL	קִבֵּל	Recibir
KaHaL	קָהָל	Comunidad

La cábala es, pues, la *tradición* en torno a un *corazón* en *llamas* recibida para (en) la *comunidad*.[59] Ese corazón encierra en su interior el libro: la Biblia, el libro por excelencia para el judaísmo, empieza en hebreo con la letra B[60] y termina con la letra L. Corresponde a la cábala encender el corazón del libro, que, sin ella, es letra muerta.

Según la cábala, todo el universo es (era) de una sola pieza, como una túnica sin costuras con la que Dios ha envuelto a la Divinidad. Unidad representada por el Nombre del Dios Uno. Dice la tradición que por la caída de nuestros padres el nombre divino יהוה (YHVH) fue partido en dos. Las dos primeras letras יה (YH) permanecieron en

---

57. Moisés de León en el *Sefer ha-Zohar* recogido por Scholem, G. *Op. cit.*
58. Recuérdese que en hebreo se escribe de derecha a izquierda.
59. Apuntes de las conferencias sobre *kabbalah* impartidas en el Ateneo de Madrid por Satz, M. en 1986.
60. Lo mismo que el Evangelio de Juan *y* el Corán, *véase* nota 153.

el cielo, donde están permanentemente insatisfechas por la separación. Las otras dos וה (VH) están en la tierra exiliadas con el hombre[61] llorando por la separación. La tarea del cabalista (del iniciado) es recuperar esta unidad perdida del Nombre, de modo que el cielo y la tierra se hagan uno a través de él.[62]

La cábala cristiana dice que sólo el «fuego del corazón» (el amor) puede reunir los dos mundos. El fuego viene representado por la letra *shin*, que, puesta en el centro del Nombre Divino, nos da יהשוה (JHS-VH) (JeHoSuaH = el Señor nos Salva), que es el nombre hebreo de Jesús. De modo que el misterio del Cristo es el misterio de la reunificación de Dios y el hombre o, incluso de forma más osada, de Dios en el hombre.

Desde el punto de vista mítico, el Nombre, transmitido de forma secreta desde Moisés, era pronunciado ritualmente por el sumo sacerdote en el Templo de Jerusalén, reproduciéndose en ese instante la unidad primigenia. La destrucción del Templo impide repetir la teúrgia y la reconstrucción del Templo será el signo de la llegada de la época mesiánica.[63]

El objetivo final cábala es la reunificación del nombre de Dios, que es lo mismo que la reunificación del hombre con Dios. Después de la fragmentación, sólo el hombre posee la facultad de percibir a la vez el mundo superior y el inferior. La adquisición de esta facultad, de percibir y reunir todos los niveles de la realidad, es la meta principal de la preparación del cabalista, ya que la teoría y la práctica de la cábala capacitan a los individuos para expandir su conciencia tanto hacia abajo como hacia arriba y a tender un puente entre los mundos, de manera que acreciente el flujo divino y llevarlo ahí donde la evolución está obstruida, donde prevalece el desorden o donde la conciencia de la presencia divina ha de hacerse manifiesta.

---

61. Nótese que hasta que se produzca la reunificación, Dios está en parte también exiliado con el hombre.

62. «Hágase tu voluntad así en el cielo como en la tierra», dice Jesús en el padrenuestro.

63. Es claro que detrás del mito subyace la lectura de la historia como manifestación de los actos de la hierohistoria, historia sagrada atemporal a la que nos referiremos más adelante.

Dice el rabino Ismael: «Todos los compañeros [los iniciados] la comparan [a la cábala] a un hombre que tuviese una escalera en medio de su casa, por la que pudiera ascender y descender sin que nadie se lo impidiera. Alabado seas, Señor, tú que conoces todos los secretos y eres el Señor de las cosas ocultas».[64]

El cabalista, con su trabajo de unificación se asocia a la reconstrucción del templo espiritual, del que el templo terrestre era símbolo, que sigue ejerciendo un papel protector para la humanidad.[65]

El trabajo de unificación no se refiere, por lo tanto, sólo al desarrollo individual, sino también a la ayuda para la realización de la unidad de los mundos que aún se encuentran en los dolores de parto de la creación. Al igual que los niveles personales del cuerpo, la psique, el espíritu y la chispa divina son impregnados de armonía, de la misma manera el cabalista busca convertirse en el espejo individual, dentro del espejo cósmico, en que el pequeño Adán de un hombre puede contemplar, cada vez con mayor profundidad, la imagen del gran Adán del universo y percibir así el reflejo de lo Divino. De esa manera cada cabalista, junto a todos los que siguen el sendero de la transformación espiritual, ayuda a Dios a contemplar a Dios, mucho antes de que la mayoría de la humanidad empiece a ser consciente del propósito de la vida más allá del vivir ordinario. Esta participación en el plan divino se llama el trabajo de creación.[66]

El trabajo de la creación para la humanidad es la participación consciente en la realización de la intención divina. Mediante ella, el cabalista no sólo se vuelve más y más consciente de los acontecimientos de los mundos mayores e invisibles de arriba, sino que ayuda eficazmente a introducir los influjos que proceden de los mundos superiores en los inferiores. Lo consigue mediante la habilidad en la vida práctica, la solidez psicológica y la claridad espiritual. Así, al igual que se desarrolla el macrocosmos, también la humanidad, al expandirse

---

64. Pirke Hekalot, Babilonia siglo VI, citado por Z'ev ben Shimon Halevi, *op. cit.*
65. «En época de exilio los kabalistas de Israel son los únicos que poseen el conocimiento para bendecir y santificar el Nombre del cielo, esotérica y exotéricamente, como si fueran contemporáneos de la reconstrucción del Templo». Azriel de Girona. *Cuatro textos cabalísticos.*
66. Cfr. Halevi. *Op. cit.*

por todos los mundos, lleva su mirada tanto hacia fuera como hacia dentro creando así e incrementando la unidad arriba y abajo.

Como vemos, la cábala nos ofrece una imagen de una divinidad en perpetuo dinamismo, en cuyo centro se encuentra el *ain sof*, la trascendencia absoluta que ningún pensamiento humano puede alcanzar, en torno a Él, y saliendo hacia la inmanencia. comienza un universo más frágil cuyo equilibrio no es impermeable a las acciones del hombre y que puede verse alterado por sus acciones positivas como negativas.[67] De esta manera la vida de todo hombre, pero en especial el trabajo del iniciado, se convierte en una continua teúrgia.

El primer estadio verdadera experiencia cabalística es la percepción mística. En ésta se produce la ruptura con el mundo natural para pasar arriba, a los sobrenaturales, donde el cabalista ve lo que suele estar oculto a la vista. El más alto nivel de la realización humana es el contacto directo con lo Divino. Dicho contacto, por más momentáneo que sea, siempre ha sido considerado como la coronación de una vida. Es el deber y el privilegio del cabalista esforzarse por alcanzar la conexión divina mediante la práctica de la adhesión a Dios, en un constante acto de rememoración de su presencia.

Sin embargo, según Scholem, el misticismo judío se distingue de otros por la impresionante reserva de los cabalistas en lo que se refiere a dicha experiencia suprema. Se observa una enorme aversión a referirse, en términos explícitos, a experiencias estrictamente místicas. No sólo es diferente la forma en que se expresan tales experiencias, sino que falta voluntad de expresarlas y de transmitir el conocimiento recibido, o bien dicha voluntad se reprime por consideraciones de otra índole.

El esoterismo judío, al menos en su expresión verbal y tal vez como consecuencia de lo señalado anteriormente, mantiene siempre un punto de separación entre el cabalista (el iniciado) y Dios que no se da en otros esoterismos. «Sólo en casos extremadamente raros el éxtasis significa, para el místico judío, una unión real y concreta con Dios en la que la individualidad del hombre se abandona al arrebato y se sumerge por entero en el torrente divino. Incluso en esta disposición

---

67. Cfr. Eisenfeld, M. prólogo a la obra de Azriel de Girona, *Cuatro textos cabalísticos.*

extática del espíritu el místico judío casi siempre conserva la distancia entre el Creador y su criatura. Ésta se encuentra unida a aquél, y el punto en que se unen es del máximo interés para el místico, si bien jamás llega al extremo de considerar que constituye una identidad entre Creador y criatura... Para el cabalista el fin último de la perfección religiosa es el *debecut,* adhesión, un perpetuo estar con Dios, una unión íntima, una conformidad de la voluntad humana con la voluntad divina, conservando siempre un sentido claro de la distancia».[68]

Este recorrido por algunos elementos de la tradición cabalística nos ha permitido detectar los componentes esenciales del camino iniciático: existe una sabiduría oculta, transmitida desde los tiempos primordiales, que debe ser anunciada por un maestro y que produce en el iniciado un cambio de su régimen existencial que le permite iniciar el camino de regreso hacia la Divinidad, al tiempo que le convierte en un protagonista del proceso de creación.

Para terminar esta reflexión sobre el esoterismo judío vamos a resumir la interpretación que hace Z'ev ben Shimon Halevi[69] –en su obra tantas veces citada en este apartado– sobre el libro del Éxodo como símbolo del viaje de vuelta del hombre hacia Dios. Interpretación que nos parece especialmente interesante como síntesis del proceso iniciático que tendremos ocasión de analizar en el próximo capítulo.

El relato del descenso a Egipto de la familia de Jacob es una descripción de la encarnación del alma, que, deslumbrada por las riquezas de Egipto, acaba esclavizada y, después de un tiempo, olvida la tierra de la que procede. A veces, sin embargo, determinadas experiencias de la vida, en unos casos dolorosas y en otros momentos de especial paz, traen un vago recuerdo de la tierra natal.[70] Algunos pocos mantienen vivo ese débil recuerdo y buscan a alguien que les muestre el regreso a ese remoto país y se arriesgan a la búsqueda en el desierto.

La vida de Moisés simboliza precisamente el proceso de iniciación y el retorno a la tierra prometida. Cuando Moisés da muerte al egipcio

---

68. Cfr. Sholem, G. *Op. cit.*
69. Cfr. Halevi, *op. cit.*
70. Nótese el paralelismo con «El canto de la perla» al que se hace referencia en el apartado 2.3.

rompe sus vínculos con la naturaleza animal, lo que le cuesta perder su privilegiada posición en el mundo. Después de errar por el desierto acaba encontrando a un maestro, su futuro suegro Jetro y, según el Talmud,[71] para conseguir a su hija debe desenterrar una vara de zafiro que lleva grabados los Nombres de Dios. Es la prueba iniciática necesaria para conseguir más instrucción. Después, durante años, debe guardar los rebaños de su suegro, símbolo del aprendizaje del dominio de sus instintos y de su psique, hasta conseguir el matrimonio con la hija del maestro, que es tanto como recibir un nuevo ser, la participación en la herencia espiritual del maestro. La culminación de su preparación le aboca a la experiencia de la zarza ardiente en la que Dios le revela su Nombre. Realizada la conexión interior debe dejar a su maestro para realizar su propio trabajo. La primera reacción de Moisés es negarse a aceptar su misión, si bien a continuación se somete a la voluntad divina. La iniciación conlleva la orden de volver a Egipto (al mundo) a salvar a otros, lo que, internamente, significa descender a los propios infiernos interiores para culminar el proceso de purificación y, externamente, la obligación de ayudar a otros a despertar.

> En la búsqueda de la sabiduría, la primera etapa es el silencio, la segunda la escucha, la tercera la memoria, la cuarta la práctica y la quinta la enseñanza.[72]

Sin el continuo sometimiento a la voluntad de Dios y el trabajo continuo de volver al Egipto, tanto interior como exterior, se corre el riesgo de volver a sumirse en el mundo de los deseos, descendiendo de nuevo a la esfera animal, pero el ser que ha entrevisto la luz conserva parte de su conocimiento y poder y, al volver a la esfera animal, se convertiría en lo que se ha llamado un mago negro.

Durante el largo trabajo tienen lugar numerosas transformaciones, tanto internas como externas. Al principio todo es excitante; con el descubrimiento de que existe una respuesta para todas las preguntas; muchas veces todo el estilo de vida del individuo cambia radicalmente.

---

71. Los comentarios rabínicos a la Biblia.
72. Salomón Ibn Gabirol, España, siglo XII, citado por Z'ev ben Shimon Halevi, *op. cit.*

Luego sigue un período apagado en el que aparentemente poco sucede comparado con el dramatismo del primer período. En este período se incuban profundos acontecimientos internos que desembocan en un cambio de la conciencia ordinaria y, con frecuencia, en una reorientación total de la propia vida.

En un momento dado del camino, cuando el buscador desea sinceramente participar en el trabajo de los mundos superiores se produce, en su vida y en su entorno, un cambio inesperado que constituye un punto de no retorno, que en el Éxodo viene representado por el cruce del mar Rojo. A partir de entonces ya no hay retorno, aunque la nostalgia «por las ollas de Egipto» (Éxodo 16, 2-3) puedan detener la marcha e incluso llevar a la muerte en el desierto. De repente empiezan a aparecer señales y signos aparentemente casuales (libros, personas, etcétera) como la de Moisés que tropezó con las hijas de Jetro acosadas por los ladrones en el pozo. Estas señales abocan al candidato a una serie de experiencias a través de las cuales es puesto a prueba hasta que por fin (si tiene suerte) es admitido por un maestro que resulta ser un eslabón de una antigua cadena iniciática.

> El individuo deberá mantener constantemente su conciencia de Dios y de su amor. No debe separar su conciencia de lo Divino mientras viaja por el camino, ni cuando se acuesta, ni cuando se levanta.[73]

El cristianismo

La progresiva trivialización del cristianismo, reducido a una religión moralizante y exotérica, que ha ido perdiendo sus propias claves, nos ha hecho olvidar, incluso a los que nos movemos en un entorno cultural cristiano, la existencia de una profunda tradición iniciática que se pone de manifiesto desde los primeros tiempos.

La existencia de una gnosis que transciende la fe y la moral, la llamada a una perfección que va más allá de la simple salvación, y que exige por ello algo más que cumplir los mandamientos, es evidente

---

73. Nahmánides, España siglo XIII.

desde los primeros inicios de la tradición cristiana. También desde un principio se diferencian dentro de la comunidad tres grados que presuponen un aprendizaje iniciático: los incipientes, los proficientes y los perfectos.[74]

No hay prueba mejor que releer, con ojos nuevos, una serie de citas, tanto del Nuevo Testamento[75] como de los Padres, cuyo sentido más profundo puede haber pasado desapercibido en una lectura consuetudinaria de éstas.

Existe en el cristianismo un *misterium,* una *sabiduría* oculta y una *gnosis:*

> Y acercándose los discípulos le dijeron: «¿Por qué les hablas en parábolas?». Él respondió y les dijo: «A vosotros os ha sido concedido conocer los misterios del reino de los cielos, pero a ellos no les ha sido concedido. Pues al que tiene le será dado y tendrá de sobra; pero al que no tiene, aun aquello que tiene le será quitado. Por eso viendo no ven, y aun oyendo no oyen ni entienden... pero bienaventurados vuestros ojos que ven y vuestros oídos que oyen». (Mateo 13, 10-17)[76]

> A aquel que puede consolidaros conforme a mi Evangelio y a la predicación de Jesucristo: revelación de un misterio mantenido en secreto durante

---

74. Véase Eliade, M. *Historia...*

75. Quizá no esté de más recordar que el Nuevo Testamento no es una colección de palabras, ni de hechos, de Jesús, sino el resultado de la vivencia de la experiencia pascual, es decir, de la muerte y resurrección de Jesús el Cristo: realizada por hombres inspirados por el Espíritu y recibida por comunidades inspiradas por el Espíritu, que revisaron, a la luz de dicha experiencia, tanto las consecuencias que la pascua tenía para sus vidas como la propia vida y palabras de Jesús. En la recepción de la Palabra hay, pues, una triple inspiración del Espíritu: a quien la escribió, a la comunidad que recibió la Palabra como inspirada, y a cada hombre cuando la lee como tal.

    Recalcar, por otra parte, que aunque el cristianismo es una religión del Libro, y tiene unas escrituras reveladas por el Espíritu, el cristiano no cree en el Libro, sino que cree en Jesús el Cristo, fe que, como vamos a ver, implica creer en la posibilidad de participar en su muerte y resurrección. El Libro revelado (es decir, manifestado y vuelto a velar) le permite acceder a esa gnosis, en la medida en que él mismo sea inspirado por el Espíritu.

76. Véase Marcos 4, 10-11 y Lucas 8, 9-10.

siglos eternos, pero manifestado en estos tiempos por las escrituras proféti-
cas... a Él sea la gloria por siempre. Amen. (Romanos 16, 25-27)

El tesoro de su gracia, sabiduría y prudencia ha sido un derroche para con
nosotros, dándonos a conocer el misterio de su voluntad. Éste es el plan
que había proyectado realizar por Cristo cuando llegase el momento culminante: recapitular en Cristo todas las cosas del cielo y de la tierra. (Efesios 1, 9-10)

Y esclarecer como se ha dispensado el misterio escondido desde siglos en
Dios, creador de todas las cosas. De este modo los principados y potesta-
des que habitan en el cielo tienen ahora conocimiento por medio de la
Iglesia de la múltiple sabiduría de Dios. (Efesios 3, 9-10)

Por eso dejará el hombre a su padre y a su madre para unirse a su mujer y
llegar a ser los dos uno solo. Gran misterio es éste, yo lo relaciono con la
unión de Cristo y de su Iglesia. (Efesios 5, 31-32)

Para llevar a cabo la predicación de la Palabra de Dios, el misterio escondido desde los siglos y desde las generaciones y ahora manifestado a sus
santos, a quienes, de entre los gentiles quiso Dios dar a conocer cuál es la
riqueza de la gloria de este misterio. (Colosenses 1, 25-27)

Para que alcancéis todas las riquezas de la plena inteligencia y conozcáis
el misterio de Dios, esto es Cristo, en quien se hallan escondidos todos los
tesoros de la gnosis y de la ciencia. (Colosenses 2, 2)

Y sin duda alguna grande es el misterio de la piedad: Él ha sido manifestado en la carne, justificado por el Espíritu, mostrado a los ángeles, pre-
dicado a las naciones, creído en el mundo y ensalzado en la gloria. (I Timoteo 3, 16)

Que no habrá más tiempo, sino que en los días de la voz del séptimo
ángel, cuando él suene la trompeta, se cumplirá el misterio de Dios, como
Él lo anunció a sus siervos los profetas. (Apocalipsis 10, 7)

Oh, profundidad de la riqueza, de la sabiduría y de la gnosis de Dios, ¡cuán insondables son sus juicios y cuán impenetrables sus vías! (Romanos 1, 1-33)

Ciertamente, todas las cosas las estimo como una pérdida en relación al beneficio de la gnosis de Cristo Jesús, mi Señor. (Filipenses 3, 8)

Si en discursos sólo soy un profano no lo soy en la gnosis: en todo y en todas las formas os lo he mostrado. (II Corintios 11, 6)

A Dios sea la gracia, pues Él nos hace triunfar siempre en Cristo y por nosotros manifiesta en todas partes el perfume de su gnosis. Ya que por Dios somos el buen olor de Cristo, entre los que se salvan y entre los que se pierden; para unos un olor que de la muerte va a la muerte, para otros un olor que de la vida va a la vida. ¿Quién es capaz de esto? En efecto, no somos como la mayoría que falsea la palabra de Dios, no, es con una pureza total, es por Dios que ante Dios hablamos en Cristo. (II Corintios 2, 14-17)

Ay de vosotros doctores de la ley, pues habéis quitado la llave de la Gnosis. Vosotros mismos no habéis entrado y los que entraban se lo habéis impedido. (Lucas 11,52)

La Gnosis hincha, el amor edifica. (I Corintios 8, 1)

Aun teniendo el don de la profecía y conociendo todos los misterios y toda la gnosis, y tanta fe que trasladase los montes, si no tengo amor nada soy. (I Corintios 13,2)

Que por la fe Cristo habite en vuestros corazones; estad enraizados y fundamentados en el amor, a fin de que tengáis la fuerza para comprender, con todos los santos, lo largo, lo ancho, lo alto y lo profundo y conocer el amor de Cristo que sobrepasa la gnosis, a fin de que seáis henchidos en lo que se refiere a toda la plenitud de Dios. (Efesios 3, 17-19)

El Dios que dijo «que en las tinieblas resplandezca la luz» es el mismo que ha resplandecido en nuestros corazones, para hacer brillar la gnosis de la gloria de Dios sobre la faz de Cristo. (II Corintios 4, 6)

En cuanto al misterio de la religión propia de los cristianos no esperes que lo podrás comprender de hombre alguno. Porque lo que ellos tienen por tradición no es invención humana… No es la administración de misterios humanos lo que se les ha confiado. (Carta a Diogneto)[77]

La gnosis, por así decirlo, es un perfeccionamiento del hombre en cuanto hombre, que se realiza plenamente por medio del conocimiento de las cosas divinas, confiriendo en las acciones, en la vida y en el pensar una armonía y coherencia consigo misma y con el logos divino. Por la gnosis se perfecciona la fe, de suerte que únicamente por ella alcanza el fiel su perfección… Sin embargo, afirmamos que la gnosis difiere de la sabiduría que se adquiere por la enseñanza, porque en cuanto algo es gnosis será también ciertamente sabiduría, pero en cuanto algo es sabiduría no por ello será necesariamente gnosis… Cristo es el fundamento (la fe) y lo que sobre Él se construye (la gnosis)… La gnosis es transmitida por tradición, como se entrega un depósito a los que se han hecho según la gracia de Dios dignos de tal enseñanza. (Clemente de Alejandría)[78]

Por la gnosis resplandece la dignidad de la caridad, de la luz en luz. En efecto, está escrito «Al que tiene se le dará más»:[79] al que tiene fe se le dará gnosis; al que tiene gnosis se le dará la caridad y al que tiene caridad se le dará la herencia». (Clemente de Alejandría)[80]

El Señor no reveló a muchos lo que no estaba al alcance de muchos, sino a unos pocos, a los que sabía que estaban preparados para ello, a los que sabía que podían recibir la palabra y configurarse con ella. Los misterios como el mismo Dios se confían a la palabra, no a la letra. (Clemente de Alejandría)[81]

Puesto que la tradición no es cosa vulgar y al alcance de todos –al menos cuando uno es capaz de ver la sublimidad de su enseñanza– hay que man-

---

77. De autor desconocido de finales del siglo II.
78. *Stromata* V, 11, 1 y ss.
79. Lucas 19, 26.
80. *Stromata* VII, 10, 55, 1.
81. *Stromata* I, 1,13.

tener velada «la sabiduría que se expresa en el misterio» (I Corintios 2, 7), la cual enseñó el Hijo de Dios... Porque es peligroso mostrar las enseñanzas perfectamente puras y límpidas acerca de la luz verdadera ante oyentes porcinos e incultos. (Clemente de Alejandría)[82]

La Gnosis será una sabiduría consistente en un conocimiento y una comprensión de las realidades presentes, futuras y pasadas, con la seguridad y firmeza que le confiere el hecho de haber sido entregada y revelada por el Hijo de Dios. Y naturalmente, si el fin del sabio es la contemplación, el que es todavía filósofo —aspirante a sabio— tiende hacia la sabiduría divina, pero no la ha alcanzado todavía a no ser que reciba como discípulo la voz profética aclarada para él... Esta gnosis fue entregada por vía no escrita a algunos de los apóstoles y nos llegó por transmisión de generaciones sucesivas. (Clemente de Alejandría)[83]

Misterio, gnosis, sabiduría que es dada a conocer a los perfectos:

Vosotros, pues, sed perfectos, como es perfecto vuestro Padre celestial. (Mateo 5, 48)

Se le acercó uno [a Jesús] y le dijo: «Maestro, ¿qué haré para tener vida eterna?». Y Él le dijo: «...si quieres entrar en la vida, guarda los mandamientos...». El muchacho le dijo: «Todo eso lo he cumplido desde mi juventud, ¿qué más haré?». Jesús le dijo: «Si quieres ser perfecto,[84] anda, vende todo lo que tienes y dáselo a los pobres y tendrás un tesoro en el cielo; luego ven y sígueme». Al oír estas palabras el muchacho se fue entristecido porque tenía muchos bienes. (Mateo 19, 16-22)

---

82. *Stromata* I, 55.
83. *Stromata* VI, 7, 61.
84. Nótese que «ser perfecto» aparece como algo distinto y superior a «conseguir la vida eterna». Precisamente ésta es la diferencia entre «salvación» y «realización espiritual», que es el objetivo de la iniciación y de la que hablaremos reiteradamente a lo largo del libro. Por otra parte, el «vende todo lo que tienes» va más allá de la pobreza material, el «todo» apunta a un vaciamiento absoluto de «lo que se tiene» para que pueda manifestarse «lo que se es».

Para que vuestra fe no se apoye en la sabiduría de los hombres sino en el poder de Dios. Hablamos, sin embargo, entre los perfectos, una sabiduría que no es de este siglo ni de los príncipes de este siglo abocados a la destrucción, sino que enseñamos una sabiduría divina, misteriosa, escondida y predestinada por Dios, antes de los siglos, para nuestra gloria. (I Corintios 2, 5-8)

Por lo demás, hermanos, alegraos, sed perfectos, animaos, tened un mismo sentir, vivid en paz y el Dios de la caridad y de la paz estará con vosotros. (II Corintios 13, 11)

Hasta que lleguemos todos a la unidad de la fe y del conocimiento pleno del Hijo de Dios, al estado de hombre perfecto, a la madurez de la plenitud del Cristo. (Efesios 4, 13)

No que lo tenga ya conseguido o que ya sea perfecto, sino que continúo mi carrera por si consigo alcanzarlo, habiendo sido yo mismo alcanzado por Cristo Jesús. (Filipenses 3, 12)

Al cual nosotros anunciamos, amonestando e instruyendo a todos los hombres con toda sabiduría, a fin de presentarlos a todos perfectos en Cristo. (Colosenses 1, 28)

Así el hombre de Dios se encuentra perfecto y preparado para toda obra buena. (II Timoteo 3, 17)

Por eso, dejando aparte la enseñanza elemental acerca de Cristo, elevémonos a lo perfecto, sin reiterar los temas fundamentales del arrepentimiento de las obras muertas y de la fe en Dios, de la instrucción sobre el bautismo, de la imposición de las manos, de la resurrección de los muertos y del juicio eterno. (Hebreos 6, 1-2)

Así pues, si uno lee las Escrituras de la manera dicha –que es la manera que enseñó a sus discípulos el Señor después de su resurrección de entre los muertos– ...será un discípulo perfecto, semejante a un padre de familia que saca de su tesoro cosas nuevas y cosas viejas. (Ireneo de Lyon)[85]

---

85. *Adversus Hæreses* IV,26, 1.

Se dan como distintas formas del Verbo, pues el Verbo se manifiesta a cada uno de los que son conducidos hasta su conocimiento de manera proporcionada a la disposición del individuo, ya sea principiante, o haya hecho algún pequeño progreso, o un progreso mayor, o ya se halle cerca de la virtud o en posesión de la misma. (Orígenes)[86]

El *misterio*, la *sabiduría oculta*, la *gnosis*, dada a conocer a los *perfectos*, ha sido transmitida desde Jesús a través de una línea propia de tradición. [87]

A Santiago el Justo, a Juan y a Pedro confió el Señor, después de la resurrección, la gnosis; aquéllos la comunicaron a los demás apóstoles, los otros apóstoles la confiaron a los Setenta, uno de los cuales era Bernabé. (Clemente de Alejandría)[88]

La verdadera tradición de las bienaventuradas doctrinas, directamente enlazadas con los santos apóstoles Pedro, Santiago, Juan y Pablo, transmitidas de padre a hijo y que llegaron a nosotros gracias a Dios. (Clemente de Alejandría)[89]

[Una enseñanza privada y secreta] que nuestros santos padres han conservado en un silencio que evita la ansiedad y la curiosidad [...] como para salvaguardar mediante este silencio el carácter sagrado del misterio. A los no iniciados no se les permite recibir estas tradiciones: su significado no se puede divulgar fijándolas por escrito.[90]

De acuerdo con esta tradición, el cristiano, como todo iniciado, es elevado a la condición divina a través de la participación en la encar-

---

86. *Contra Celso* VI, 16.
87. «De este modo se nos revela la existencia de una sucesión de maestros gnósticos o maestros espirituales, distinta de la sucesión de los obispos, que transmite la fe de los apóstoles, pero que prolonga la tradición carismática de los tiempos apostólicos y de los apóstoles» Daniélou, J. en *Les traditions secrètes des apôtres*.
88. Recogida por Eusebio, *Historia Ecclesiastica* II, 1, 3-4
89. *Stromata* I, 1, 11, 3.
90. San Basilio, *Sobre el Espíritu Santo* (28, 26).

nación, muerte y resurrección del Hijo de Dios, Jesús el Cristo, a la que accede por su participación en dos ritos fundamentales: bautismo y eucaristía.

El bautismo no es un mero rito de purificación, sino un proceso de muerte y resurrección que implica el nacimiento a un nuevo nivel de realidad del ser:

> En verdad, en verdad te digo: el que no renazca de lo alto no puede ver el Reino de Dios… En verdad, en verdad te digo: el que no renazca de agua y espíritu no puede entrar en el Reino de Dios… En verdad, en verdad te digo: nosotros hablamos de lo que sabemos y damos testimonio de lo que hemos visto. (Juan 3, 3-11)

El bautizado, muerto el hombre viejo, renace como otro Cristo, participando de la vida divina.

> ¿O ignoráis que cuantos hemos sido bautizados en Cristo Jesús fuimos bautizados para participar en su muerte? Con Él hemos sido sepultados por el bautismo para participar en su muerte, para que como Él resucitó de entre los muertos por la gloria del Padre, así también nosotros vivamos una vida nueva. Pues si hemos sido injertados en Él por la semejanza de su muerte, también lo seremos por la de su resurrección. (Romanos 6, 3-5)

> Con Cristo estoy crucificado y no vivo yo sino que es Cristo quien vive en mí. (Gálatas 2, 10-20)

> Con Él fuisteis sepultados en el bautismo y en Él asimismo fuisteis resucitados por la fe en el poder de Dios que le resucitó de entre los muertos… Estáis muertos y vuestra vida está escondida con Cristo en Dios. (Colosenses 2, 12; 3, 3)

Puesto que el bautismo es una *auténtica y real iniciación* modifica radicalmente —desde la raíz— el régimen existencial del ser, de forma irreversible.

El bautizado, el iniciado, podrá ser infiel, pero nunca volverá a ser el de antes (a esto se refiere la doctrina cuando dice que este sacramento «imprime carácter»),[91] por ello sólo puede accederse a él una vez y, durante siglos, sólo se admitió el bautismo a adultos, que debían seguir un proceso de preparación durante el cual no podían acceder a la celebración de los misterios de la eucaristía. Los catecúmenos (los que se estaban preparando para el bautismo) debían abandonar el templo antes de la proclamación de los misterios, la proclamación del símbolo de los apóstoles, el credo; cuya formulación no resulta hoy un misterio para nadie y cuyo sentido se ha vuelto un misterio para la mayoría de los que lo proclaman.

El ritual del bautismo ha conservado, claramente, los elementos de una iniciación, de los cuales vamos a comentar los más destacados. La ceremonia, que en los primeros tiempos se realizaba en varios días, fue luego concentrada en el último día en la noche pascual,[92] formando parte de la actualización del hecho salvífico (la muerte y resurrección de Jesús el Cristo), de manera que, al igual que en las otras iniciaciones, el iniciado no era el espectador de una representación, sino el real protagonista del rito realizando de forma eficaz, en sí mismo, lo que «en el principio» había sido realizado.

Antes de entrar en el templo, el candidato, el catecúmeno, es presentado por el padrino, que, como en toda iniciación, tiene un doble papel. Puesto que el catecúmeno es admitido a formar parte de una comunidad de «santos», de «hombres puros» y va a participar en la vida de esa comunidad, el padrino se erige en garante, frente a la comunidad, de la rectitud de intenciones del candidato;[93] frente a su ahijado asume una función de guía en sus primeros pasos dentro de la comunidad y, en cierto modo, de vigilante de su evolución espiritual.

El oficiante interroga al padrino sobre las intenciones del neófito y después de este escrutinio sopla tres veces sobre él para que cualquier otro espíritu que lo habitase deje su lugar al Espíritu. Signa luego al

---

91. Nótese que los tres sacramentos que imprimen carácter –bautismo, confirmación y orden sacerdotal– se corresponden con la estructura ternaria de los grados iniciáticos de muchas organizaciones tradicionales.

92. Único día en que se celebraban los bautismos.

93. Hasta el punto que en algunas tradiciones iniciáticas se dice que el padrino asume el karma (es decir, las consecuencias de las obras) del ahijado por su comportamiento en el seno de la comunidad.

neófito con la señal de la cruz, como muestra de su participación en la muerte y resurrección de Jesús y marca de su pertenencia a la comunidad de los santos. Después le impone las manos, transmitiéndole la influencia espiritual, la gracia, de la que es depositario. A continuación pone en su boca sal, previamente bendecida, como signo de la sabiduría, de la gnosis, que debe llevarle a la vida eterna. Posteriormente el candidato recibe el Evangelio, el credo y el padrenuestro, portadores de la parte visible de esa gnosis.

Una vez dentro del templo, el candidato expresa su renuncia al hombre viejo y al pecado y es ungido con aceite; la unción implica pasar de ser un hombre profano a ser un ser sagrado.[94] A continuación, y tras realizar su profesión de fe, recibe el agua bautismal a través de la cual participa de la muerte y resurrección de Cristo renaciendo como hombre nuevo, y como signo de ello recibe una vestidura blanca, un nuevo nombre y una vela encendida en el cirio pascual, símbolo de la nueva luz en la que participa.

Como tal iniciación –que, reiteramos, implica un acceso a otro nivel de ser–, sólo puede ser conferida por otro iniciado, bautizado.[95] Y del mismo modo, todo bautizado –iniciado– tiene el poder de bautizar –iniciar– a otro, aunque la práctica canónica lo considere un hecho excepcional y lo reserve, de forma normal, a los iniciados de grado, que no de nivel, superior: los sacerdotes.[96]

Por el bautismo, el iniciado accede a la vida del Cristo, aunque la realización de este acceso, la cristificación, sea un proceso que –co-

---

94. En Israel, reyes y profetas eran ungidos con aceite y el Mesías, el Cristo, es el Ungido por antonomasia. Por otra parte, en la liturgia cristiana la piedra del altar es también bañada en aceite, con el mismo significado.

95. Este carácter iniciático del bautismo viene resaltado por la consideración (dentro de la doctrina clásica de la Iglesia) de dos supuestos que, precisamente por su carácter excepcional, recalcan la «normalidad» de la transmisión regular: se trata del «bautismo de sangre» al que acceden aquellos que, sin haber sido regularmente bautizados, mueren mártires de la fe, y el «bautismo de deseo» para aquellos que mueren deseando haber recibido el bautismo sin haber tenido posibilidad práctica de acceder a él.

96. La insistencia del catolicismo en la importancia trascendental de la transmisión apostólica es otra referencia fundamental al carácter iniciático de los citados sacramentos.

mo en toda iniciación– comienza, precisamente, a partir del rito iniciático.[97]

Ahora somos hijos de Dios y aún no se ha manifestado lo que seremos.
Sabemos que cuando se manifieste seremos semejantes a Él, porque le
veremos tal cual es. (1 Juan 3, 2)

O con palabras de un viejo maestro:

El Cristo es la realización del Hijo de Dios que cada uno de nosotros somos. La realización del Cristo es la vivencia real de Dios en mí o de Dios
a través de mí. El Cristo es el nombre que tiene el Dios que voy a llegar a
ser. El Cristo es la meta máxima de todo hombre en cuanto Hombre...
El ser humano sigue evolucionando hasta que se identifica con Cristo...
Para nosotros, la experiencia de la fusión con eso que llamamos Dios es la
experiencia última. De la conciencia y de la experiencia interna de Dios,
nada sabemos.

En la celebración del banquete eucarístico, el ya iniciado participa
de forma directa en la vida divina y actualiza el hecho salvífico, auténtica teúrgia que realiza en el tiempo y en el espacio un ritual de carácter
cósmico.

Jesús les dijo: «En verdad, en verdad os digo: si no coméis la carne del
Hijo del hombre, y no bebéis su sangre, no tenéis vida en vosotros». (Juan
6, 53)

Porque yo he recibido del Señor lo que os he transmitido: que el Señor
Jesús en la noche en que fue entregado tomó el pan y, después de dar
gracias, lo partió y dijo: «Esto es mi cuerpo que se da por vosotros, haced
esto en memoria mía». Y asimismo después de cenar tomó el cáliz dicien-
do: «Éste es el cáliz de la nueva alianza en mi sangre; cuantas veces lo
bebáis haced esto en memoria mía». Pues cuantas veces coméis este pan y

---

97. Y ahí radica precisamente la diferencia entre la iniciación virtual y la realización
y actualización de dicha iniciación a la que nos referiremos más adelante.

bebáis este cáliz, anunciáis la muerte del Señor hasta que Él venga. (I Corintios 11, 23-26)

La historia de las religiones ha destacado la influencia de las religiones de los misterios en los ritos cristianos. Es un hecho que, sobre todo a partir del siglo III, se evidencia una clara interrelación entre las religiones mediterráneas de los misterios. La existencia de símbolos y ritos análogos en distintas religiones tradicionales es connatural al hecho mismo de la unidad trascendente de las religiones, e incluso se detectan entre tradiciones sin aparente contacto entre sí. Sin embargo, frente a las religiones de los misterios, el cristianismo hace especial hincapié en resaltar el carácter histórico[98] del hecho crístico y en mantener de forma permanente –y al margen de cualquier formulación más o menos afortunada desde el punto de vista filosófico– la total humanidad y la total divinidad de Jesús, el Cristo.

La religión cristiana ha sido, quizá, dentro de la tradición abrahámica, aquella en la que los elementos iniciáticos han resultado más evidentes y, sin embargo, es aquella que hoy parece tenerlos más olvidados. Cábala y sufismo conviven, aún hoy en día, con el judaísmo y el islam oficiales, con relaciones más o menos difíciles según el momento y el lugar; sin embargo, los cristianos, en buena parte, parecen haber perdido conciencia de la dimensión esotérica del cristianismo.[99] No obstante, además del real contenido iniciático de los sacramentos citados, veremos más adelante que, al menos a nivel simbólico y mítico,[100] los elementos del esoterismo cristiano han llegado hasta nuestros días.

---

98. El carácter histórico de Jesús el Cristo –por encima de su radical novedad– no agota la dimensión cósmica del hecho crístico que se realiza simultáneamente «en y fuera» del tiempo y del espacio (en la hierohistoria), de la misma manera que el hecho de que Jesús sea el Cristo no implica que el Cristo se agote en Jesús.

99. El análisis de las causas de esta pérdida, relacionadas en cualquiera de las hipótesis posibles con las consecuencias siempre nefastas de la alianza entre religión y poder o, de forma aún más perversa, entre esoterismo y poder, nos alejaría excesivamente de nuestro propósito. Desde el punto de vista simbólico, la culminación de la ruptura, como veremos más adelante, se sitúa, temporalmente, en la disolución de la Orden del Temple.

100. Y, por lo tanto, con cierta capacidad de ser de nuevo actualizados.

El islam

La existencia de una tradición esotérica dentro del islam data de los tiempos del profeta Mahoma, que según un *hadîth*[101] dijo:

El Corán tiene una apariencia exterior y una profundidad oculta, un sentido exotérico y otro esotérico; a su vez este sentido esotérico encierra otro sentido esotérico (esta profundidad tiene otra profundidad, a la manera de las esferas celestes que se encajan unas en otras); así sucesivamente hasta siete sentidos esotéricos.

Numerosas suras del Corán[102] adquieren su verdadera luz, bajo este prisma:

Ciertamente, en este «argumento» existen signos[103] para los que reflexionan.[104, 105]

---

101. Frase atribuida al Profeta, que no figura en el Corán.
102. Téngase presente que, desde el punto de vista esotérico, el Corán, la Palabra manifestada de Dios, cumple en el islam un papel semejante al misterio del Verbo encarnado en el cristianismo. Puede por ello establecerse un cierto paralelismo entre *entender el sentido oculto del Corán y entender el Misterio del Cristo*.
    Te hemos inspirado como inspiramos a Noé y a los profetas que vinieron después de él... Dios da fe de lo que te ha hecho descender con su ciencia... Dios basta como testigo... ¡Hombres! Os ha venido el Enviado [Mahoma] con la verdad que procede de vuestro Señor. ¡Creed! (Corán IV, 161-168)
    Jesús, hijo de María, es el Enviado de Dios, su palabra que Él ha comunicado a María, y un Espíritu que procede de Él. (Corán IV, 171)
103. *Signos* (Āyāt): Cada signo hace alusión, desde su significado específico, a una realidad divina, oculta en el seno de cada versículo o sura revelada. Una realidad que requiere un nombre (es un nombre de la belleza o de la majestuosidad divinas) a través del cual Dios se manifiesta en esa realidad; en otras palabras, el nombre se convierte en el origen de la epifanía divina en esa realidad (Cfr. «El hombre perfecto» dentro del libro *The Nurbakhsh Tresaury*).
104. Para los sufíes, la reflexión es el viaje del corazón hacia la verdad, por el continuo recuerdo de Dios *(Zekr)*. Con la gracia del *Zekr*, la luz de la manifestación de las realidades divinas ilumina la morada del corazón y, como fruto de esa iluminación nace la «reflexión del corazón», una reflexión que recorre la senda hacia la verdad. En la reflexión intelectual la guía y el impulsor es el intelecto [entendido como razón], en la del corazón lo es Dios (cfr. Nurbakhsh J. *En el paraíso de los sufíes*).
105. Esta frase viene al final de varios versículos del Corán.

Si reveláramos las realidades [interiores] de este libro, el Corán, a las montañas, verás como éstas [bajo el peso de ellas y del temor de Dios] humildemente se romperían en pedazos. Presentamos estas parábolas a los hombres a fin de que reflexionen.[106]

Nosotros, con cada mensajero hemos hecho descender milagros, libros y signos, y a ti te hemos hecho descender el Corán, a fin de que comentes con la gente todo lo que ha sido revelado en él. Sea así que reflexionen sobre ello.[107]

Dios escribe versículos para vosotros, para que reflexionéis sobre ellos.[108]

Di[les]: ¿son iguales el ciego y el vidente? Acaso no reflexionáis sobre ello.[109]

Y cuando escuchan los signos que hemos descendido al Profeta, abundantes lágrimas corren de sus ojos, pues reconocen su realidad interior.[110]

El libro contiene, por tanto, sucesivos significados que, una vez más, velan y revelan una gnosis.

El libro de Dios comprende cuatro cosas: la expresión enunciada, la dimensión alusiva, los sentidos ocultos relativos al mundo suprasensible y las elevadas realidades espirituales *(haqâiq)*. La expresión literal es, para el común de los fieles, la dimensión alusiva que concierne a la elite; los significados ocultos incumben a los («amigos de Dios»; las elevadas doctrinas espirituales pertenecen a los profetas.[111]

No hay versículo coránico que no tenga cuatro sentidos:[112] el exotérico *(zâhir)*, el esotérico *(bâtin)*, el límite *(hadd)* y el proyecto divino *(mottala')*.

---

106. Corán LIX, 21.
107. Corán XVI,43,
108. Corán II, 266
109. Corán VI, 50.
110. Corán V, 83.
111. Ja'far Sâdiq, VI imam (765 d. C.).
112. «Estos cuatro sentidos son equivalentes en cuanto al número a los definidos por la clásica teoría de los cuatro sentidos del cristianismo latino; ahora bien, existe una importante diferencia: la distinción de sentidos está en función de una jerarquía espiritual entre los hombres, cuyos grados son determinados por su capacidad interior». (Corbín, H. *Historia de la filosofía islámica*)

El exotérico es para la recitación oral; el esotérico para la comprensión interior, el límite son los enunciados que determinan lo lícito y lo ilícito; el proyecto divino es lo que Dios se propone realizar en el hombre por cada versículo.[113]

Nuestra causa es un secreto en el secreto, el secreto de algo que permanece velado, un secreto que sólo otro secreto puede enseñar; es un secreto sobre un secreto que está velado por un secreto.[114]

«Lo esotérico es la religión divina que profesan los amigos de Dios. Lo exotérico son las leyes religiosas y los símbolos de la religión divina».[115]

Para los teólogos y canonistas religiosos, esta gnosis es el correcto conocimiento teórico de Dios, sin embargo, para los maestros sufíes,[116] la verdadera gnosis es un puro y correcto estado interior alcanzado a través de Dios.[117] Realmente, la gnosis es un conocimiento que da la vida más allá de la muerte. La transmisión y recepción de la gnosis es, por lo tanto, una real y auténtica iniciación.

El maestro *Baba Tahar*[118] distingue tres etapas de la gnosis, la inicial, la mediana y la culminante:

La inicial es deducir por los signos al origen de los signos y de lo creado y por los efectos a la causa primordial, al Creador. A esta gnosis se la denomina gnosis común o razonamiento ordinario. Esta forma de conocimiento sólo posee el nombre de gnosis, pero está vacío de su realidad interior.

---

113. Alî ibn Abî Tâlib, I imam (661 d. C.).
114. Ja'far Sâdiq, VI imam.
115. De un relato iniciático ismaelí recogido por Corbín en *Iniciación y caballería espiritual.*
116. El sufismo constituye la tradición iniciática y esotérica del islam. Al final de este apartado haremos una breve referencia a su tradición. Todas las citas del presente capítulo corresponden a maestros sufíes, lo cual puede ofrecer al lector una idea del aroma del sufismo. La relación del sufismo con el islam oficial (tanto sunnita como shií) ha atravesado circunstancias diversas, desde la explícita influencia del sufismo en los mandatarios oficiales hasta la persecución por parte de la «ortodoxia», pasando por largas etapas de tolerancia.
117. Cfr. J. Nurbakhsh, *La gnosis sufí* (traducimos como gnosis la palabra *ma'refat*).
118. Maestro y poeta sufí que vivió en Persia entre los siglos X y XI.

La segunda etapa de la gnosis, o la mediana, es fruto de la contemplación, es la que pertenece a los elegidos y sólo puede verdaderamente considerarse como el gnóstico a quien la posee, pues su gnosis es verdadera y no sólo un nombre vacío de toda realidad.

La tercera, o la gnosis culminante, es aquella que surge por la unión del gnóstico con el objeto de su conocimiento, del que contempla con el objeto de su contemplación y de la absoluta no-existencia de su ser en la esencia sagrada del Amado. Quien alcanza la tercera etapa descubrirá que la verdadera gnosis es inalcanzable, entenderá que jamás alguien puede medir su profundidad si no es mediante la omnipresente y eterna sabiduría de Dios mismo, el Eterno, el Trascendente.

La gnosis es el reconocimiento de Dios por su absoluta Divinidad y a sí mismo por su estado de servidumbre, es tener certeza de que Dios es el principio de todo lo existente, que todos volveremos a Él y que en sus manos está el pan de cada día de todo lo creado.[119]

Esta gnosis, que transciende la fe y la moral[120] tiene, por lo tanto, también en el esoterismo islámico,[121] una función transformadora del nivel ontológico, del ser, del que la alcanza. Para alcanzar este nuevo estado, el aspirante a gnóstico debe morir a todo estado anterior para ser transformado en el nuevo Ser. "Morid antes de morir", dijo el profeta Mahoma. Sólo así puede realmente ser vencida la muerte.

Contemplaba a mi Señor […] con el ojo Verdadero y le dije: «¿Quién es?». Me respondió: «Ni yo ni otro que yo…». Cuando por fin contemplé al Verdadero por el Verdadero, viví el Verdadero por el Verdadero y subsistí en el Verdadero por el Verdadero en un presente eterno, sin respiración, sin palabra, sin oído, sin ciencia.[122]

---

119. Abol Hasan Mazin.
120. El maestro sufí Abul-Hosein Zanyani dice: «La ciencia (religiosa) nos guía para realizar los actos de la devoción, mientras que la gnosis nos protege de los peligros y equivocaciones que puedan surgir en nosotros a causa de nuestra devoción».
121. El sufismo es el aspecto esotérico del Islam y, salvo indicación en contrario, utilizaremos indistintamente ambos términos, aunque puedan existir ciertos aspectos del esoterismo islámico que no son directamente reconducibles al sufismo.
122. Abâ Yazfid Bastami (+874 d. C.) iranio de ascendencia mazdea, uno de los más grandes místicos sufíes que haya producido el Islam.

La mariposa que se ha convertido en amante de la llama tiene por alimento, en tanto se mantiene todavía distante, la luz de esa aurora. Es el signo precursor de la iluminación matutina que le llama y le acoge. Pero es preciso continuar volando hasta alcanzarla. Cuando llega allí no es la mariposa la que debe progresar hacia la llama, sino que es la llama la que progresa en ella. No es la llama la que sirve de alimento a la mariposa, sino la mariposa la que sirve de alimento a la llama. Y ahí hay un gran misterio. Por un instante fugitivo ella se convierte en su propio Amado (puesto que ella es la llama). Y ésa es su perfección.[123]

Le preguntaron al maestro *Zolnun:*[124] «¿Cuál es la culminación del estado del gnóstico?». A lo que respondió: «Cuando sea de la misma forma que fue antes de que existiese».

El sufí es aquel a quien el Ser divino hace morir a su ego y le hace vivir gracias a Él.[125]

Si tu alma no pasa por el viernes de la crucifixión no llegará nunca el domingo de la resurrección. [126]

Si pudieras sólo un instante entender los misterios te dispondrías de buen grado a dar tu vida. Mientras estés ebrio de ti mismo, serás tiniebla. Cuando te embriagues de Él, despertarás.[127]

Vende esta vida por la otra vida, las ganarás las dos. No vendas la otra vida por ésta, las perderás las dos.[128]

Nadie ve a Dios sin morir: el que no muere no puede verle.[129]

Si deseas esta realidad sin velos escoge la muerte y arranca el velo. No la muerte que te lleva a la tumba, sino la que consiste en una transformación que te hará penetrar en la luz.[130]

---

123. Ahmad Ghazâlî (1126 d. C.), sufí, hermano del filósofo Al Ghazâlî, en su obra *Las intuiciones de los fieles de amor.*
124. Filósofo egipcio (859 d. C.).
125. Yunaid (911 d. C.), místico perteneciente a la escuela sufí de Bagdad.
126. Sanâ'î (1150 d. C.), místico y gran poeta persa.
127. Rumi.
128. Hasan Basrî (728 d. C.), hijo de esclavos, nacido en Medina, gran místico sufí.
129. Abû Madyan (1197 d. C.), místico sevillano con gran influencia, hasta nuestros días, en el Magreb.
130. Rumi.

Esta sabiduría oculta, esta gnosis transformadora, que lleva al hombre de vuelta hacia Dios, no puede alcanzarse por propia iniciativa. Si la llamada es siempre una gracia de Dios, para poder recorrer el camino se necesita la iniciación por parte del maestro, que sólo revela el secreto al que considera preparado.

De mi conocimiento yo oculto las joyas. Por miedo a que un ignorante, viendo la verdad, nos aplaste... ¡Oh, Señor!, si yo divulgara una perla de mi gnosis se me diría: ¿eres, pues, un adorador de ídolos? ¡Y habría musulmanes que encontrarían lícito que se vertiera mi sangre! Encuentran abominable lo que se les presenta de más bello.[131]

Pues en realidad, la gnosis propuesta al sabio no es un mero saber, es una vía, y el comienzo de la sabiduría es la entrada efectiva en esa vía[132] y la entrada en la vía sólo puede realizarse por la Iniciación recibida de un maestro cualificado. Es ahora el momento de hacer una breve referencia a la tradición sufí.

El sufismo es la senda hacia la verdad,
su provisión el amor divino,
su método mirar en una sola dirección,
y su fin Dios.[133]

El sufismo se remonta a tiempos muy anteriores al islam. En Oriente Medio existían personas educadas en los valores de la rectitud y la integridad a los que se llamaba «los poseedores de la virtud». Con la aparición del islam, estos hombres, manteniendo las tradiciones de la integridad, lo aceptaron como su religión y el sufismo se fundó, pues, sobre los valores de la rectitud y el islam.

Más tarde, cuando la filosofía de la Unicidad de la Creación y del Amor Divino fueron expresadas por los maestros de la senda, adquirieron día a día más profundidad y belleza, encontrando el apoyo y segui-

---

131. 'Ali Zaynol-' Abidin, IV imam.
132. Cfr. Corbín, H. *Iniciación y caballería espiritual.*
133. Definición del doctor Nurbakhsh, J. actual maestro de la tariqâ Nematollahi.

miento de los sufíes, pues el alma de sufismo es mirar en una sola dirección y ver un solo Ser a través de la fuerza de la bondad y el amor divino y sus normas la ética del hombre de bien o, lo que es lo mismo, las virtudes de la integridad.

Los sufíes creen que el ser humano es capaz de purificarse hasta tal punto que, por la gracia de Dios, se convierte en uno (o varios, en función de su capacidad) de los atributos divinos. El sufismo es un camino para la adquisición de los atributos divinos, que incluye la iluminación interior, la intuición y el testimonio directo de la verdad suprema. Sufí es algo en lo que uno se convierte, no algo que se puede aprender.

> Lo que ven lo ven con los ojos de Dios;
> lo que oyen, lo escuchan con el oído de Dios
> y las palabras que pronuncien serán
> las palabras de Dios.
>
> Nurbakhsh

Para el sufí, Dios es la existencia absoluta, y todas las demás existencias son sus reflejos y manifestaciones.

> De un extremo a otro, la creación,
> y todo lo existente en ella
> es el reflejo de un sólo rayo de luz
> surgido de la faz del Amado.
>
> Shah Nematollah

El ascetismo y la abstinencia, que pueden ser útiles en determinadas ocasiones, no son normas básicas del sufismo. A partir del momento en que el hombre alcanza la liberación del ego, la purificación, el pulimento y el embellecimiento del corazón se realizan mediante el *zekr*, continuo recuerdo de Dios que el maestro inculca a su discípulo. El propósito del *zekr* es alcanzar un estado del que la tradición sufí dice:

> Tan largo tiempo lleva sentado el Amado,
> cara a cara con mi corazón,

que mi corazón
se ha vuelto todo Él.

Maqrebi

Como toda manifestación de la tradición una, el sufismo remonta su origen a los tiempos primordiales:

La semilla del sufismo se plantó en época de Adán,
en la de Noé germinó,
en la de Abraham nació,
en la de Moisés creció,
se convirtió en un árbol en época de Jesús
y dio sus frutos en época de Mahoma.

Para los sufíes, la entrada en el círculo del *tariqat* (o senda espiritual) representa el renacimiento de la persona por lo que dijo Jesús: «El que no ha entrado en el reino de los ángeles del paraíso y de la tierra no ha renacido».[134] Los sufíes creen que cada persona debe renacer dos veces; el primer nacimiento es de la madre y el segundo nacimiento es el renacimiento a través del cual entra en el universo del amor divino, el afecto, la devoción y la unicidad.[135]

Después de que el maestro ayudé al discípulo para que se aleje de la impureza, le honra permitiéndole entrar en el círculo y le indica la senda que debe seguir. El maestro es un ser perfecto que, como mínimo, ha recorrido las diferentes etapas de la senda espiritual y es conocedor de ésta. Un maestro sufí debe presentar el linaje de su vestidura de maestría, es decir, de sus anteriores maestros.

La iniciación en el sendero contiene ciertas normas y ceremonias que han sido siempre practicadas por los maestros de la senda y que

---

134. Al lector de ambiente cultural cristiano, no familiarizado con el sufismo, puede resultarle nuevo el que un maestro sufí cite frases de Jesús y que, además, no se encuentren en los Evangelios canónicos. Los sufíes, sin embargo, tratan a Jesús con la devoción correspondiente a un gran profeta y conservan una importante tradición de frases atribuidas a él que no figuran en la tradición cristiana. El lector interesado puede consultar *Jesús a los ojos de los sufíes* de Nurbakhsh, J.
135. Cfr. Nurbakhsh, J. *En el paraíso de los sufíes*.

nos sirven una vez más para poner de manifiesto el paralelismo de las distintas tradiciones iniciáticas.[136]

Antes de recibir la primera iniciación, el candidato debe realizar cinco abluciones.[137] Realizadas estas abluciones el discípulo es llevado a la presencia del *sheij,* al que entrega cinco objetos:

- *Una tela blanca,* que representa su sudario y con la que el discípulo se compromete a entregarse en manos del maestro como un cadáver en manos de la persona que lo amortaja.
- *Una nuez,* que simboliza la cabeza del discípulo y que éste ofrece como garantía de que jamás revelará los misterios divinos.
- *Un anillo,* que representa el dogal de la devoción exclusiva a Dios.
- *Una moneda,* que simboliza la no dependencia de las riquezas mundanas, tanto en la pobreza como en la riqueza.
- *Azúcar cande,* que representa el dulce que se ofrece como celebración del segundo nacimiento y la paz interior y felicidad con las que se debe viajar por la Senda.

A continuación, el maestro pide al discípulo cinco compromisos:

- *Respetar el islam.*[138]
- *Compasión hacia todas las criaturas.*
- *Proteger los secretos de la senda.*

---

136. Cfr. Nurbakhsh, J. *En el paraíso de los sufíes.* Los párrafos que siguen resumen distintos apartados de este libro.
137. *La ablución del arrepentimiento* de los actos negativos cometidos en el pasado que, de hecho, constituyen una autoadoración.
    El respeto al islam, o lo que es lo mismo, ser sumiso tanto exterior como interiormente a la voluntad divina.
    La ablución de la iniciación o purificación de su exterior como símbolo de su pureza interior.
    La ablución del peregrinaje, que simboliza la limpieza con la que uno debe presentarse ante el maestro.
    La ablución de la realización del deseo, que expresa que su único deseo al iniciarse en la senda espiritual es alcanzar el grado del hombre perfecto.
138. El islam en su auténtico significado, es decir, la absoluta sumisión del corazón a la voluntad de Dios.

- *Obedecer de alma al maestro en el servicio dentro de la senda.*
- *Sacrificarse por el Amado.*[139]

Cumplidas estas normas, el maestro procede a la iniciación del discípulo y esto ya corresponde, como de costumbre, al secreto, tema al que nos referiremos más adelante.

Tanto estas normas de iniciación como los párrafos anteriores nos ponen de manifiesto que la tradición, cuando se manifiesta en el islam, lo hace de manera semejante a las otras tradiciones iniciáticas. Existe una gnosis, cuyo conocimiento transforma el ser del que accede a ella; el acceso a esta gnosis exige una iniciación por parte de un maestro cualificado y su consecuencia es un proceso de muerte y resurrección por parte del iniciando, que entra así en la senda que conduce al Ser.

La tradición alquímica

Tras haber analizado la manifestación de la tradición en las tres ramas de la tradición abrahámica, podría parecer que referirnos ahora a la alquimia introduce un elemento heterogéneo. Sin embargo, el arte alquímico (que, como vamos a ver, atraviesa en horizontal las tres tradiciones)[140] «no es una de las ramas del esoterismo, es su llave o su piedra angular».[141]

La palabra «alquimia» deriva de la voz árabe *alkimiya,* que a su vez proviene, al parecer, del egipcio *kemê* y designa la «tierra negra», que puede ser tanto la denominación del propio país de Egipto como el símbolo de la materia prima de los alquimistas. Sea como fuere, los apuntes alquímicos más antiguos que se conservan se hicieron sobre papiros egipcios.[142]

---

139. «Sacrificarse» no significa «hacer sacrificios», en el sentido ascético de la palabra, sino hacer el único sacrificio válido, el del propio «yo» y cuando el «yo» es sacrificado (del latín *sacrum - facere)* se vuelve sagrado.

140. Y no sólo ellas, sino, como señala Eliade, M. también las tradiciones orientales.

141. Emmanuel d'Hooghvorst, citado por Peradejordi, J. en su introducción a *Las bodas químicas de Christian Rosenkreutz.*

142. Cfr. Buckhardt, T. *Alquimia.*

Todos los alquimistas han considerado *La tabla esmeralda,* un breve texto atribuido a Hermes Trimegisto, como el fundamento teórico de su arte. Su descubrimiento aparece documentado por primera vez en la tradición islámica. El descubridor entró en una cámara de una pirámide de Egipto y encontró en ella una estatua de Hermes con la siguiente inscripción en el lenguaje original [el siríaco]:

He aquí, yo soy Hermes, aquel que es triple en sabiduría. He puesto en evidencia, y a los ojos de todos, estos signos maravillosos, pero enseguida los he vuelto a velar por mi sabiduría, a fin de que nadie llegue a ellos si no es un sabio como yo [...]. Aquel que quiera aprender a conocer los secretos de la creación y la naturaleza que mire bajo mis pies.[143]

Alrededor de los comienzos de la era cristiana se produjo una brusca aparición de textos alquímicos, especialmente en el entorno de Alejandría, que podría explicarse como el resultado del encuentro entre la corriente esotérica representada por los misterios, el neopitagorismo, el gnosticismo y las sabidurías orientales.[144] La manifestación de un saber tradicional, que siempre fue particularmente secreto, no puede considerarse, sin embargo, como casual y puede interpretarse tanto como la necesidad de perpetuar un conocimiento que corría el riesgo de desaparecer en su entorno habitual como la conveniencia de su mestizaje con la tradición cristiana que estaba naciendo o a punto de nacer, como después lo haría con la tradición islámica.

Efectivamente, el hermetismo y la alquimia penetraron en Occidente gracias a los textos árabes. Uno de los más famosos alquimistas de lengua árabe fue Jabîr Inb-Hayyân (conocido como Geber por los latinos y al que se han atribuido multitud de obras apócrifas). Jabîr aplicó la ciencia alquímica a todo el pensamiento tradicional y, así, afirma que la «ciencia de la balanza» permite descubrir «en cada cuerpo lo manifiesto *(zahir,* lo exotérico) y lo oculto *(batin,* lo esotérico)». Numerosos místicos y maestros sufíes, entre ellos al-Hallaj, Ibn-Sina e Ibn-Arabi presentaron la alquimia como una verdadera técnica espi-

---

143. Cfr. Rev. *La Puerta.* Editorial.
144. Cfr. Eliade, M. *Historia de las ideas y...*

ritual. Las primeras traducciones del árabe al latín se realizaron en España hacia 1150, y un siglo después ya estaban difundidas por toda Europa, donde, a partir de entonces, marcaron de forma indeleble el saber iniciático de nuestro mundo.

La tradición alquímica parte de la constatación de que el alma, caída del cielo, vive prisionera en el cuerpo; su tendencia natural es retornar hacia el origen, escaparse del yugo pesado que la reprime y la coarta. Con la pérdida de la gracia original, del estado «adánico», el hombre se encuentra dividido interiormente y no recobra su integridad hasta que se reconcilian entre sí las dos fuerzas cuya discordia le ha debilitado. La recuperación de la naturaleza completa del hombre, que la alquimia expresa con la imagen del andrógino hombre-mujer, es la condición previa, o el fruto, según se mire, de la unión con Dios.[145]

Muchos hombres siguen este impulso, y su vida es una constante lucha contra ese estado caído, intentando liberar su alma, para que ésta pueda retornar al cielo. En su afán por alcanzar el cielo se olvidan de que la caída del hombre tiene una finalidad divina. Si el alma baja a este mundo corporal es para conseguir alguna cosa, y con ella regresar a su patria perdida; la alquimia es la ciencia tradicional que constantemente nos lo recuerda.[146] Para el hombre caído hay dos caminos que conducen fuera de este mundo mezclado: son el amor y el conocimiento. El amor va a menudo sin conocimiento, pero éste no va nunca sin amor. El santo se preocupa por la salvación de su alma, por la unión de amor con Dios, no se preocupa de su cuerpo carnal más que para intentar liberarse de él como de una prisión. Su verdadera realización es en espíritu. Cuando la muerte lo libere de su cuerpo, su espíritu y su alma indisolublemente unidos, permanecen en la visión beatífica del paraíso.[147] El arte hermético tiene por objeto la metamor-

---

145. Cfr. Buckhardt, T. *Op. cit.*

146. Cfr. Rev. *La Puerta*. Editorial.

147. Hay dos muertes; la disolución del cuerpo material que vuelve a la tierra y la del espíritu que vuelve a los astros de los que proviene. Después de la muerte física, el santo atraviesa esta segunda muerte sin daño. (El que tenga oídos oiga lo que el Espíritu dice a las Iglesias: el vencedor no sufrirá daño de la muerte segunda) (Apocalipsis 2,11). Cfr. D'Hooghvorst, E. «Ensayo sobre el arte de la alquimia» Rev. *La Puerta*.

fosis completa del ser entero: alma, espíritu y cuerpo, en una indisoluble fusión que hace *el milagro de una sola cosa,*[148] la piedra de los sabios. Provisto desde aquí abajo del cuerpo glorioso de la resurrección, el adepto que ha acabado la gran obra, puede salir del mundo cuando le place, sin pasar por ninguna muerte o, si muere, resucita al tercer día.[149]

La alquimia no habla, en general, en sus textos de la «unión con Dios» (o expresiones semejantes) y por ello ha sido calificada, a veces, de una mística sin Dios. Nada más falso. Está claro, por una parte, que la meta de la alquimia es el restablecimiento de la «nobleza» primitiva de la naturaleza humana, que no es otra que la re-unión con Dios, y, por otra, que el alquimista no concibe su trabajo sin fe en Dios y sin oración.

> Toda sabiduría viene de Dios y con Él ha estado desde la eternidad. Por lo tanto, aquel que desee la sabiduría ha de ir a buscarla en Dios, y pedírsela, porque Él la distribuye con abundancia y sin reproche.[150]

Los adeptos dicen que su ciencia es la de Dios mismo; que sin su inspiración es imposible llegar a la búsqueda de la bendita piedra de los sabios que confiere a quienes la poseen la salud. la riqueza, el señorío sobre toda la naturaleza; que les socorre en todas sus necesidades, que les asegura incluso la posesión inalienable de la vida.[151]

Por el contrario, se habla también de una alquimia mística o espiritual: estos términos sólo son correctos como máximo en su sentido literal, pero se han vuelto equívocos después del uso abusivo que se ha hecho de ellos. No se puede ser alquimista sin ser un santo místico, ya que la piedra es un don del amor del Dios Altísimo, pero no todos los

---

148. Cfr. *La tabla esmeralda.*
149. Cfr. D'Hooghvorst, E. *Op. cit.*
150. San Alberto Magno, «Prefacio al tratado de la alquimia».
151. «No hay que confundir la "vida eterna" a la que hay que tomar en el sentido más literal, con la supervivencia del alma después de la muerte. La muerte es la disolución de un compuesto del cual ciertos elementos pueden sobrevivir. Pero no es en esto en lo que consiste para el hombre la "vida eterna"». Cfr. D'Hooghvorst, E. *Op. cit.*

místicos, ni todos los santos, son alquimistas. Solamente se conocen tres alquimistas entre todos los santos de la Iglesia católica: el bienaventurado Raimon Llull, san Alberto el Grande y santo Tomás de Aquino.[152]

La alquimia, repetimos, no sigue, sólo, el impulso que busca liberar el alma, no es una especulación del espíritu, es un arte: el arte de convertir los cuerpos viles en cuerpos nobles. Por oscuros y difíciles que nos parezcan los textos de alquimia, siempre podemos reconocer que, en sus operaciones secretas, se explica la trasmutación de los metales muertos en metales vivos; es decir, la enseñanza perfecta para que comprendamos cómo el alma retorna a su origen enriquecida con su experiencia en la prisión del cuerpo.[153]

La más común de las tipificaciones de las etapas de la obra las clasifica (en función de los colores que la «materia prima» va adoptando a lo largo del proceso) en: obra al negro, obra al blanco y obra al rojo,[154] a las que seguirá la aparición del oro. El calor obrando sobre la humedad produce primeramente la negrura, después la blancura, de esta blancura surge el color citrino y de éste el rojo.[155]

La obra al negro, que empieza con la «calcinación» y la «putrefacción» se corresponde con la muerte iniciática de los procesos tradicionales. Los diversos sistemas de operaciones pueden resumirse en la célebre forma *solve et coagula,* disuelve e integra, que se aplica tanto a la materia física sobre la que se actúa como al propio artista.

> Dentro de la obra hay tres piedras o tres trabajos o tres grados de perfección:
>
> El primer trabajo [nigredo u obra al negro] termina cuando el sujeto está completamente purificado (mediante sucesivas disoluciones y solidificaciones y reducido a una sustancia mercúrica pura).

---

152. Cfr. D'Hooghvorst, E. *Op. cit.*
153. Cfr. Rev. *La Puerta.* Editorial.
154. Nótese, por otra parte, que los tres colores de la obra, negro, blanco y rojo, se corresponden con las vestiduras litúrgicas de la jerarquía eclesiástica de la Iglesia católica y, asimismo, con la enseña del temple (blanco y negro en la bandera y rojo en la cruz).
155. Arnau de Vilanova.

El segundo grado de perfección [albedo u obra al blanco] se alcanza cuando dicho sujeto se ha cocido, digerido y fijado, convirtiéndose en azufre incombustible.

La tercera piedra [rubedo u obra al rojo] aparece cuando el sujeto ha fermentado, se ha multiplicado y ha alcanzado la perfección final, siendo una tintura fija y permanente: la piedra filosofal.[156]

No nos detendremos más en las distintas fases de la obra alquímica, ni en analizar su paralelismo (hecho obvio en un arte tradicional) con las etapas del camino iniciático; nos importa, en este momento, recordar lo que alquimia nos dice del hombre que regresa a la casa paterna y de sus vicisitudes para encontrar el camino de regreso.

A lo largo de la historia, los verdaderos alquimistas, que desdeñaban las riquezas y los elogios mundanos, han intentado encontrar la medicina universal, la panacea; esa panacea que, al sublimarse totalmente, se convierte en la fuente de la juventud, en el elixir de la vida y en la llave de la inmortalidad, tanto en el sentido espiritual como misteriosamente físico. El elixir no sólo curaría las enfermedades, eliminando de raíz las causas que las producen, sino que también podría hacer que el cuerpo rejuveneciera y se convirtiera finalmente en un cuerpo incorruptible. El adepto *(adeptus* «el que ha conseguido» el don de Dios) recibe entonces la triple corona de la iluminación: omnisciencia, omnipotencia y gozo del amor divino eterno.[157]

La obra externa y la obra interna marchan paralelamente, pues en el marco de la tradición, un arte sólo tiene sentido si sirve a fines espirituales y, a la inversa, un modo de expresión simbólico debe basarse siempre en actos visibles.[158] Las cosas son llevadas a su perfección por sus semejantes y de ahí que el operador deba participar en la operación.[159]

Dicen los alquimistas que los metales ordinarios no pueden convertirse en plata ni oro si antes no son reducidos a su materia prima. Si se consideran los metales ordinarios como estados del alma incompletos

---

156. Klossowski de Roda, S. *Alquimia.*
157. Cfr. Klossowski de Roda, S. *Alquimia.*
158. Cfr. Buckhardt, T. *Op. cit.*
159. *Liber Platonis quartorum.*

y «cristalizados» en la impureza, la materia prima a la que deben reducirse no es otra cosa que el alma en su estado primitivo, no condicionada ni fijada en una «forma» concreta por las pasiones. Mientras que el alma no quede libre de las concreciones y contradicciones interiores, no será materia dúctil sobre la que el espíritu, que procede de «arriba», pueda imprimir una nueva «forma».[160]

La «reducción de los metales a su materia prima» no tiene nada que ver con una sonámbula reversión del consciente al subconsciente.[161] Cuando el consciente comienza a ahondar descubre, efectivamente, un estado en que la materia ha perdido su pureza original; es el estado de la «materia bruta», pero, si el consciente sigue ahondando, descubrirá el espejo del fondo del alma, que manifiesta su naturaleza reflejando límpidamente la luz del espíritu. El caos del alma es como el plomo, el fondo del alma es como la plata. De esta manera la, «materia prima» de los alquimistas es tanto el principio como el final de la obra.[162]

---

160. Cfr. Buckhardt, T. *Op. cit.*

161. Nada más lejano del mundo tradicional que el psicoanálisis, que pretende explicar lo superior (el espíritu) por lo inferior (el alma caída). Es confundir el «descenso a los infiernos» con la «permanencia en los infiernos». Ello no significa que para el mundo profano, el psicoanálisis no haya supuesto un revulsivo frente a las últimas consecuencias de la desacralización del hombre, que lo reducen cada vez más a «lo aparente». Sin embargo, como sucede con frecuencia, esta necesidad del hombre de recuperar sus dimensiones más profundas se manifestó antes por su forma aberrada (en este caso el psicoanálisis) que por su forma correcta (la recuperación de la sabiduría tradicional). Es algo que no sólo sucede a nivel de la historia de la humanidad, sino en el propio camino interior de cada hombre. Con frecuencia, cuando se ha puesto el pie en el camino hacia la iniciación, la proximidad en la adquisición de una virtud (y no se olvide que desde el punto de vista iniciático adquirir una virtud es adquirir un estado en el que uno es la virtud) se anuncia con la exacerbación de la presión del vicio contrario, que actúa de prueba de la rectitud de intención y la madurez del candidato, que se enfrenta al riesgo real de sucumbir a la prueba. Así, por ejemplo, el hombre que ha contemplado «la armonía del mundo» corre el peligro de la «abulia» y «la pereza»; la virtud del «discernimiento» puede ir precedida de vicios de la «falsedad» o el «cinismo»; la identificación con «la belleza» y la virtud de la «generosidad» pueden perdernos en la «lujuria» y la decisión de «consagrarse a la gran obra» puede convertirnos en peligrosos fanáticos, etcétera. De ahí la necesidad de un maestro y de una permanente «rectitud de intención».

162. Cfr. Buckhardt, T. *Op. cit.*

Como todo método que conduce a la plena realización del Ser, la alquimia se basa en una iniciación. *No hay diferencia alguna entre el nacimiento eterno, la reintegración y el descubrimiento de la piedra filosofal.*[163] Por regla general, la instrucción debe recibirse de un maestro y sólo en casos excepcionales, cuando se rompe la cadena entre hombre y hombre, la influencia del Espíritu puede llenar el vacío de una forma prodigiosa.[164] Denis Zachaire[165] escribe: «Ante todo, quiero que se sepa que esta filosofía divina no está a merced de los hombres, y mucho menos puede aprenderse en los libros, a no ser que Dios, por obra de su Espíritu Santo, nos la imprima en el corazón o nos la enseñe por boca de un hombre».

Conocimiento que, como no podía ser de otro modo, es secreto. Artefius[166] decía: «¿Acaso no se sabe que el nuestro es un arte cabalístico? Con esto quiero decir que se transmite sólo de palabra y está lleno de secretos», y Sinesio[167] recordaba que los verdaderos alquimistas se expresan siempre a través de imágenes, figuras y metáforas, para que puedan entenderlos sólo las almas sabias, santas e iluminadas para el saber. Sin embargo, en sus obras han trazado ciertos caminos y determinadas reglas, de manera que el sabio pueda entender y finalmente lograr, tras algunas pruebas, todo lo que ellos describen de manera encubierta. Dice Raimon Llull: «Te juro por mi alma que si desvelas esto serás condenado. Todo viene de Dios y todo debe regresar a Él. Si, por algunas palabras ligeras, dieras a conocer lo que ha exigido tantos años de cuidados, serías condenado sin remisión en el juicio final por esta ofensa a la majestad divina».

El motivo de la ambigüedad era enseñar a los sabios y confundir a los necios. El motivo del secreto era impedir que ningún hombre indigno adquiriese un poder peligroso. Si en la mística del amor el mayor obstáculo es la soberbia y en la gnosis la obcecación, el mayor obstáculo que se levanta en el camino del alquimista es, precisamente,

---

163. Böhme, J. *De signatura rerum.*
164. Cfr. Buckhardt, T. *Op. cit.*
165. Alquimista francés del siglo XVI.
166. Célebre alquimista medieval que vivió en la primera mitad del siglo XIII.
167. Alquimista que vivió en el siglo IV.

la codicia.[168] La obra alquímica despierta una terrible fuerza de la naturaleza que eleva a los sabios al poder espiritual, pero que puede corromper a los intrusos y a los ignorantes.

Cabe preguntarse –dice Mircea Eliade–[169] cómo la alquimia, con toda su carga mitológica, pudo ser aceptada por las religiones monoteístas: cristianismo, judaísmo e islam. Desde el punto de vista de la fe cristiana, la alquimia era algo así como un espejo natural de las verdades reveladas: la piedra filosofal, que puede convertir los metales ordinarios en oro, es la representación de Cristo y su obtención por medio del «fuego que no quema», del azufre, y del «agua consistente», del mercurio, simboliza el nacimiento del Cristo. La alquimia quedó espiritualmente fecundada. Con mayor facilidad aún se adoptó el arte hermético en el mundo espiritual del islam. Éste estuvo siempre dispuesto a reconocer, como legado de antiguos profetas, cualquier «arte» preislámico que se ofreciera bajo el signo de la sabiduría. Por ello, en una parte del mundo islámico se equipara a menudo a Hermes Trimegisto con Henoch (Idris). La doctrina sufí de la «Unidad del Ser» (la interpretación esotérica del credo islámico) restituyó el hermetismo a su más primigenio horizonte espiritual.La simple lectura de las obras de los alquimistas musulmanes y cristianos, si bien no permite, evidentemente, penetrar en el secreto de su magisterio, sí basta para comprobar que éste es el mismo en ambos casos y que existe entre ellos una continuidad de tradición y una identidad de doctrina y de método que pasan completamente por alto las diferencias exteriores de los dogmas.[170]

Una vez más encontramos las distintas ramas de la tradición fecundándose mutuamente, al tiempo que nos manifiestan, desde distintas ópticas, la existencia de una gnosis que, a través de la iniciación, permite al hombre avanzar, por el camino del Ser, hacia su plenitud.

Ve a decir a mis amigos
que me he embarcado hacia el Gran Mar
y que mi barca se rompe.

Al Hallaj

---

168. Cfr. Titus Buckhardt. *Op. cit.*
169. Cfr. *Historia de las creencias…*
170. Cfr. Ponsoye, P. *El islam y el grial.*

La tradición iniciática en el Occidente cristiano

Es evidente que la tradición iniciática casi ha desaparecido en el Occidente cristiano.

Leyendo los signos de la historia como manifestaciones en la dimensión temporal de los sucesos trascendentales de la hierohistoria,[171] la disolución de la Orden del Temple aparece, como hemos dicho, como el momento culminante de la ruptura entre el esoterismo y el exoterismo cristianos.

Desde el punto de vista histórico, la desaparición de la Orden del Temple da lugar a un oscuro siglo XIV, de guerras y miseria, en buena parte de Europa. Al margen de las trágicas muertes del rey de Francia y del papa (emplazados ante el tribunal de Dios por Jacques de Molay –último maestre del Temple– desde la hoguera) se culmina la escisión entre la monarquía y el papado, al desaparecer de la historia el símbolo de la jerarquía heredera del «pueblo de reyes y sacerdotes», que, al ostentar ambos poderes, estaba por encima de los dos, como corresponde a la jerarquía iniciática. Por otro lado, como un aparente intento de mantener viva la tradición, Centroeuropa conoce una impresionante floración de místicos que explicitan, con una claridad hasta entonces desusada en la mística cristiana, el misterio de la unión con Dios: Eckhart (1327),[172] Tauler (1361 d. C.),[173] Suso (1366 d. C.),[174] Ruysbroek (1381 d. C.)[175] y el importante movimiento de mujeres místicas encua-

---

171. La hierohistoria o historia sagrada es la historia del proceso de manifestación de la Divinidad, desde el momento de la creación hasta el retorno del hombre. Situada fuera del tiempo, los sucesos que en ella acaecen dan sentido, sin embargo, a los momentos culminantes de la historia temporal del hombre. Y parece como si, en determinados momentos, la hierohistoria emergiera en la historia marcando hitos decisivos en ella.

172. «Allí donde termina la criatura comienza el ser de Dios. Todo lo que Dios pide de la forma más apremiante es que salgas de ti mismo, en la medida en que tú eres la criatura y en que dejes a Dios ser Dios en ti».

173. «He tenido que vaciarme me mí mismo… Desde entonces estoy perdido en este abismo. He dejado de hablar, soy mudo. Sí, la Divinidad me ha engullido.

174. «Un hombre que se ha repudiado a sí mismo debe ser separado de las formas creadas, formado con Cristo y transformado en Divinidad».

175. «El hombre ha sido creado de nada, por eso persigue esa nada que está en ninguna parte y, en esta persecución, corre tan lejos de sí mismo que pierde su

dradas en el movimiento de las beguinas y, simultáneamente, eclosionan las novelas del grial, como vamos a ver a continuación.

Más allá de los hechos históricos nos interesa su carácter simbólico y, por lo tanto, más real, pues se refiere a la realidad que subyace a lo aparentemente real. En este sentido dice cierta tradición que, tras su disolución, la iniciación templaria se fragmentó en tres partes: el aspecto del amor se quedó en la Orden del Cister,[176] el poder en la masonería y el saber en el movimiento Rosacruz.[177]

Wolfram von Eschenbach[178] cuenta al final de su obra *Parsifal* que el grial, custodiado por los caballeros del Temple, es llevado a Oriente por una nave de velas blancas con cruces rojas: la tradición ha entrado en un período de ocultamiento. Sin embargo, en esta breve descripción encontramos todos los elementos simbólicos que mantienen viva la tradición iniciática cristiana: el grial, el templo, y la caballería que los custodia. El estudio de estos símbolos nos ayudará a recordar. Su contemplación quizá permita, en el tiempo indicado, su actualización. Que así sea si a Dios place.

El simbolismo del grial

Cuando Lucifer fue vencido por Mikael, y expulsado del paraíso, de su frente cayó una esmeralda que fue recogida por los ángeles, que tallaron con ella una copa. La copa fue confiada a Adán, que debió de abandonarla en el paraíso a raíz de su caída. Set[179] logra volver al paraíso donde —según la tradición— permanece durante cuarenta años y re-

---

propia huella; sumido en la simple esencia de la Divinidad como en su propio fondo, va a morir en Dios.

176. Debe entenderse la Orden del Císter como símbolo del misticismo cristiano.

177. El estudio de estas tres ramas es sumamente interesante, pues en ellas se encuentran los fragmentos del esoterismo occidental. Su análisis alargaría excesivamente este libro, pero, sin entrar en la discusión de en qué medida alguna de sus ramas conserva vestigios de una real iniciación, es evidente que ellas, a pesar del proceso de degradación (en el sentido de alejamiento de la fuente) a que se han visto sometidas, han hecho que determinados símbolos y ritos hayan podido llegar hasta nosotros. En la bibliografía indicada pueden encontrarse análisis detallados tanto de la tradición masónica como de la rosacruz.

178. Presunto miembro de la Orden del Temple.

179. Tercer hijo de Adán y Eva.

cupera el vaso sagrado que trae de nuevo al mundo, convirtiéndose así en el padre de la tradición. La Biblia dice que al hijo de Set, Enos, le fue revelado el nombre de Dios YHVH.[180] La tradición reencuentra la copa en poder de Henoc, el séptimo después de Adán,[181] del que la Biblia dice: «Henoc anduvo con Dios y desapareció porque Dios se lo llevó».[182] Henoc se convierte, así, en el primero en realizar la obra alquímica, junto con los hombres de todas las tradiciones que consiguen la plena liberación de la totalidad de su Ser.[183] El grial comienza aquí a desempeñar su función como fuente de la inmortalidad.

Melkisedec, rey y sacerdote del Dios Altísimo, celebra con Abraham el rito del pan y del vino,[184] y, según la tradición, le entrega la copa.

El apócrifo Apocalipsis de Esdrás[185] cuenta:

Al día siguiente la voz llegó y me llamó: «Esdrás, abre tu boca y bebe lo que te haré beber». Abrí la boca. Me tendió una copa llena de agua cuyo color parecía de fuego. La cogí y la bebí. Mi corazón se llenó de sabiduría. La inteligencia pesó en mi pecho. Mi espíritu conservó el recuerdo y se acordó.[186]

El Evangelio armenio de la infancia nos dice que los magos, reyes y sacerdotes, entregaron el grial[187] a Jesús niño, que, según la tradición,

---

180. Génesis 4, 26.
181. Epístola de Judas 14.
182. Génesis 5, 24. «Nadie fue creado en la tierra igual a Henoc» (Eclesiástico 49, 14). «Por la fe Henoc fue trasladado de modo que no vio la muerte y no se le halló porque le trasladó Dios». (Hebreos 11, 5).
183. Cfr. cap. 2, 3.
184. Génesis 14, 18.
185. Esdrás, sacerdote y escriba, que había aplicado su corazón a escrutar la ley de JHVH (Esdrás 7, 10), fue el recopilador de la ley después del destierro.
186. *IV Esdrás* 14, 38-40.
187. En este Evangelio, el grial toma la forma de un «testimonio escrito» (que recuerda la carta que el rey envía a su hijo en «El canto de la perla»). Las distintas leyendas en ocasiones se refieren al grial no como una copa, sino como un objeto, o como una piedra caída del cielo o como un libro. Nos quedaremos con el símbolo (que abarca a todos ellos) de la copa, construida con una piedra caída del cielo, y que, de acuerdo con algunas tradiciones, tenía palabras escritas en su

lo usó en la última cena. Cuenta la leyenda que José de Arimatea recogió en la copa la sangre y el agua que brotaron del costado de Jesús y que, posteriormente, él y María Magdalena llevaron la copa a Bretaña.

La copa desaparece de escena y, a finales del siglo XII y principios del XIII, durante un período que se agota en poco más de cincuenta años, las novelas del grial lo hacen reaparecer en un castillo, situado en lo alto de una montaña, custodiado por caballeros vestidos de blanco, siendo objeto de continua búsqueda por parte de los caballeros de la Tabla Redonda. Uno de los caballeros de Arturo se convierte en rey del grial, éste desaparece de Europa y es llevado a Oriente en una nave de velas blancas con cruces rojas.

Hasta aquí, una síntesis, muy breve, de las distintas leyendas.

El análisis del simbolismo del grial ocupa decenas de libros, ahora sólo nos vamos a detener en los elementos que más afectan al tema que nos ocupa: la tradición iniciática en Occidente.

La esmeralda caída de la frente de Lucifer nos remite al «tercer ojo» que representa el «sentido de la eternidad», la capacidad de ver todas las cosas desde la óptica de Dios. Por otra parte, nos apunta hacia «la piedra» que los alquimistas precisan para completar la obra.

Los paralelismos de la tradición del grial con la tradición hermética son muy numerosos, como no podía ser menos. Baste recordar el Athanor donde se lleva a cabo la obra o el elixir de la vida, fruto de ésta. Un texto del Poimandrés[188] resulta particularmente significativo en este contexto:

La razón [...] la ha dado Dios en participación a todos los hombres, pero no ha hecho lo mismo con el intelecto[189] [...]. Porque ha

---

fondo. El testimonio entregado habla de la reintegración al estado original, que se produce, como veremos, en el que accede al grial: «Y entonces tú, ¡oh, Adán!, unido a mí con alma pura y cuerpo inmortal, serás deificado y podrás, como yo, discernir el bien y el mal» (Evangelio armenio X,10-23).

188. Uno de los libros que integran el *Corpus Hemeticum,* cuya autoría se atribuye a Hermes Trimegisto.

189. El intelecto o *Noûs* es el intelecto divino, ha salido de la esencia de Dios, se despliega a partir de Él como la luz del Sol de su fuente. «El *Noûs* es en los hombres Dios» (Poimandres XII, 1), el *Noûs* domina todas las cosas como «yo» de Dios (XII, 8) cfr. Notas a la versión del Poimandres publicada en *Symbolos* n.os 11-12.

querido, hijo mío, que el intelecto fuera presentado a las almas como un premio que ellas tuvieran que ganar... Ha llenado con él una gran crátera que ha enviado sobre la tierra, y ha apostado un heraldo con orden de proclamar a los corazones de los hombres estas palabras: «Sumérgete tú que puedes en esta crátera, tú que crees que volverás a ascender hacia Aquel que la ha enviado sobre la tierra, tú que sabes por qué has venido al ser». Todos aquellos que han prestado atención a la proclamación y han sido bautizados con este bautismo del intelecto,[190] ésos han tenido parte en el intelecto y han llegado a ser hombres perfectos porque han recibido la Inteligencia.[191]

Volviendo a la caída, también Adán, arrojado de la presencia de Dios, debe abandonar el estado desde el que se posee la visión sobrenatural y pierde el alimento de la inmortalidad.

El grial corresponde así, a un tiempo, a dos cosas: un estado espiritual y una doctrina tradicional. Aquel que posee el conocimiento de la auténtica tradición es reintegrado a ese estado primordial pleno en que se goza de la visión sobrenatural y de la inmortalidad. O, en palabras de un viejo maestro:

La tradición es la sabiduría del mundo sobre sí mismo y sobre Dios. La tradición es la historia del camino. La tradición es el camino. La tradición, como decía Jesús de Nazaret del Reino, es un baúl de donde se sacan cosas viejas y permanentemente nuevas. La tradición es el grial, el contenido del grial. La tradición es aquello que contiene la energía vitalizante de la Divinidad. La tradición es todo aquello que es mantenido por una humanidad convertida en grial.

Ésta será la meta de toda búsqueda, de toda demanda, de la iniciación.

Todas las tradiciones hablan de un objeto –en ocasiones una palabra– perdida que debe ser buscada para reintegrar al buscador y al cosmos a su pureza original. La iniciación permitirá encontrar de nue-

---

190. «En verdad, en verdad te digo que todo aquel que no nazca del agua y del Espíritu no puede entrar en el Reino de Dios» (Juan 3, 5).
191. Poimandres IV, 3-4.

vo este objeto, cuyo conocimiento y posesión nos llevan a «recordar» y nos ponen en el camino de ser uno con el Uno.

Cuando se dice que Set logró volver al paraíso a recuperar el grial, después de un completo período renovador de cuarenta años[192] conoce el nombre de Dios, que a partir de entonces será invocado por sus descendientes. Esto implica recordarnos que el grial nunca está perdido; el que puede estar, y de hecho lo está, perdido es el hombre; el grial está oculto en un centro espiritual (Oriente, donde nace el Sol, de donde viene la luz) que conserva la tradición primitiva.

Nos encontramos, pues, con que la tradición está más oculta que perdida. Un centro supremo la conserva de forma muy cerrada, si bien se dice que siempre unos pocos pueden acceder a él, y periódicamente, de acuerdo con ciclos que escapan a la percepción de la historia aparente, ciertos reflejos de la tradición son manifestados a través de formas particulares que permanecen vivas mientras se mantienen unidas a ese centro supremo.

En este sentido, la leyenda vuelve a ser significativa cuando considera como uno de los guardianes de dicho centro a Henoc, el hombre que caminaba en compañía de Dios y que, por ello mismo, alcanzó la inmortalidad o, lo que es lo mismo, la plena participación en el Ser de Dios: metas supremas del camino iniciático.

Melkisedec, sacerdote y rey, es, entre otras cosas, el símbolo de los guardianes de la tradición primitiva (no tiene padre ni madre) que reaparecen cada vez que ésta debe ser reimplantada en una nueva ma-

---

192. Recuérdese que, utilizando la numerología de la *kabbalah,* el número 40 = 4 x 10 corresponde a la experiencia de las 10 sefiroth (las manifestaciones de Dios) en los 4 mundos. Por lo tanto, cuando se dice que una experiencia dura 40 períodos de tiempo (días, semanas o años) se está expresando de forma simbólica que se ha rehecho la totalidad del camino de vuelta, o, al menos, que se ha cubierto un ciclo completo de éste.

O, como dice el maestro sufí Sha Nematollah:

Durante cuarenta días

el Amado moldeaba con sus manos nuestro barro, después de este tiempo,

como una bella flor,

desde sus manos,

mano a mano,

llegamos a este mundo.

nifestación. Así sucede con Abraham. Y la misma función desempeñan los magos con Jesús, rey por ser descendiente de David y sacerdote según la orden de Melkisedec.

La visión que Esdrás[193] nos cuenta en su *Apocalipsis* (libro considerado apócrifo pero de gran influencia tanto en el pensamiento judío como cristiano) nos ilustra de las consecuencias de beber de la copa, que no son otras que la reintegración al estado original de la presencia constante de Dios, del que sólo conservamos un vago y nostálgico recuerdo: «Bebí, mi corazón se llenó de sabiduría… mi espíritu conservó el recuerdo». La iniciación nos lleva a un estado, a un nivel del ser, en que el recuerdo no es ya una difusa nostalgia, sino que nuestro espíritu lo conserva. Como dice el místico sufí (el pueblo del recuerdo):

Hemos bebido a la memoria del Bienamado
un vino que nos había emborrachado
antes de la creación de la vid…
En este mundo,
quien haya vivido sin embriaguez,
no ha vivido;
carece de sentido no morir de embriaguez.
¡Que llore por sí mismo
aquel que ha dejado pasar la vida sin beber su parte!

Ibn Al-Farid

Nada nos dice explícitamente la tradición sobre dónde se custodió el grial, hasta que de nuevo es enviado a Jesús, desde el centro supremo, pero las distintas tradiciones religiosas aparecen pobladas de bebidas sagradas que confieren la inmortalidad.

El punto central del significado del grial se nos presenta en Jesús, el Cristo.[194] La copa contiene la sangre y el agua, brotadas de su corazón,

---

193. Que marca el punto de entronque de la Tradición griálica con la cabalística. Dice el Talmud que las palabras de la Torá son como una copa cuyo fondo frota el cabalista mientras las medita, hasta que se vuelve tan limpio que le devuelve su imagen iluminada. Si las olvida, la copa se volverá de cristal y se quebrará.

194. De hecho, se puede decir que bastaría la leyenda del grial para demostrar tanto

que nos hacen saltar a la vida eterna,[195] transformándonos en el Hijo de Dios.

El grial explicita aquí uno de los sentidos más profundos del simbolismo de la copa. Copa y corazón[196] son tradicionalmente el mismo símbolo –por ejemplo, en los jeroglíficos egipcios– y así el corazón se convierte en el centro de la búsqueda, en el lugar donde se encuentra la bebida de la inmortalidad.[197]

El corazón-grial nos revela así parte de su secreto. Representa ese estado de gracia primigenio que, cuando se recupera, devuelve al hombre la inmortalidad, que lo diviniza y que, más allá (o más acá) del centro espiritual donde se encuentra custodiado, tiene su residencia última en el corazón de todo hombre. Es función de la iniciación reabrir ese centro, aunque también es verdad (y el mundo iniciático está siempre lleno de aparentes círculos viciosos) que, si el corazón no se abre, la iniciación no es, en la práctica, posible.

Hablar del corazón desde el punto de vista esotérico nos alargaría excesivamente, pero antes de retomar el camino del grial, no podemos dejar de recordar lo que apuntamos al hablar de la cábala: la palabra hebrea LeB (corazón) se forma con la primera y la última letra de la Torá, que se convierte en la revelación de Dios contenida en el corazón.

Por otra parte, para el sufismo, el corazón es el campo del encuentro entre la unicidad y la multiplicidad; en su núcleo aparece la luz manifestada de los atributos de la Divinidad.[198]

El cáliz que refleja el universo
es sólo el corazón del hombre perfecto.

---

la existencia de un esoterismo cristiano como el hecho de que, en un momento dado, dicho esoterismo entra en fase de ocultación.

195. «… El agua que yo le dé se convertirá en él en fuente de agua que brota para la vida eterna» (Juan 4, 14).

196. En la terminología sufí *Yam* (la copa, el cáliz) es el nombre dado al corazón del hombre perfecto.

197. La imagen de Jesús con el corazón en llamas se convierte en uno de los símbolos centrales del esoterismo cristiano, muy lejos de las imágenes acarameladas con las que, con frecuencia, se le representa.

198. Cfr. Nurbakhsh, J. *Psicología sufí.*

El espejo que muestra la verdad
es sólo el corazón purificado.

En última instancia, el secreto del grial es el misterio de la Presencia Divina en el corazón del hombre. La doctrina del grial no es más que ese misterio expresado en términos aparentemente cristianos.

Retornando al grial, la leyenda lo lleva a Bretaña enlazando con la tradición céltica, cuyos druidas poseían el caldero sagrado con la bebida de la inmortalidad. La tradición céltica es, de hecho, el sustrato de la leyenda artúrica y de las leyendas del grial que implican, entre otras cosas, la cristianización de dicha tradición. Volvemos a detectar aquí algo que hemos señalado varias veces, cuando una línea tradicional corre el riesgo de desaparecer es, simultáneamente, en parte manifestada y en parte injertada en otra.

Especial interés, dentro de la tradición céltica, tiene la relación entre la realeza legítima y la soberanía de la tierra. Para que exista un reino fecundo es necesaria una relación vital y fructífera entre la tierra y el rey. Si el rey es herido, la tierra sufre de su herida. Si el rey recupera la salud, la tierra recupera la armonía.[199] El hombre, rey de la creación, arrastró a aquélla en su caída y es el responsable de devolverle su estado primordial, al recuperarlo él mismo. La tierra del grial, como su rey herido, es una tierra yerma hasta que un caballero no culmina la demanda.

Las novelas del grial, por otra parte, son un reflejo evidente de las ideas alquímicas del renacimiento y transformación del hombre, que –como hemos visto– conllevan la recuperación de su estado anterior a la caída y la inmortalidad de la totalidad hombre: cuerpo, alma y espíritu.

La búsqueda del grial, la demanda, es una clara manifestación de una vía activa de acceso a lo divino y de su carácter paradójico. La demanda exige esfuerzo y pureza, pero, en última instancia, no es el caballero el que escoge participar en la búsqueda, es el propio grial el que escoge a sus caballeros. «Quien se empeña en buscar [la montaña del

---

199. Sobre la influencia céltica y alquímica en la leyenda del grial véase: Godwin, M. *El santo grial.*

grial] no la encuentra desgraciadamente jamás…, hay que llegar a ella sin habérselo propuesto». «Nadie puede llevar a término la demanda del grial si el cielo no lo tiene en tal estimación que desde lo alto se le designe para ser admitido en su proximidad».[200]

Las novelas del grial eclosionan en los últimos años de la existencia visible de la Orden del Temple, uno de cuyos inspiradores, san Bernardo (al que se ha llamado el último druida), decía de sí mismo que había aprendido más de los robles (la tradición celta) que de los libros. El grial aparece entonces custodiado en un castillo situado en una zona indefinida entre Francia y España, la zona donde convivían en paz las tres ramas de la tradición abrahámica: judíos, cristianos y musulmanes.

Entramos así en una parte especialmente significativa, y no siempre muy conocida, del simbolismo griálico: su relación con el islam[201] y, en este sentido, resulta especialmente explícita la versión de Von Eschenbach a la que hacíamos referencia al principio del epígrafe.

La existencia del grial, su origen celeste y su presencia en la tierra bajo la custodia de cristianos «tan puros como los ángeles» fue revelada, en Toledo,[202] a Kyot, el maestro bien conocido,[203] por Flegetanis, un sabio «pagano»[204] hijo de un musulmán y de ascendencia israelita, por ser descendiente de Salomón (el constructor del Templo, al que se vinculan las hermandades de constructores tradicionales, y los templarios *milites Templi Salomoni)* y que sabía leer las estrellas.

El contenido de las primeras páginas de la obra de Von Eschenbach, que explica además cómo el grial es entregado por los ángeles para su custodia a «hombres de gran mérito a los que se designaba para custodiarlo», pone de manifiesto algo aparentemente asombroso, y de la

---

200. Cfr. el *Parsifal* de Von Eschenbach.

201. La base de las reflexiones que siguen está tomada de *El islam y el grial* de Ponsoye, P.

202. Donde las tres religiones no sólo gozaban de libertad, sino que compartían sus conocimientos.

203. Se ha especulado con el hecho de que Kyot o bien representa directamente la autoridad espiritual del Temple o la de alguien mandado por la orden para manifestar el misterio del grial.

204. Así se llamaba en la Edad Media a los musulmanes para distinguirlos de judíos y cristianos.

mayor trascendencia, sobre lo que necesariamente hemos de volver más adelante: *La tradición del grial, la esencia del esoterismo cristiano, es transmitida por un musulmán de ascendencia judía*. En el fondo «no es sino la manifestación normal, aunque necesariamente oculta, del misterio de la unidad que vincula metafísica y escatológicamente todas las revelaciones auténticas y, especialmente, judaísmo, cristianismo e islam, herederos comunes de la gran tradición abrahámica».[205]

Las indicaciones de Von Eschenbach sobre el reconocimiento de la autoridad espiritual de maestros musulmanes son numerosas y muestra del papel desempeñado por el islam en el desarrollo de la caballería cristiana. Sirva como ejemplo Gahmuret (hijo de Arturo) que para cumplir su voto de caballería celestial se pone al servicio de la más alta autoridad espiritual conocida, y esa autoridad es islámica, y aunque identificada con el califa de Bagdad, su título de *Baruk* (el «Bendito» en hebreo, *al-Mubarak* en árabe) hacen ver en él una autoridad de carácter muy superior y mucho más profundo.[206] Por otra parte, Parzival tiene un hermano de padre (de madre musulmana), Feirefiz, mitad negro y mitad blanco, al que se enfrenta, sin conocerlo, sin que ninguno sea capaz de vencer al otro; lo cual en el simbolismo caballeresco indica que ambos defienden verdades y virtudes equivalentes, lo que permite decir a Feirefiz, tras haberse reconocido: «Mi padre, tú y yo no formamos sino un solo ser en tres personas». Y, de hecho, Feirefiz se convertirá en padre del preste Juan, personaje que encarna la autoridad oculta de la tradición. Parzival y Feirefiz se nos muestran como dos aspectos complementarios de una realidad permanente, reyes y sacerdotes de la Orden del Grial, que no es sino la manifestación de la Orden de Melkisedec.

Al hablar del simbolismo de la caballería nos ocuparemos de la identificación, a nivel de símbolo, de la Orden del Temple y la Orden del Grial y su relación con la caballería islámica, pero antes de terminar nuestra reflexión (contemplación) sobre el grial. debemos profundizar en un último aspecto, ya apuntado: ¿qué significa que sea un musulmán quien revele el misterio del grial?

205. Ponsoye, P. *Op. cit.*
206. Cfr. Ponsoye, P. *Op. cit.*

El esoterismo cristiano y el islámico son dos ramas de la Orden de Melkisedec, rey y sacerdote del Dios Altísimo que bendijo a Abraham, padre de las tres tradiciones, y que desempeña, eternamente, el papel de investir a los que inician una nueva rama de la tradición. Ambas ramas se deben, y se prestan, ayuda mutua, y así sucedió cuando los monjes cristianos Bahira y Néstor, depositarios de antiguos libros que anunciaban la llegaba de un profeta,[207] reconocieron en el joven Mahoma al futuro Profeta, o cuando el también cristiano Waqara ibn Nawfal, primo del Profeta, le ayudó a reconocer, en sus primeras revelaciones, al Dios de Moisés y de los profetas, y cuando los cristianos nestorianos fueron un importante medio de difusión del islam en los primeros años. Desde esta óptica, el islam, en un momento concreto de la historia, presta una especial asistencia al esoterismo cristiano para profundizar en la dimensión más oculta de su tradición: el misterio de un corazón en llamas, el misterio del grial. De manera análoga, años más tarde Christian Rosenkreutz, el fundador legendario de los rosacruces, realiza una serie de viajes previos a Oriente Medio.

De hecho, en el esoterismo islámico se admite que el Qotb (o jefe supremo de la jerarquía iniciática, cuyo grado espiritual permanece oculto salvo para aquéllos a quienes él considere oportuno revelárselo) vela de forma permanente no sólo por los musulmanes, sino también por cristianos y judíos.[208]

El grial se nos presenta, en resumen, como símbolo de la energía divina que nos permite recuperar la unidad perdida y, simultáneamente, como el conjunto de las tradiciones que hacen posible encontrar el grial. En el grial, meta y camino del hombre que aspira a alcanzar su plenitud haciéndose uno con el UNO, las distintas ramas de la tradición se re-unen y se vivifican mutuamente.

---

207. Cfr. Lings, M. *Muhammad.*
208. ¿No estará, quizá, próximo el momento de que tal operación se repita? ¿No podría renacer el esoterismo cristiano, fecundado por el esoterismo islámico, y ser el lugar donde éste pueda volver a dejar su semilla ante el peligro de que la acción conjunta de la occidentalización y el fundamentalismo ahoguen al esoterismo islámico?

El simbolismo del templo

El simbolismo del templo es uno de los temas centrales de la ciencia sagrada. El templo resume en sí mismo todo el conocimiento de la tradición. La búsqueda,[209] construcción y custodia del templo, constituyen la totalidad del camino iniciático, del proceso por el cual el hombre toma conciencia de su naturaleza divina y la actualiza haciéndose uno con Dios.

La palabra templo deriva del latín *templum,* que hace referencia a unas vigas de madera cruzadas con las que los sacerdotes romanos delimitaban un trozo de cielo, para conocer el presagio, según el vuelo de las aves que atravesaban la zona delimitada; de ahí pasó a denominar la sacralización del espacio celeste dividido en cuatro sectores, para extenderse, finalmente, al edificio sagrado, lugar de la presencia divina, de la contemplación.

Podemos destacar, de una forma muy resumida, seis características del simbolismo[210] del Templo:

- Es un lugar separado del resto.
- Es un lugar habitado por Dios.
- Es un lugar donde se une el cielo y la tierra.
- Es siempre el centro del mundo.
- No es el hombre el que escoge el lugar, sino el lugar el que escoge al hombre.
- La construcción del templo no es arbitraria, sino que se funda en una revelación primordial y reproduce una cosmogonía.

La propia etimología latina nos recuerda que el *templum* acotaba un lugar del cielo y lo diferenciaba de todo lo que lo rodeaba. Lo que sucede en el interior de esa zona tiene un significado distinto de lo

---

209. Que forma parte de la demanda, pues, de hecho, el castillo que custodia el grial es un templo.
210. El estudio detallado del simbolismo del templo excede la extensión que pretendemos dar a este libro. Ver, fundamentalmente, Corbin, H. *Temple et contemplation*; Arola, R. *Simbolismo del templo* y Hani, J. *Simbolismo del templo cristiano,* en los que se inspira nuestro análisis, además del resto de los libros sobre el tema señalados en la bibliografía.

que sucede en el resto del espacio. *El templo delimita y separa un lugar sagrado* de un lugar profano y, como señalábamos en otro lugar lo profano es lo que está fuera de lo *fanum* (sagrado). El propio concepto de separación implica una cierta contraposición: hay un lugar sagrado y hay un lugar profano. Cabe, entonces, preguntarse: ¿hay una realidad sagrada y una realidad profana?

La zona acotada por el templo es sagrada porque está habitada por Dios. El templo es denominado con frecuencia en hebreo *Beit-El,*[211] que significa precisamente «casa de Dios».

La letra Beth ב con la que comienza la palabra hebrea[212] permite a los cabalistas el desarrollo de la idea. El *Zohar* dice: «Yo (el Santo, Bendito sea) me serviré de ti [la letra Beth] para realizar la creación del mundo y serás la base de la obra de la creación». En el *Sefer-ha-Bahir* dice: «¿Por qué la letra Beth está cerrada por todos los lados y abierta por delante? Es para enseñarte que es la casa del mundo. Esto significa que el Santo, Bendito sea, es el lugar del mundo, pero el mundo no es su lugar».

Todo este simbolismo apunta a la idea de que si, en un momento, hay una separación entre Dios y el mundo, dentro del mundo hay un lugar habitado por Dios, donde éste se manifiesta: el templo. En el templo, el espacio deja de ser pro-fano (no sagrado, sin Dios) para convertirse en lugar de la hierofanía, de la manifestación de Dios.

Este lugar que está en la tierra, pero que es sagrado porque en él habita Dios, *rompe la dualidad cielo-tierra,* rompe la dualidad trascendencia-inmanencia, rompe la dualidad hombre-Dios.

En el templo se establece la comunicación entre los dos niveles y ambas realidades se intercomunican. Dentro del templo, los conceptos de tiempo y espacio adquieren una significación distinta. La propia arquitectura del templo le confiere al espacio un sentido arquetípico, de forma que el espacio caótico se transforma en cosmos, en orden. El caos de lo profano, en el cosmos de lo divino. Y en tanto que cosmos, el espacio se convierte en infinito, que es tanto como decir que se diluye como realidad aprehensible.

---

211. Cfr. Génesis 28, 10-19.
212. Y con la que comienzan, como hemos señalado, el Génesis, el Corán y el Evangelio según San Juan.

El carácter cosmogónico[213] del templo le transmite un ritmo que se manifiesta en la arquitectura pero, sobre todo, en la liturgia, que convierte el templo en a-temporal, en eterno presente. Lo que sucede en el templo está antes y después del tiempo. Es la eterna actuación divina hecha presente. Es el lugar de la hierohistoria. Y así, por ejemplo, una tradición señala que en el templo de la Ka'aba en la Meca, el espacio situado entre la Piedra Negra y el llamado ángulo yemení forma ya parte del paraíso.

Pero si todo esto le pasa a un trozo de tierra por unirse con el cielo en bodas místicas, podríamos decir que, de manera análoga, el cielo, al unirse con la tierra, pierde su imperturbabilidad. El cielo entra a participar en la historia de la tierra; es como si el templo se convirtiese en los sentidos de la Divinidad (*sensorium Dei*) para percibir la realidad de lo creado. En el templo la vida fluye en ambos sentidos.

Por eso *el templo representa* siempre el papel *del centro del mundo*. El centro del mundo es su corazón, el lugar desde donde irradia toda energía y conocimiento hacia el resto. El lugar donde está el eje alrededor del cual giran todas las cosas. El lugar por donde pasa el eje que une el cielo y la tierra. El lugar donde ha sido retirado el grial, representado en Occidente por el reino del preste Juan y en el budismo por Shambalá, el lugar desde donde irradia la sabiduría primordial.

Este aspecto está especialmente representado en el simbolismo islámico, que al considerar la Ka'aba como el punto donde se orientan todas las mezquitas y los fieles al orar, dan lugar a un mundo «orientado», formando sucesivos círculos concéntricos con la Ka'aba como centro.

Recordemos los cuatro aspectos comentados hasta ahora, que nos dicen lo que es el templo, dejando momentáneamente de lado los que se refieren a su construcción:

- Es un lugar separado del resto.
- Es un lugar habitado por Dios.
- Es un lugar donde se unen el cielo y la tierra.
- Es siempre el centro del mundo.

---

213. Cosmogónico = generador del cosmos.

Estas afirmaciones pueden referirse con la misma propiedad al templo que al hombre que ha recuperado su unidad primordial, al Adam Kadmon, al Cristo. El templo se convierte así, de forma simbólica, en el arquetipo del iniciado que, habitado, por Dios, se transforma, para el resto de los hombres, en lugar de encuentro real y eficaz con Dios. Afirmación que debe aplicarse, todavía con mayor propiedad, al maestro, al iniciador, que debe ser el lugar donde se produzca la conexión íntima entre la Divinidad y el discípulo.

Como veíamos, al hablar de la tradición cabalística, en el templo se produce la reunificación del nombre de Dios fragmentado como consecuencia de la caída. El misterio de la reunificación del nombre de Dios es el misterio de la reunificación del hombre y Dios, e incluso yendo más allá –decíamos– de la reunificación de Dios en el hombre.

El Nuevo Testamento, en sus distintos libros, no puede ser más explícito sobre este aspecto de la naturaleza del templo:

Y el Verbo se hizo carne y puso su tienda[214] entre nosotros. (Juan 1, 14)

Respondió Jesús: «Destruid este templo y yo lo levantaré en tres días» … Él hablaba del templo de su cuerpo. (Juan 2, 19-21)

No sabéis que sois templo de Dios y que el espíritu de Dios habita en vosotros. Si alguno destruye el templo de Dios, Dios le aniquilará. Porque el templo de Dios es Santo y vosotros sois ese templo. (I Corintios 3, 16-17)

Yo, como sabio arquitecto, puse los cimientos. Otro edifica encima. Cada uno mire cómo edifica, en cuanto al fundamento nadie puede poner otro sino el que está puesto: JesuCristo. (I Corintios 3, 10)

Ya no sois extranjeros y huéspedes, sino conciudadanos de los santos y familiares de Dios, edificados sobre el fundamento de los apóstoles y los profetas, siendo piedra angular el mismo Cristo Jesús, en quien bien tra-

---

214. Haciendo referencia a la tienda que contenía el Arca de la Alianza, antes de la construcción del Templo.

bada se alza toda la edificación del templo santo en el Señor, en quien también vosotros sois edificados para morada del Señor en el Espíritu. (Efesios 2, 19-21)

Vosotros, como piedras vivas, sois edificados como un templo espiritual, para un sacerdocio santo, para ofrecer sacrificios espirituales que Dios acepta por JesuCristo. (I Pedro 2, 5)

En todas las tradiciones sagradas referentes a la edificación del templo encontramos una «misteriosa» constante. Ni todo hombre puede construir un templo, ni el templo puede ser construido en cualquier sitio. En realidad es el templo el que escoge al hombre y el lugar. Cuando el hombre adecuado –que ha sido escogido para ello y ha recibido la señal, con frecuencia en sueños– decide edificar el templo, vaga durante mucho tiempo como desorientado sin saber dónde construirlo y si, por precipitación, decide hacerlo sin recibir la señal, la naturaleza entera se vuelve contra el edificio y la empresa. Cuando el hombre, suficientemente purificado, llega al lugar adecuado, se hace consciente de que en ese sitio las energías del cielo y la tierra son especialmente vivas y puede decir como Jacob: «Verdaderamente, JHVH mora en este lugar y yo no lo sabía [...], cuán terrible es este sitio, no es sino la casa de Dios y la puerta del cielo»,[215] o escuchar, como Moisés en el Horeb una voz: «No te acerques acá; descálzate las sandalias de tus pies,[216] pues el lugar que pisas es suelo santo».[217]

Estos lugares misteriosos fueron detectados y conocidos por los hombres puros de las distintas tradiciones, que han construido un templo sobre otro, a medida que una manifestación concreta de la tradición era sucedida por otra, convirtiéndose en permanentes guardianes del tem-plo, en templarios.

En una de las paredes del templo de Ramsés II se lee: «Este templo es como el cielo en todas sus disposiciones», y en el Éxodo (25, 9)

---

215. Génesis 28, 16-17.
216. Descalzarse para entrar en lugar sagrado significa, para los rituales religiosos, despojarse de toda impureza, para el hombre que está en el camino de la iniciación implica despojarse de su propio «yo», de todo atributo, dirían los sufíes.
217. Éxodo 3, 5.

leemos: «Conforme a lo que Yo (el Santo, Bendito sea) os mostraré, haréis el modelo del tabernáculo». *El templo,* en su proceso de construcción y en su estructura, *reproduce una cosmogonía,* un proceso de creación, y de esa manera lo actualiza, lo hace eternamente presente y actuante. Naturalmente, sólo una especial revelación permite acceder a ese conocimiento.

Al erigir un templo, lo primero que se hace es separar lo profano de lo sagrado, de la misma manera que Dios en la creación separa el caos del cosmos. El momento siguiente es orientar el templo, es decir, dotarlo de una dirección y un sentido y, a partir de ahí, empieza a reproducirse todo el proceso de la creación.

En las religiones que tienen un proceso cosmogónico muy complejo, éste es reproducido en el templo. Los templos de la tradición abrahámica son, en este sentido, mucho más esquemáticos. El cristianismo carece de un mito cosmogónico propio, y sus templos, en cuanto tales, reproducen una cosmogonía arquetípica reflejada siempre en el paso del cuadrado (la materia) al círculo (el espíritu). En el templo cristiano es la liturgia la que reproduce y actualiza el misterio de la salvación.

Realmente, es la liturgia, la actualización del rito celeste, la que justifica la existencia del templo, de modo que podemos afirmar que sin liturgia no hay templo y sin templo no puede haber liturgia. La liturgia terrena es simultánea y paralela a la liturgia celeste, de manera que en la liturgia no sólo se unen el cielo y la tierra, sino que interactúan entre sí; por lo tanto, sin liturgia el cosmos corta su unión con el origen y queda abocado al caos. Sin templo y sin liturgia, el nombre de Dios no podría ser reunificado y todo lo que existe avanzaría hacia su corrupción y destrucción. De ahí el drama que supone que el templo sea destruido o profanado.

Esto nos lleva a recordar lo apuntado cuando hablábamos de los esenios. Cuando el Templo de Jerusalén es profanado por el «sacerdote impío», es la propia comunidad de Qumran, los elegidos entre los elegidos, la que se transforma en Templo viviente, inaugurando una nueva Era.[218] Cuando el templo físico es destruido, o profanado, el

---

218. Releer, desde esta óptica, los textos del Nuevo Testamento reproducidos más arriba.

templo se cierra en esta dimensión, pero permanece abierto en otra,[219] como el grial cuando es llevado a Oriente, y es una comunidad la que se convierte, simultáneamente, en guardiana del Eterno Templo y en imagen de dicho Templo, en *imago templi*. Cuando es la propia comunidad la que es destruida o profanada,[220] los miembros fieles, pertenecientes a otra dimensión,[221] permanecen como custodios de ésta, hasta que lleguen los tiempos de una nueva manifestación, a partir de la propia descendencia espiritual terrena.

Cuando el nuevo adepto expresa su adhesión entre las manos de uno de los dignatarios, en el momento en que recita la fórmula que le compromete, y si su intención es recta y pura, he aquí que se une a su alma un punto de luz que queda a su lado sin confundirse con ella. De su pensamiento y de su acción dependerá que ese naciente punto luminoso crezca como forma de luz. Si triunfa, la forma de luz del adepto fiel es arrastrada, en el momento de su *exitus,* por el magnetismo de la columna de luz hacia la forma de luz del compañero que le precede en el grado místico. Juntos se elevan hacia el *hadd* superior a ambos. Así, sucesivamente, todos juntos ocupan su lugar para constituir, con el conjunto de los iniciados, el «templo de luz» que, teniendo forma humana, es un templo puramente espiritual.[222]

Todo ello nos aboca al último de nuestros símbolos: la caballería espiritual o caballería templaria.

La caballería espiritual

Toda alabanza es para Dios, el Clemente, el Misericordioso.

¡Oh, Dios!, yo hago de ti mi demanda y soy testigo de tu Señorío reconociendo que tú eres mi Dios y que hacia ti retorno.

---

219. Cuenta una tradición judía que, cuando el Templo iba a ser destruido por los romanos en el año 70 d. C., un grupo de sacerdotes subió a lo alto del monte y arrojó las llaves al cielo, llaves que fueron recogidas por una mano que surgió de entre las nubes. Imagen que, por otra parte, recuerda poderosamente a la espada de Arturo, emergiendo y desapareciendo entre las aguas en manos de la doncella.

220. Tal es el caso, por ejemplo, de la Orden [histórica] del Temple.

221. Entiéndase, fundamentalmente, en su sentido simbólico.

222. De un relato ismailí de iniciación, recogido por Corbin, H. en *Historia de la filosofía islámica*

No hay más Dios que tú, Señor de la tierra bendita,
del monte santo, del eterno templo,
sobre la que has hecho descender tus bendiciones
y de la que has hecho un santuario para la humanidad.[223]

La expresión tierra bendita tiene numerosos sinónimos como «tierra pura», «tierra santa», «tierra de los santos», «tierra de inmortalidad», «tierra de los vivos», «centro del mundo», «corazón del mundo», «monte santo», «eterno templo» y expresiones equivalentes que se encuentran en todas las tradiciones.

Hay tantas tierras santas particulares como formas tradicionales existen, siendo todas ellas imagen de una «tierra santa» por excelencia, origen de la tradición primordial, fuente de todas ellas, representada por los distintos ríos del paraíso. «Brotaba del Edén un río para regar el vergel y desde allí dividíase y formaba cuatro brazos».[224]

Es el lugar desde donde surge y se manifiesta la tradición y a donde ésta es retirada cuando las condiciones no son adecuadas para su manifestación. En ella mora el templo eterno y es el lugar sobre el que Dios ha hecho descender sus bendiciones, es decir, las ayudas necesarias para que el hombre pueda emprender el camino del retorno.

En todas las tradiciones, los lugares sagrados simbolizan estados espirituales, estados del Ser, y las tierras sagradas están formadas por aquellos que han alcanzado dicho nivel del Ser, existiendo distintos niveles de tierra santa, como existen diversos niveles del Ser. De nuevo es el hombre, la comunidad de hombres, la que constituye el verdadero templo. El triple recinto druídico de la tradición celta, dibujado como tres recintos cuadrados concéntricos (valga la expresión), simboliza precisamente estos distintos niveles de la tierra santa.

Los guardianes de la tierra santa tienen una doble función. Por una parte, son defensores que prohíben el acceso a aquellos que no tienen suficiente cualificación, es decir, la ocultan a ojos profanos y, por otra, la hacen accesible a aquéllos a los que está destinada. Esta doble función viene representada por el doble carácter, caballeresco y monásti-

223. Al-Hussain (III imam).
224. Génesis 2, 10.

co, de la caballería espiritual, de la caballería templaria. Para llegar a pertenecer a esta caballería hay que participar permanentemente en la demanda, movimiento eterno hacia el Ser, y, en el momento oportuno convertirse en caballero, «en testigo del señorío», del único que puede ser llamado Señor.

> Entonces vi el cielo abierto y había un caballo blanco:
> el que lo monta se llama «Fiel» y «Veraz»
> y juzga y combate con justicia.
> Sus ojos, llama de fuego;
> sobre su cabeza muchísimas diademas;
> lleva escrito un nombre que él sólo conoce;
> viste un manto empapado en sangre y su nombre es:
> «la Palabra de Dios».
> Y los ejércitos del cielo,
> vestidos de lino blanco puro,
> le seguían sobre caballos blancos.[225]

Desde el punto de vista simbólico,[226] el caballero es el logos dominador, el espíritu que prevalece sobre la materia, la cabalgadura.

Este simbolismo del caballero se halla en todas las tradiciones. Ananda Coomaraswamy dice: «El caballo es el símbolo del vehículo corporal, y el caballero es el espíritu; cuando alguien llega al término de su evolución la silla queda desocupada y la montura muere necesariamente».

Los distintos colores que en las novelas de caballería presentaban diversos caballeros: verde, negro, blanco, rojo, dorado tienen su paralelismo —según Cirlot— con las distintas fases de la obra alquímica. La caballería se nos aparece como una pedagogía superior que tiende a convertir al hombre natural descabalgado en hombre espiritual que propende a hacerse acreedor del oro, su glorificación.

El Evangelio de San Juan nos da la mejor definición del pacto que se establece entre el caballero y su señor. «Sabiendo Jesús que había llegado

---

225. Apocalipsis 19, 11-14.
226. Cfr. Cirlot, J. E. *Diccionario de símbolos.*

la hora de pasar de este mundo al Padre, habiendo amado a los suyos...
sabiendo que el Padre había puesto todo en sus manos y que había salido
de Dios y volvía a Dios»,[227] les dijo entre otras estas palabras:

Ya no os llamo siervos
porque el siervo no sabe lo que va a hacer su señor,
os he llamado amigos,
porque os he dado a conocer todo lo que oía mi Padre.
No me elegisteis vosotros a mí
sino que yo os he elegido a vosotros
y os destiné para que vayáis y deis fruto
y vuestro fruto permanezca.[228]

El pacto de caballería tiene, pues, una doble vertiente: el señor eleva al siervo a su mismo nivel, por lo cual deja de ser siervo para convertirse en amigo,[229] es decir, en alguien de la misma dignidad que el
señor; a cambio, el caballero, amigo, establece un pacto de vasallaje, de
servicio hacia el señor, que a continuación lo envía a la demanda. Este
pacto de vasallaje (de la caballería espiritual) tiene su origen, de acuerdo con la tradición islámica, en la preeternidad (en la hierohistoria)
cuando Dios pregunta a las criaturas: «¿No soy yo vuestro Señor?». y
Adán contesta: «Sí». El caballero es, preexistencialmente, responsable
de la respuesta que dio en aquel momento.

En el Occidente cristiano, el ideal caballeresco es muy posterior a la
existencia física de la caballería. De hecho, es introducido en la cristiandad por las órdenes militares que entran en contacto con la tradición islámica y, en buena parte, es paralelo a la difusión de la tradición
del grial. Por el contrario, en la tradición islámica, especialmente en el
sufismo de tradición irania (que a su vez se remonta a la tradición zo-
roástrica), la caballería aparece, muy pronto, ligada al camino espiritual y, según los sufíes, al nacimiento de su propia tradición.[230]

---

227. Juan 13, 1-3.
228. Juan 15, 15-16.
229. Lo que marca la continuidad entre la caballería y los múltiples movimientos de
«Amigos de Dios».
230. Cfr. Nurbakhsh, J. *Discourses on the sufi path*.

Antes de aparecer el islam, la tradición de la caballería era conservada en Oriente Medio a través del entrenamiento de los hombres para ser caballeros. La tradición de la caballería incluía el respeto a los demás, el sacrificio del yo, la devoción, la ayuda a los débiles y a los desvalidos, la amabilidad hacia todo lo creado, el mantenimiento de la palabra, cualidades todas que después emergerían como los nobles atributos del hombre perfecto, desde el punto de vista del sufismo.

Con la llegada del islam, estos caballeros se adhirieron a la religión islámica, manteniendo los usos de la caballería, fundando el sufismo sobre las bases conjuntas del islam y la caballería.

El sufismo tiene simultáneamente un aspecto interno y otro externo. Su aspecto externo consiste en la tradición de la caballería, que constituye el desarrollo de los atributos del ser humano perfecto. Su aspecto interno consiste en viajar a través del camino y atravesar sus distintas estaciones hasta alcanzar el nivel de la subsistencia en Dios *(baqa')*.

Sólo el ser humano perfecto es digno de ser caballero, pero en ese punto su camino no ha hecho más que empezar. La meta del camino es recuperar la unidad con Dios, alcanzar lo que en el esoterismo cristiano representa el grial. Es, sin embargo, en la tradición sufí donde podemos rastrear los aspectos más profundos del pacto preeterno entre Dios y sus caballeros.

Según F. Skali[231] en la Arabia preislámica, la palabra *Fata,* de la que deriva *Futuwah,*[232] se aplicaba a un joven (la noción de juventud puede ser meramente simbólica) de comportamiento caballeresco y cuya virtud cardinal era la generosidad. Al advenimiento del islam esta calidad de *Fata* se atribuyó sin discusión a Alí, primo y yerno del Profeta.[233]

El comportamiento del *Fata* parte de una liberalidad del alma que lo coloca más allá de la presión del grupo o del clan.[234] Más allá de la

---

231. Cfr Skali, F. prólogo a la obra de Al Sulami *Futuwah,* del que están tomados parte de los párrafos que siguen.

232. La palabra árabe correspondiente a «caballería» es *Futuwah* (que corresponde a la palabra persa *javânmardi)* y, en lo sucesivo, usaremos indistintamente ambas palabras.

233. Y origen histórico del esoterismo islámico y del sufismo.

234. En el contexto coránico el término fue empleado a propósito de Abraham joven y de los durmientes de la caverna.

juventud física se entrevé aquí la idea de una elevación, de una madurez espiritual, que sería equivalente a una «juventud del alma», cuya energía o vigor puede, por orden divina, influir en el mundo mismo de los elementos.

«Para mí la Futuwah consiste en abolir la visión [del "yo"] y romper todos los lazos [de consideración social]», dijo el maestro Yunayd. «Lo que dices es muy hermoso –respondió el maestro Abu Hafs–,[235] pero para mí la *Futuwah* consiste sobre todo en obrar con rectitud y en no exigir al prójimo que haga otro tanto». El *Fata*, según Abu Hafs, es aquél cuya acción es gratuita, pues se realiza para Dios sólo, con el único deseo de conformarse con la verdad y no con el de cosechar sus frutos ante los hombres. Consiste en ser recto, sin estimarse, por ello, con derecho a dar lecciones al prójimo o sentir preeminencia sobre él. El *Fata* no tiene enemigos –dice Al Muhasibi–, pues «hace lo que le corresponde hacer y se aparta de lo que tiene derecho a esperar». En el plano espiritual, esta actitud es realizable porque el *Fata* no tiene ningún miramiento hacia su propio ego, ni expectativa alguna sobre el prójimo, sino que dirige toda su energía espiritual sólo hacia Dios.

Según Ibn Arabi, llegado a un determinado nivel, el *Fata* ya no necesita traducir su acción en este plano, pues siendo sólo fruto de la energía espiritual puede influir de modo benéfico en el curso de los acontecimientos externos.

En definitiva, la *Futuwah* es un modo de realización espiritual consistente en una superación continua, en el comportamiento interior y exterior de los límites impuestos por el «yo» individual y social. Es el deseo apasionado de un objeto inaccesible, es la eterna demanda.

Según Sohrawardi «la *Futuwah* es la médula de la Shari'a (la ley), de la Tariqa (el camino) y de la Haqiqa (la verdad)». En su aspecto interior es la esencia y el grado más elevado de toda iniciación y en su aspecto exterior un signo para la orientación del peregrino. Es, por lo tanto, a la vez una realidad espiritual y un modo de comportamiento.

Para Al Sulami «es la conformidad con el orden divino, el abandono de toda bajeza, la realización de un comportamiento sublime, de virtudes interiores y exteriores, secretas y públicas».

---

235. (878).

Hablar del sentido de la *Futuwah,* supone referirse a la naturaleza inicial del hombre, tal como afloró en el momento inicial de Ser.[236] Según una tradición, cuando Moisés pregunta «¿Que es la *Futuwah?*» se le responde: «Es poner en Dios el alma pura e inmaculada, tal como el hombre la ha recibido en depósito».

Seth, el hijo de Adán, es, según la tradición islámica, el primer caballero consagrado por entero al servicio divino,[237] mientras que sus hermanos se dedican a dominar el mundo. El ángel Gabriel trae a la tierra una túnica de lana verde con la que se viste Seth, y vuelve al cielo con la noticia de que existe un hombre enteramente consagrado al servicio divino. Los hombres de la *Futuwah,* los caballeros espirituales, no serán ni laicos ni monjes, es una nueva categoría de hombres que supera la época de los claustros, y que serán llamados «Amigos de Dios». Éste es también el ideal que propone Von Eschenbach en las novelas del grial y aquí confluye la caballería espiritual del islam y de la cristiandad.

De acuerdo con la tradición islámica, encontramos a Abraham como continuador de la *Futuwah,* convirtiéndose en el iniciador y padre de todos los caballeros místicos de la fe. La *Futuwah* engloba todos los héroes de la Biblia junto con los caballeros cristianos presentados por los Siete Durmientes que menciona el Corán. Esta idea de la caballería ecuménica es recogida en la epopeya de los caballeros del Temple de la obra de Von Eschenbach.

La *Futuwah* consiste en que cada uno, en el lugar que está, se considere caballero del imam[238] que ha de venir. Esta ética hace a cada cual responsable del porvenir de la Parusía y lo convierte en contemporáneo (en la hierohistoria) de aquellos que sean los compañeros terrestres de la venida final del imam. El ideal sufí de la caballería consiste en una comunidad de caballeros (*javânmardân*) que engloba toda la tra-

---

236. Cfr Corbin, H. *Iniciación y caballería espiritual,* en el que se basan algunos de los párrafos siguientes.
237. Nótese el claro paralelismo con la tradición griálica.
238. En el esoterismo islámico la demanda de imam, que es para algunos «el Libro que habla», y que posee, por lo tanto, el sentido auténtico del Libro, y puede reabrirlo eternamente, corresponde, desde el punto de vista simbólico, a la demanda del grial del esoterismo cristiano.

dición abrahámica, como dice un célebre *hadîth* referido a Alí: «No hay más caballero que Alí, ni más espada que Dhû'l-fiqâr».[239]

Muchos autores sufíes han identificado al imam esperado con el Paráclito del Evangelio de Juan, de manera que caballería sufí y caballería joánica coinciden por encima de las religiones.[240]

Los caballeros espirituales, «Amigos de Dios», perpetuamente jóvenes, forman, generación tras generación, el linaje de la gnosis nunca interrumpida pero ignorada por la masa de los hombres. Esta estirpe es la tradición misma. Para ocupar un lugar en ella es preciso pasar por un segundo nacimiento. «No puede entrar en el reino el que no haya nacido por segunda vez» dice el Evangelio de Juan.[241] De hecho, es un perpetuo renacimiento lo que permite identificar al caballero, al *Fata*, con el eternamente joven. Y si la humanidad continúa perseverando en el Ser es, precisamente, por estos «Amigos de Dios» *('Wali-Allâh)*, por los cuales se mantiene permanentemente en contacto a la humanidad terrestre con el mundo superior invisible.

La caballería espiritual está compuesta por gente que, como Abraham, deja su país de nacimiento y se dirige al mundo del exilio. Es una elite universal, gracias a la cual la humanidad persevera todavía en el ser, cuyos adeptos convergen de las tradiciones del Libro, bien en la forma de templo, de libro, de imam o de grial.

El mundo por ella tipificado es un mundo perfecto, un *pleroma*. Se penetra en él despojándose de todas las ataduras y ambiciones del mundo profano. Los vínculos de fraternidad que unen a sus miembros hacen de ellos una cofradía que constituye la elite de la humanidad y que tanto en su jerarquía como en los rasgos que caracterizan a sus héroes no reconoce sino cualificaciones espirituales.

La idea de un servicio caballaresco a un Dios incognoscible e inaccesible no tendría sentido. El servicio caballeresco se concibe sólo respecto a una figura teofánica personal, un Dios revelado, que en el caso

---

239. Símbolo de la hermenéutica que corta las ambigüedades de la religión literal. Nota de Corbín, H. *Op. cit.*

240. Para una profundización de este tema, véase Corbin, H. *Op. cit.*

241. «En verdad, en verdad te digo: el que no nazca de lo alto no puede ver el Reino de Dios… En verdad, en verdad te digo: el que no nace del agua y del espíritu no puede entrar en el reino de Dios» (Juan 3, 3-5).

del sufismo es uno de los Nombres de Dios, considerados como su teofanía, de los que el caballero se convierte en defensor. En el caso de la caballería cristiana, el caballero se convierte en defensor de su dama, símbolo de la eterna señora, símbolo de la sabiduría divina, del logos.

La Orden del Temple, símbolo de la caballería espiritual cristiana, mantuvo con el islam profundas relaciones de carácter iniciático.[242] En numerosos casos ciertos musulmanes, pertenecientes a determinadas cofradías, y templarios se armaban caballeros recíprocamente.[243] Tal fue el caso del propio Saladino, que fue recibido en la orden por el maestre del Temple o de su hermano, armado caballero por Ricardo Corazón de León. De hecho, después de la disolución de la orden, muchos templarios de España se integraron en órdenes musulmanas.

Entre las órdenes musulmanas con las que el Temple contrajo lazos de fraternidad la historia conserva el recuerdo de los llamados Asesinos,[244] una rama ismailí del chiismo procedente de la India: ambas eran órdenes militares y religiosas, ambas ostentaban el título de guardianes de la Tierra Santa, su jerarquía, doble en ambos casos (una exterior y otra interior), presentaba rasgos comunes y sus colores emblemáticos, rojo y blanco, eran los mismos.

La caballería árabe,[245] como hemos señalado, es, al menos, cuatro siglos anterior a la europea. Como en el terreno espiritual los modos de expresión no se improvisan, es más que probable que el esoterismo islámico prestó, de forma muy consciente, el fraternal favor de prestar sus formas para regenerar y actualizar el esoterismo cristiano, como hemos resaltado al hablar de la tradición del grial.

---

242. Cfr. Ponsoye, P. *El islam y el grial.*
243. «Cuando visitaba Jerusalen entré en la mezquita al-Aqsâ, que ocupaban mis amigos los templarios. Al lado se encontraba una pequeña mezquita que los francos habían convertido en iglesia. Los templarios me asignaron esa pequeña mezquita para que hiciese en ella mis oraciones». Declaraciones del emir Usâma, embajador del visir de Damasco.
244. Vulgarmente se hace derivar el nombre de *hashshâshin* (fumadores de hachís), aunque parece más correcta la derivación de *'assâs* (guardián).
245. Una de cuyas ceremonias de investidura venía acompañada por el «brindis con la copa de la caballería» *(ka' su'l-futuwwaht),* lo cual recuerda las numerosas tradiciones de inscripciones misteriosas en letra árabe en el grial.

Según René Guénon, después de la destrucción de la Orden del Temple los iniciados del esoterismo cristiano se reorganizaron, de acuerdo con los iniciados del esoterismo islámico, para mantener, en la medida de lo posible, el lazo que había resultado aparentemente roto por esa destrucción. Este lazo se rompería nuevamente en el siglo XVII cuando los últimos rosacruces se retrajeron, como el grial, a Oriente, símbolo del centro supremo de donde procede la tradición.

En la obra de Von Eschenbach, como hemos señalado al hablar del grial, los mejores representantes de la caballería oriental (= paganos = islámicos) son admitidos en plano de igualdad con la caballería cristiana a formar parte de la Mesa Redonda.

Todos los miembros de la hermandad presentes en esta dimensión en cada momento histórico desean ser los que asistan al regreso del imam, a la manifestación del grial o a la venida del Paráclito, pero, si la muerte los sorprende antes, confían en ser escogidos como los compañeros que le acompañen en su manifestación, cuando tenga lugar. Se produce así la cadena ininterrumpida de los que han estado, están y estarán en la demanda, en el camino, permanentes compañeros en la hierohistoria y representantes de la caballería espiritual mientras permanezcan sobre la tierra. Todos ellos constituyen las piedras vivas del Eterno Templo.

Esta comunidad ha recibido a lo largo de la historia diversos nombres. Se la ha conocido, entre otros, como Iglesia de Juan o Iglesia del Espíritu y su presencia se rastrea, como un Guadiana, a lo largo de la historia. A ella se refirió Swedenborg en sus obras y en sus visiones. La *ecclesia* —en el pensamiento de Swedenborg— es una en cada uno de nosotros. Esto hace que en la periodificación de las distintas Iglesias exista no sólo una relación de sucesión, sino también de simultaneidad, ya que cada uno pertenecerá a la *ecclesia* que nuestra propia alma experimente o vivencie, vale decir, se pertenecerá a una u otra *ecclesia* según nuestra experiencia e interpretación de la palabra sea exterior o interior, literal o espiritual… Cada *ecclesia* significa no sólo una época histórica. sino también (y fundamentalmente) una forma de interpretar la palabra y un estado del alma. Como la *ecclesia* es la forma que Dios tiene de comunicarse con los hombres, Él siempre preserva la *ecclesia* por muy corrompida que esté a través de un resto que mantiene la tradición originaria. El resto sirve de puente entre la Iglesia pasada y la por venir.[246]

De esta Iglesia del Espíritu nos dice Karl von Eckarthausen en su obra *La nube sobre el santuario:*

Siempre ha existido una escuela más elevada a la que ha sido confiado el depósito de toda ciencia; esta escuela es la comunidad interior y luminosa del Señor, la sociedad de los elegidos que se ha propagado sin interrupción desde el primer día hasta el tiempo presente; sus miembros, es cierto, están dispersos por todo el mundo, pero han estado siempre unidos por un espíritu y una verdad... Esta comunidad de la luz ha sido llamada, en todo tiempo, la Iglesia invisible e interior o la comunidad más antigua...

Esta comunidad de la luz existe desde el primer día de la creación del mundo y durará hasta el último día de los tiempos... Es la comunidad más interior y posee miembros de diversos mundos... La sociedad de aquellos que tenían más capacidad para la luz y la buscaban; y esta sociedad interior era llamada santuario interior o iglesia interior.

No debemos tomar por esta comunidad a ninguna sociedad secreta que se reúne en determinados momentos, que escoge a sus jefes y a sus miembros y se fija ciertos fines. Todas las sociedades, fueren las que fueren, aparecen después de esta comunidad interior de la sabiduría; ésta no conoce formalidades, que son obra de la envoltura exterior, obra de los hombres. En el reino de las fuerzas todas las formas exteriores desaparecen... Si es necesario que se reúnan verdaderos miembros, éstos se encuentran y reconocen...

Ningún miembro puede elegir a otro; se requiere el consentimiento de todos. Todos los hombres son llamados y pueden ser elegidos si están maduros para entrar. Cada cual puede buscar la entrada y todo hombre que está en el interior puede enseñar a otro a buscar la entrada. Pero mientras no se esté maduro no se llega al interior... Aquel que está maduro se une a la cadena: acaso muchas veces, cuando menos lo sospecha y a un enlace del que no suponía la existencia... Es una sociedad que une a sus fuerzas las fuerzas superiores y que cuenta con miembros de más de un mundo.

---

246. Cfr. Antón Pacheco, J. A. Algunas precisiones sobre la noción de *ecclesia* en Swedenborg.

El sentido de la demanda es, pues, simultáneamente, la aspiración a formar parte de esa caballería espiritual y el anhelo de ser testigos de la nueva manifestación.

Aquél al que le ha sido dado entrever el grial ya no puede abandonar la demanda. Nada le garantiza que sea capaz de alcanzar el grial, nada le garantiza que sea digno de convertirse en uno de sus guardianes, pero la humanidad necesita, cada hombre necesita, que el grial (conocimiento y vida) se manifieste y nos haga llegar a ser uno con Dios. Y si, cuando le llegue el momento de cambiar de dimensión, aparentemente no lo ha conseguido, los que le han precedido en el camino le ayudarán a seguir, y los que le sigan encontrarán parte del camino más libre. El éxito no debe preocupar nunca al caballero, su obligación es participar en la demanda, a otro corresponde escoger a los vencedores. Pues como dice una antigua divisa templaria: «Gloriosos los vencedores, felices los mártires»[247] es decir, los que han muerto mientras buscaban.

Exoterismo y esoterismo

A lo largo de las páginas anteriores hemos ido usando con frecuencia los términos esoterismo (lo interno, lo reservado, lo minoritario) y exoterismo (lo externo, lo accesible, lo público) al referirnos a las distintas tradiciones sagradas. Pudiera parecer que, o bien lo exotérico es una degradación de lo esotérico o que, por el contrario, lo esotérico es un añadido a una religión exotérica para disfrazar un conocimiento preexistente y hacerlo convivir con la religión dominante. Esoterismo y exoterismo son, sin embargo, dos caras inseparables de una misma moneda.

Cuando lo divino irrumpe en la vida de los hombres con una especial revelación, que da origen a una nueva tradición, dicha revelación tiene, siempre, por su propia naturaleza, o mejor dicho, por la propia naturaleza del hombre, un aspecto exotérico y un aspecto esotérico,

---

247. Cfr. Bernardo de Claraval S. *Elogio de la nueva milicia templaria* en Obras completas, tomo I.

tanto por la propia naturaleza del que transmite la revelación como por la de cada uno de aquellos que la reciben a lo largo del tiempo.

Históricamente hablando, las tradiciones religiosas han aparecido en un ámbito temporal concreto y se han dado en el interior de una cultura concreta. Las distintas tradiciones no son más que manifestaciones de la imagen del misterio, las religiones no son más que las formas en que Dios ha querido manifestarse, y ha sido percibido en las distintas culturas. En este sentido, es casi imposible separar una religión de su cultura. Ahora bien, las experiencias profundas que han dado origen a las grandes religiones son experiencias de lo infinito en el hombre, que la doctrina ha organizado y esquematizado dentro de los distintos entornos. Esta experiencia primigenia es, por definición, universal y por ello las religiones «verdaderas» tienen pretensiones de universalidad que equivale a decir: «la experiencia válida que hemos tenido del misterio vale para todos los hombres».[248]

Toda experiencia auténtica del misterio es, en realidad, simultáneamente universal y parcial. Universal, porque siendo manifestación de lo infinito pertenece a todo hombre, y todo hombre puede acceder a ella. Parcial, en la medida en que toda experiencia del misterio es parcial en sí misma. Parcial, además, porque es un hombre o un pueblo concretos quienes la experimentan y quienes, al expresarla, la tiñen necesariamente de su cultura. Parcial, sobre todo, por la distinta capacidad de cada hombre de percibir, de acoger, el misterio.

La tradición religiosa es el encuentro permanente entre la experiencia primigenia y el devenir cultural del pueblo o comunidad que mantiene y transmite esa experiencia. En ese sentido la tradición está implicada tanto con la cultura como con la historia de esa comunidad. La religión (exotérica por naturaleza) es la forma ordenada y sistemática en que esa experiencia se expresa en verdades doctrinales (la teología) y en ritos (la liturgia). Está abierta a todos los hombres de buena voluntad y, aunque toda religión impone unos requisitos para pertenecer a ella, no exige una especial cualificación (es decir, un especial nivel de Ser) a sus miembros.

Sin embargo, aunque toda percepción del misterio por parte de cualquier hombre es parcial –pues, por evolucionado que sea, siempre

---

248. Cfr. Ancochea, G. y Toscano, M. en «Buscad mi rostro».

es limitado para poder abarcar a Dios sin desaparecer (como tal hombre)– toda manifestación de lo divino tiene, en su seno, la totalidad de la vida divina, en la medida en que ésta puede ser aprehendida por el hombre. La diferencia entre su aspecto exotérico (o externo) y esotérico (o interno) no se debe, fundamentalmente, a lo manifestado, sino, sobre todo, a la capacidad de cada hombre para penetrar en su interior.

La capacidad del hombre para acercarse al misterio divino no depende tanto de su voluntad como de su nivel de conciencia, de su nivel de ser. Cuando el hombre intenta penetrar en el misterio, comienza un camino de crecimiento a través del Ser. El hombre es lo que conoce, pero sólo conoce lo que as. Para entender esta especie de círculo vicioso hay que recordar tres aspectos del misterio del hombre.

En primer lugar, cuando hablamos de conocer nos estamos refiriendo no a la erudición intelectual, sino a ese tipo de conocimiento que sólo proporciona el contacto directo con lo conocido.

En segundo lugar, cuando decimos que el hombre es lo que conoce, queremos indicar que, en un momento concreto, cada hombre alcanza, dentro del nivel de Ser, la escala correspondiente a lo conocido hasta ese momento, es decir, de aquel nivel del Ser con el que ha tenido contacto efectivo. Pero, además, el hombre en el proceso de conocer realiza –hace real– aquello que, de hecho, es en potencia.

Y, en tercer lugar, el hombre, a partir de determinado nivel, no puede progresar por el camino del Ser si no recibe la «influencia espiritual» de otro hombre que haya alcanzado un nivel superior del Ser (en el sentido de más próximo a la fuente) y a eso es a lo que el pensamiento tradicional llama iniciación.

Si la revelación, cualquier revelación auténtica, habla de lo único que en realidad es, lo sustantivo es «el esoterismo», es decir, esa gnosis cuyo contacto nos produce una participación en la vida, y lo adjetivo –aunque sea de transcendental importancia– es la forma concreta que en un momento concreto de la historia de la humanidad adquiere la revelación. Por eso debe hablarse de esoterismo judío, esoterismo cristiano o esoterismo islámico y no de judaísmo esotérico, cristianismo esotérico o islam esotérico. A nivel exotérico, los papeles se invierten y es necesario que así sea, pues, dado el estadio concreto de evolución interior de los hombres a los que se hace la revelación, y su entorno cultural, las religiones deben hacer hincapié en lo específico de la nueva revelación.

Para los creyentes «comunes» cada religión tiene en sí misma los elementos necesarios para su salvación y, si bien el mutuo respeto[249] es absolutamente lógico y necesario, los caminos de salvación no son un menú a la carta en el que cada cual puede escoger lo que más le gusta de las diferentes religiones, con el grave riesgo de hacerse una religión a su imagen y semejanza, despreciando elementos fundamentales. La religión, supuestamente purificada de adherencias históricas y fundamentalismos culturales, debe convertirse siempre en educadora[250] mostrándole al hombre el camino de regreso y ayudándole, si fuese el caso, a poner el pie en el sendero de la iniciación.

Si representamos de manera gráfica,[251] como un círculo, los distintos estados del hombre –entendidos como consciencia y experiencia– en función de su acceso al Ser, nos encontramos con una primera capa externa en donde se sitúa el creyente medio de todas las religiones, el nivel del dogma. En este nivel la distancia que separa las distintas concepciones dogmáticas es evidente y hace difícil el encuentro.

Para acceder a la experiencia es necesario seguir el camino (radio en el dibujo) marcado por cada tradición religiosa. El hombre de la «religión a la carta» acabaría moviéndose siempre, de una religión a otra por la parte más superficial del círculo.

---

249. Por más que no siempre sea fácil dada la pretensión de la mayoría de las religiones de ser «la única verdadera». Todas las religiones apuntan hacia lo único, pero dado que, como hemos señalado, en su manifestación exterior todas son forzosamente parciales, cabe una cierta relación entre las religiones aun en su aspecto externo, de modo que, respetando sus distintas particularidades, se fecunden mutuamente incluso para profundizar en el camino específico de cada una de ellas.

250. En el sentido etimológico de *educere,* que quiere decir «sacar de dentro» del educando.

251. Reproducimos, con matices, parte de nuestro artículo ya citado: «Buscad mi rostro».

Sin embargo, a medida que el hombre concreto avanza hacia el interior de la experiencia se va acortando la distancia respecto a aquellos que, provenientes de otra religión, van accediendo a niveles análogos de experiencia. Las diferencias dogmáticas van desapareciendo, el diálogo empieza a ser posible y la común-unión se atisba como deseable.

Leyes sagradas y órdenes religiosas son caminos para quienes buscan. Pero, sin embargo, el fruto de la verdad está, y tú lo sabes, más adentro, más adentro que eso.[252]

El interior del último círculo corresponde a la experiencia del Ser. Es el ámbito del esoterismo y, normalmente, no se puede penetrar en él sin la debida iniciación. En este ámbito la experiencia se vuelve más y más inefable, pero los que han accedido a ella se reconocen como hermanos.

Hoy mi corazón se ha convertido en receptáculo de todas las formas.[253]
Un día visito la iglesia, otro día la mezquita; pero de templo en templo

---

252. Yunus Emre (1320), poeta y sufí turco, 418 Ibn' Arabí.
253. Ibn' Arabî

148

sólo a ti voy buscándote. Para tus discípulos no hay herejía, no hay orto-doxia, todos pueden ver tu verdad sin velos.[254]

El que se ha hecho asiduo del «Templo de los Magos» ¿de qué confe-sión sería? ¿A qué rito se plegaría? Estoy más allá del bien y del mal, más allá de la impiedad y la religión, más allá de la teoría y la práctica. Pues más allá de todas estas cosas, múltiples son aún las etapas.[255]

El aspecto esotérico de cada revelación no es, pues, un añadido que se le superpone desde fuera, sino que reside en el núcleo más interno de la propia revelación, precisamente porque la revelación viene del origen, de Dios, y lo externo viene de los hombres, por evolucionados en el Ser que éstos sean. Y por eso mismo toda tradición auténtica tiene en sí misma lo necesario para conducir al hombre en su viaje de regreso.

Ahora bien, ¿cuál debe ser la relación entre el aspecto esotérico y el exotérico de una tradición?

Dice el *Zohar* que la Torá es como la nuez que bajo su dura cásca-ra[256] (el sentido literal) esconde otras dos finas cáscaras (las interpreta-ciones tradicionales) que cubren el fruto (el sentido esotérico) al que sólo los iniciados tienen acceso. El que sólo muerde la cáscara acabará sin dientes y sin comer, pero sin cáscara la nuez se secará rápidamente.

Hemos dicho que esoterismo y exoterismo son dos caras de una misma moneda, de forma que una no puede sobrevivir sin la otra. Cuando una religión pierde el contacto con su dimensión esotérica, esa tradición languidece y muere por falta de vida, de conexión con la fuente, aunque la agonía dure siglos. Cuando un esoterismo corta sus nexos con la tradición religiosa a la que pertenece se empobrece. Sus miembros potenciales, normalmente, deben proceder de los fieles de su entorno religioso –incluso aquellos que han sentido que éste se les queda pequeño–; por otra parte, el esoterismo, aislado de la religión, tiende a copiar sus formas y defectos. Entonces el esoterismo, privado

---

254. Abü-l-Fadl Allâmi (1602), célebre autor indio.
255. Ahmad Ghazâlî (1126) sufí, hermano del filósofo Al Ghazâlî, en su obra *Las intuiciones de los fieles de amor.*
256. Los dogmas de las religiones.

en cierto modo de su ecosistema, tiende a enquistarse: o es injertado de nuevo, si ello fuese posible, en su tradición original, revitalizándola, o se subsume en una nueva tradición, o permanece en estado latente. De todo ello hay ejemplos en la historia.

El exoterismo, la religión, debe respetar el ámbito propio del esoterismo, sin pretender controlarlo, ni imponerle sus normas ni sus dogmas. El esoterismo debe respetar también su propio ámbito y sus propias leyes. Externamente debe acatar los aspectos oficiales de la religión −siempre que no se hayan vuelto aberrantes, es decir, contrarios a la propia tradición original− y en cualquier caso nunca discutirlos como colectivo, sino a título individual y desde la propia lógica de la religión, cuyos fundamentos conoce mejor. Debe mantener su secreto, de manera que el conocimiento del Ser alcanzado por los iniciados no turbe las conciencias del pueblo. Debe ser consciente de que la religión tarda años, a veces siglos, en asumir la profundización en la revelación que consigue el esoterismo, que debe esperar, como un fermento, con paciencia. Y finalmente, y éste ha sido el motivo de la caída de muchos esoterismos, debe evitar la tentación de intentar asumir el poder religioso, y menos aún el político: ésa es su muerte.

En la tradición cristiana están claramente especificadas las funciones, desde el inicio. Jesús, el Cristo, transmite la jurisdicción, el poder[257] sobre la nueva comunidad a Pedro,[258] pero el conocimiento secreto, su Madre,[259] a Juan, su «hermano»,[260] el que durante la cena se

---

257. Aunque sea, y frecuentemente se olvide, un poder de servicio: «y el que quiera ser el primero entre vosotros, será vuestro esclavo; de la misma manera que el hijo del hombre no ha venido a ser servido, sino a servir y a dar su vida como rescate por muchos». (Mateo 20, 27-28).

258. «Después de haber comido dice Jesús a Simón Pedro: "Simón, me amas más que éstos". Le dice él: "Sí, Señor, tú sabes que te quiero". Le dice Jesús: "Apacienta mis corderos"...» (Juan 21, 15-17).

259. «Jesús, viendo a su madre y junto a ella al discípulo a quien amaba, dice a su madre: "Mujer, he ahí a tu hijo". Luego dice al discípulo: "He ahí a tu madre". Y desde aquella hora el discípulo la acogió en su casa» (Juan 19, 26, 27).

260. Recuérdese que Moisés transmitió de distinta manera su enseñanza oral y su enseñanza escrita y que, después del Profeta, el inicio del esoterismo islámico es Alí, su primo, y marido de su hija Fátima.

había recostado en su pecho.[261] Cuando se produce la resurrección, Juan, más joven, el eternamente joven, con más fe, con más ánimo, llega el primero al sepulcro; Pedro, mayor, más circunspecto, el eternamente miedoso pero fiel hasta el final, llega después; sin embargo, Juan, que ya ha hecho el descubrimiento, se para a la puerta de la tumba y espera a que llegue Pedro y sea él el que comunique la noticia.[262]

Ahora bien, si la dimensión esotérica de las tradiciones religiosas es, paradójicamente, algo tan evidente, ¿por qué se ha vuelto tan desconocido? En nuestra opinión, cuando una tradición languidece, la responsabilidad es de los dos polos del proceso iniciático: de los que deben transmitir y de los que deben recibir.

Sobre ambos se nos ha advertido desde los primeros momentos. Los que debían transmitir la gnosis, como antaño, han cerrado las puertas:

¡Ay de vosotros, doctores de la ley!, pues habéis quitado la llave de la gnosis. Vosotros mismos no habéis entrado y a los que entraban se lo habéis impedido.[263]

Pero, al mismo tiempo los que debíamos pedir la gnosis, haciendo, con nuestra sed, que el agua viva volviese a manar de nuestros mayores, hemos preferido bebidas menos claras, como estaba escrito:

Porque vendrá un tiempo en el que los hombres no soportarán la doctrina sana, sino que, arrastrados por sus propias pasiones, se harán con un montón de maestros por el prurito de oír novedades.[264]

---

261. Juan 15, 20.
262. Juan 20, 1, 10.
263. Lucas 11, 52.
264. II Timoteo 4, 3.

De parte de tu Padre, Rey de reyes
y de tu madre que reina en Oriente
y de tu hermano, el segundo entre nosotros,
a nuestro Hijo que está en Egipto: paz.
Despierta de tu sueño y levántate,
escucha el contenido de nuestra carta;
tú que has aceptado el yugo de la esclavitud
acuérdate que eres hijo de reyes.

Recuerda la perla
por la que has sido enviado a Egipto,
recuerda tu vestido, tejido en oro.
El nombre que has recibido en nuestro reino
está inscrito en el libro de la vida,
junto con el de tu hermano.

«El canto de la perla»

VIRTUALIDAD II: EL PROCESO DE LA INICIACIÓN

El drama[1] del buscador

El hombre sumergido en el mundo, «habiendo gustado de su alimento y embrutecido por su comida ha caído en un profundo sueño».[2] Ha olvidado su patria y su origen. De pronto, recibe una llamada que lo saca de su rutina habitual y es presa de una profunda nostalgia. El aire trae olores que estimulan un vago recuerdo, los sonidos adquieren el tono de una vieja canción, la luz se vuelve dorada, y nuestro hombre, de repente, siente la llamada de una tierra lejana, ignorada, pero que intuye familiar y se siente «extranjero y peregrino»[3] en su mundo habitual, se hace consciente de que ésta no es su patria, «que no tiene aquí ciudad permanente sino que anda buscando la del futuro».[4] Todavía no sabe de dónde es,[5] ni menos aún cuál es su linaje,[6] pero la nostalgia le impele a ponerse en camino.

---

1. Entiéndase «drama» como un «suceso de la vida real», de acuerdo con una de las acepciones del *Diccionario de la Real Academia,* y no en el sentido popular, y equivocado, de «tragedia». Sin embargo, nada le garantiza al caminante que su aventura vaya a terminar bien. Es precisamente esa sensación, esa posibilidad real, de estar permanentemente al borde del fracaso, la que le permitirá al peregrino abrir su ser desnudo a la presencia de lo otro.
2. Cfr. «El canto de la perla».
3. I Pedro 1, 1; 2, 11.
4. Hebreos 13, 14.
5. «Nosotros somos ciudadanos del cielo» (Filipenses 3, 20).
6. «Pero a todos los que la recibieron [su palabra] les da el poder de hacerse hijos de Dios» (Juan 1, 12). «Jesús les respondió: ¿No está escrito en vuestra Ley: "Yo he dicho Dioses sois"?» (Juan 10, 34).

La decisión puede llevarle horas, días, meses, incluso años, pero, una vez que ha sentido la llamada, su recuerdo penetrará una y otra vez en su alma, hasta que se ponga en marcha. La decisión va madurando, gestándose poco a poco. Su entorno comienza a cambiar, antiguos conocidos desaparecen de su círculo y amigos nuevos aparecen. Todo parece sonreír, surgen libros, informaciones, cursos, conferencias, encuentros con personas que abren nuevos mundos, las «casualidades» se multiplican y, casi sin darse cuenta, nuestro hombre, convertido en peregrino, ha iniciado el camino de vuelta. El camino discurre entre suaves colinas pobladas de flores y pájaros, de olores y sonidos agradables. La decisión se hace consciente, unas veces poco a poco, otras de forma súbita, y el peregrino se lanza a una búsqueda frenética de pistas, de mapas, de compañeros de viaje, de guías.

El mundo, que antes se presentaba como caos, parece ordenarse, convertirse en cosmos, todo parece tener sentido. Los viejos demonios familiares parecen bajo control, los antiguos esfuerzos ascéticos dan fruto casi sin trabajo, «ser bueno» parece enormemente fácil y claramente poca cosa.

Nuevos conocimientos brotan de todas partes, casi como si se hubiesen tenido desde siempre, la intuición comienza a despertar, la conciencia se expande, nuevas capacidades se manifiestan, los sentimientos de amor y solidaridad se hacen más intensos y surge la necesidad de ponerse al servicio de los demás…

Cuando la decisión es firme, cuando se ha servido desinteresadamente, cuando el hombre cree haber vencido las múltiples insidias del ego, de repente parece que alguien ha apagado la luz.

El peregrino se encuentra solo en medio de un desierto[7] y densos nubarrones ocultan el Sol. Para sus antiguos conocidos se ha vuelto un fantasma, unos han desaparecido, con otros se ve obligado a fingir. Muchos de sus nuevos compañeros empiezan a alejarse, algunos le traicionan y calumnian, unos pocos siguen a su alrededor, pero aunque se siente unido a ellos por lazos más fuertes que los de la sangre, aunque parecen ser compañeros de un viaje eterno, aunque intuye que

---

7. «Oráculo de YHVH: Por eso yo voy a seducirla; la llevaré al desierto y hablaré a su corazón» (Oseas 2, 16).

no le fallarán, el peregrino se siente radicalmente solo y desorientado. «La tierra era caos y confusión y oscuridad, por encima del abismo».[8]

El desierto es oscuro y su pesado silencio sólo se ve interrumpido por rugidos atronadores. Los elementos se abaten sobre el peregrino. El agua, la tierra, el fuego y el aire parecen conjurarse contra él y lo zarandean sin piedad. Todo lo construido parece venirse abajo. Los demonios familiares renacen con una fuerza inusitada. La ira, la soberbia, la lujuria, el desánimo hacen presa por todas partes. Es posible que por fuera nadie lo note, es posible que los demás le sigan viendo como un ser equilibrado, pero su interior parece un verdadero infierno... Ni las antiguas técnicas ni el recurso a la meditación parecen servir para nada. Intenta dejar su mundo habitual, siente la tentación de abandonar el trabajo diario como una carga innecesaria, piensa que dejándolo todo aparecerá un mundo idílico. En algunos casos, la realidad le impedirá hacerlo, en otros cosechará fracaso tras fracaso al intentar construir nuevos mundos, en otros se producirán cambios inesperados, y no deseados, en su entorno laboral o familiar. En su vieja patria no le reconocen ni se reconoce, la nueva no aparece por ninguna parte. Se ha convertido en un apátrida.[9]

Intenta abandonar el camino, pero él ya ha visto, ha levantado una esquina del velo, ha perdido la inocencia y sabe que el viejo mundo no es el suyo. Intuye que en algún lugar, fuera del tiempo y el espacio, existe algo que él no ha alcanzado, pero que llena su corazón de nostalgia. Intenta mantenerse en pie «contra viento y marea» y durante un tiempo, que parece eterno, su vida es una permanente lucha entre la nostalgia y el desánimo, entre saber en lo más hondo de su ser que el trecho recorrido es auténtico (y no que puede renegar de él sin traicionarse a sí mismo, sin dejar de ser) y creerse un Quijote enloquecido por el exceso de libros de caballerías.

---

8. Génesis 1, 2.
9. «Mi Señor me ha convertido en vagabundo... / De mi país me echó, separándome de mis allegados. / Si, a errar sin cesar me ha condenado...

»Señor, tú me has visitado, / y luego me has abandonado, / cuando yo trataba de devolverte tu visita.

»Pero antes de irte dijiste: / desde ahora ya no verás nada de lo que mires, / a no ser que me veas a mí, en todo cuanto mires» (Al-Nûrî).

Cuando cree que todo está acabado, cuando está a punto de tirar la toalla, un maravilloso arco iris surge en el cielo, alguien aparece. «En tierra desierta le encuentra, en la soledad plagada de aullidos de la estepa. Y [YHVH] le envuelve, le sustenta, le cuida como a la niña de sus ojos».[10] El maestro parece saberlo todo sobre él. Tiene las respuestas para las preguntas no formuladas. Su mano le conduce a un nuevo vergel. Su presencia lo llena todo de luz. Su recuerdo aleja cualquier soledad. A la sombra de los árboles del jardín, su enseñanza va llenando de sentido todo el pasado. El día menos pensado conduce al discípulo al interior de su casa, le revela su origen real, le habla también de su propio maestro y de su estirpe y, después de un período de preparación y purificación, lo invita a entrar en el Templo.

Se retira a una cueva a meditar y, mientras lo intenta, revive de nuevo todo su pasado. Una noche de pesadilla precede a la ceremonia. La imagen del maestro se presenta, alternativamente, amenazadora y grotesca. Alterna los sentimientos de miedo con los de ridículo. Ha sido arrancado de los suyos; si ahora desapareciera nadie sabría dónde está. Un aterrador guardián, que amenaza con exterminarle, se alza entre él y el Templo. El discípulo se siente morir. En un último esfuerzo de fe[11] y amor,[12] en un último esfuerzo por confiar en la autenticidad de la llamada, en el origen de la llamada, se entrega a una sensación de adormecimiento –que no sabe si será su último sueño– con la esperanza de que, de la otra parte, al menos haya alguien esperando.

Cuando recobra la conciencia se encuentra rodeado de luz. El maestro y otras personas están frente a él. Es interrogado una y otra vez sobre la pureza de sus intenciones, contesta todavía con miedo, añadiendo siempre un «Si a Dios place», poniendo al Sumo Hacedor, a su Padre, al origen de toda luz, de toda fuerza, de todo amor, al profundo, al único, al real, como garante de su decisión, no tanto frente a los otros como frente a sí mismo. Se le pide un último juramento de secreto. Y después del último «Si a Dios place», los oficiantes se acercan a él, [...] finalmente, el maestro le impone las manos y parece

---

10. Deuteronomio 32, 10.
11. Blanco.
12. Rojo.

como si en su interior una luz explotase en miles de chispas, una semilla se abriese en miles de flores. Está en el camino de regreso a casa. Es plenamente consciente de su origen. Parece flotar en el espacio… Una voz le hace volver de nuevo a la realidad y se encuentra rodeado de sus nuevos hermanos. Descubre con sorpresa alguna cara conocida. Ha comenzado una nueva etapa con una nueva familia. «Qué delicia, qué dulzura, convivir los hermanos unidos…».[13] Es, a la vez, otro y el mismo que siempre ha sido, mucho más «el mismo» que antes.

La llamada

Escucha, hija mía: inclina el oído:
olvida tu pueblo y la casa paterna
prendado está el rey de tu belleza.

Salmo 44

A lo largo de las páginas anteriores se ha venido poniendo de manifiesto que una de las características del estado habitual del hombre es el olvido de su naturaleza real,[14] y en esto consiste el «estado caído» del que hablan las tradiciones. Como es obvio, el hombre, inconsciente de la existencia de un «estado» distinto al suyo, nunca podrá desear salir de él, se moverá permanentemente en el sentido horizontal de su existencia, aspirando a lo sumo a lo que las religiones exotéricas llaman «la salvación» —nada menos, pero tampoco nada más—, lo cual le llevaría a permanecer para siempre, en ausencia de oportunidades ulteriores, en el mismo estado. Para que el hombre pueda hacerse consciente de la posibilidad de iniciar la aventura del Ser, es decir, de su capacidad de desarrollo vertical, lo que constituye, como hemos señalado, la base del proceso iniciático, del proceso de *real*-ización, algo o alguien debe abrirle los ojos a esa posibilidad, de ahí la necesidad de una *llamada,* la cual, una vez oída, enciende la *nostalgia* que la mantiene viva y que

---

13. Salmo 133, 1.
14. Usamos deliberadamente la palabra «real» en su doble acepción: metafísica: *lo que verdaderamente es;* sólo *el que es es real* y sólo *lo Real Es;* y simbólica: *hijo del rey.*

enciende en el alma la llamada del deseo del retorno,[15] que despierta el *recuerdo;* se trata de recordar lo que, en el fondo, nunca hemos dejado de ser. Ese vago recuerdo es precisamente el origen de la nostalgia a la que hacíamos referencia más arriba.[16]

Sin llamada no hay posibilidad de despertar: «Hasta que Dios no ama a su criatura y no le llama, difícil será que éste le recuerde y llame».[17] Llamada y nostalgia, llamada que se manifiesta como nostalgia,[18] constituyen el origen del proceso iniciático, el inicio del camino hacia la iniciación.

La llamada llega unas veces silenciosa, «como el susurro de una brisa suave»,[19] tanto que cuando el hombre quiere darse cuenta de ella, ya está preso en sus redes. «Basta con una palabra oída, con una visión de la belleza que emana de la naturaleza o de un rostro iluminado por la gracia, para que la llamada se perciba [...] semejante a una vibración latente que, de pronto, se acentúa. A veces el oído del corazón escucha y percibe el sonido. En otros casos, distraído, el hombre se ve repentinamente empujado hacia el centro sin, no obstante, desearlo».[20] Otras, sin embargo, la llamada irrumpe con estruendo,[21] el dolor, el brusco cambio del entorno vital, hacen que la nostalgia se cuele por las grietas del corazón, de la misma manera que el humo brota por los resquebrajamientos de la tierra después de un seísmo.

La llamada no resuena en el exterior. Para percibirla hay que prestar oídos, el oído del corazón.[22] Incluso cuando *la voz del Señor es potente,* si uno no mantiene alerta el corazón, la llamada puede irse apagando.

---

15. Proclo.
16. Decíamos en el capítulo 2.3.
17. Nurkbahsh J. *En el paraíso de los sufíes.*
18. «Existe en el hombre un amor, un dolor, una inquietud, una llamada, de manera que si poseyera cien mil universos no podría encontrar la calma y el reposo antes de lograr su objetivo» (Rumi).
19. Véase I Reyes 19 11-12.
20. Davy M. M. *El hombre interior y sus metamorfosis.*
21. «La voz del Señor sobre las aguas..., / la voz del Señor es potente, / la voz del Señor es magnífica, / la voz del Señor descuaja los cedros..., / la voz del Señor lanza llamas de fuego, / la voz del Señor sacude el desierto..., / la voz del Señor retuerce los robles, / el Señor descorteza las selvas» (Salmo 28).
22. Davy M. M. *Op. cit.*

«Por eso muchos son los llamados, mas pocos los escogidos».[23] Y esta frase de Jesús de Nazaret siempre interpela en un doble sentido. ¿Por qué no todos son llamados? ¿Por qué son pocos los escogidos?

Parece, efectivamente, que no todo el mundo es llamado. Aparentemente hay personas que nunca han sentido la llamada y, en varios momentos del camino, esto se vuelve angustioso para el peregrino. ¿Qué ha sido de la pareja, de los padres, de los hijos, de los amigos? Al caminante, cuando el dolor aprieta (aunque mantenga la esperanza de que en el momento final la gracia supla),[24] no le queda más consuelo que confiar en que a partir de un momento del camino le sea dado el Espíritu «que todo lo explique».[25]

El que ha escuchado la llamada se hace, entonces, consciente de que esta llamada se produjo en la preeternidad, como dice el sufismo o, como dicen los profetas de Israel: «El Eterno me ha llamado desde mi nacimiento»,[26] cae entonces en la cuenta de que la predestinación ni existe ni deja de existir, de que su esfuerzo es tan inútil como imprescindible. «Si el peregrino, en el comienzo de la senda cree en la predestinación, en el sufismo será considerado como un infiel; sin embargo si, en la culminación de su viaje, cree en la libre determinación, será, en realidad, un infiel».[27]

Por otra parte, la llamada, aun habiendo sido escuchada, corre el riesgo de ser ahogada por la inconstancia, las preocupaciones de la vida, el atractivo de las riquezas, las pasiones... El reino de los cielos es semejante a «un sembrador que salió a sembrar...»,[28] o, como dice la tradición jasídica: «¿Cuál es la peor cosa que la inclinación al mal puede lograr? Hacer que el hombre olvide que es hijo de un rey».

Otros peligros acecharán al caminante durante largas jornadas, pero no es pequeña la primera criba. Verdad es que a aquél a quien la

---

23. Mateo 22, 14.

24. Recordar lo dicho en el capítulo 2.3.

25. «Pero el Paráclito, el Espíritu Santo, que el Padre enviará en mi nombre, os lo enseñará todo y os recordará todo lo que yo os he dicho» (Juan 14, 26).

26. Isaías 49, 1. «Te he llamado desde antes de que me conocieses» (Isaías 45, 4.). «YHVH me ha llamado desde el seno de mi madre: pronunció mi nombre (Jeremías 1, 5).

27. Nurkakhsh J. *Discourses on the sufi path.*

28. Mateo 13, 3-23.

llamada le ha rozado el corazón, le queda una herida que difícilmente cicatriza:

> Mais a o que ben quixo un día,
> si a querer ten afición,
> sempre lle queda una magoa
> dentro do seu corazón.[29]

Porque la llamada «quiere ser percibida y con una infinita paciencia espera, sin cansarse, ser oída».[30]

Cuando el corazón escucha la llamada (no importa el nombre que se le dé al origen de la llamada), el recuerdo comienza a crecer. Y, entonces, corazón y recuerdo entran en un permanente diálogo e interacción. Sin recuerdo el corazón no despierta. Si no se cuida el corazón, el recuerdo no fructifica. En la iniciación sufí es el maestro el que planta en el corazón del discípulo el «recuerdo» (*Zekr*) que, llegado el momento, debe permitir que la Divinidad se manifieste en su corazón, hasta que, con la ayuda de Dios, todo el ser del aprendiz de sufí acabe siendo una epifanía del Ser.

> Mientras que al principio el discípulo cree que es él el que recuerda a Dios, al final descubre que, en realidad, es Dios quien se recuerda a sí mismo.[31]

Las pruebas

> *Mas al llegar allí, verá lobos y leones*
> *la vida perdida, el camino largo, el día oscurecido*
> *¿Cómo son los rugidos de las bestias?*
> *Son gritos deseosos de riqueza, poder y fama.*
> *Aleja de tu interior tales voces;*

---

29. Mas al que bien quiso un día / si a querer tiene afición / siempre le queda una marca / dentro de su corazón (Rosalía de Castro).
30. Davy M. M. *Op. cit.*
31. Shah Nematollah-e-Wali.

niégalas, para que se te revelen los misterios.
Recordando a Dios apaga el sonido de las bestias,
cierra los ojos... al mirar a estos buitres.

Rumi

A lo largo del camino, el peregrino se ve sometido a una serie de pruebas que culminan en el rito de iniciación. Aunque, a partir de un determinado momento, toda la vida del hombre se convierte en proceso iniciático, por el cual va ascendiendo en los distintos niveles del ser (ascenso que no se interrumpe nunca, salvo que así lo decida su protagonista), la ceremonia de iniciación, el rito, tiene, dentro del proceso, un papel clave, específico e indispensable, al que nos referiremos más adelante.

Dentro del rito de iniciación «las pruebas son ritos preliminares a la iniciación propiamente dicha; constituyen el preámbulo necesario, de tal suerte que la iniciación misma es como su conclusión o su culminación inmediata».[32] Las pruebas de la vida no son por sí mismas iniciáticas, pero la propia vida se convierte en prueba para el que está en el camino del Ser, de modo tal que, las pruebas del rito no son símbolos de dichas pruebas, sino que son, simultáneamente, actualización de las pruebas pasadas y, valga la redundancia, la prueba de la prueba.

El sentido de todo lo que sucede en la vida de una persona depende, absolutamente, del nivel de conciencia de dicha persona y de su intencionalidad. El sufrimiento no tiene, en sí mismo, valor positivo alguno,[33] en última instancia su origen es, siempre, el desorden introducido en el cosmos por el propio protagonista o por otros. Es la forma de enfrentarse al sufrimiento la que le dota de un sentido, para la vida del que lo recibe. Por otra parte, en el camino, el sufrimiento es, con frecuencia, consecuencia de la resistencia que el propio caminante opone al fluir de la vida, basta con entregarse a la vida y el sufrimiento desaparecerá o perderá su fuerza.

---

32. Guénon R. *Apreciaciones sobre la iniciación.*
33. Salvo en casos excepcionales, en que posee una dimensión cuyo profundo y misterioso sentido nos aleja de este estudio, pero del que el mejor ejemplo sería la muerte de Jesús de Nazaret.

Las pruebas a las que se ve enfrentado el peregrino son de dos tipos, aquellas que deben conducirle a ser un hombre perfecto[34] y aquellas otras que le llevan a recapitular en su ascensión (por los estados del Ser) todos los mundos inferiores, que es lo que se conoce como el «descenso a los infiernos».

Las pruebas que han de conducirle a ser un hombre perfecto se manifiestan, a su vez, con una doble faceta, el dominio de la materia y la limpieza de las impurezas que se han ido adhiriendo al propio ser en el curso de la vida.

El dominio de la materia viene representado por el dominio de los cuatro elementos, que la caracterizan.[35] El peregrino debe ser capaz de controlar razonablemente el mundo cotidiano (tierra), el mundo del subconsciente (agua), de las pasiones (fuego) y de la mente (aire), de manera que las actitudes de fuga o angelistas, que impliquen no enfrentarse a alguno de estos aspectos, no sólo indican una clara falta de preparación para el camino, sino que avisan del riesgo de tener serios problemas si se intenta avanzar por él en falso. Este control razonable (e insistimos en lo de «razonable», porque nadie es perfecto hasta que no llega al final) es «probado» por la vida misma y, así, no es infrecuente que, después de haber puesto el pie en el camino, se produzcan cambios importantes en la propia cotidianeidad y que parezca que todos los demonios familiares se reaviven de nuevo.[36] De hecho, parece corresponder a la naturaleza de las cosas que, cuando alguien está a punto de subir

---

34. «El Dios de toda gracia, el que os llamó a su eterna gloria en Cristo... os perfeccionará, reafirmará, fortalecerá, consolidará» (I Pedro 5, 10).

35. De hecho, los cuatro elementos simbolizan la «cruz» en la que se encuentra fijado (cruci-ficado) el espíritu del hombre no liberado. Cfr. Ancochea-Toscano, *El simbolismo del número*.

36. La tradicional imagen de san Jorge a caballo, sujetando al dragón con su lanza, es un símbolo claro de esta situación. El hombre ha iniciado su proceso ascensional y el espacio que ha dejado debajo ha sido ocupado por el dragón. El héroe no intenta matar al dragón con la lanza –si lo hiciese descubriría que se había herido mortalmente a sí mismo–, sino que lo sujeta para mantenerlo bajo control.
No se trata, por lo tanto, de aniquilar el yo, sino de convertir sus cualidades negativas en atributos dignos del ser humano. «El yo es como el fuego, si intentamos controlarlo o apagarlo en cierto sitio, sus llamaradas reaparecerán por otro» (Nurbakhsh J. *Psicología sufí*).

un peldaño en el camino hacia el ejercicio de una virtud,[37] se haga presente con especial virulencia el vicio que corresponde a su negación y de ello son buen ejemplo las tentaciones de Jesús en el desierto, antes de empezar su vida pública, después de su preparación y bautismo.[38]

A lo largo de este camino, el candidato irá recorriendo los tres senderos que deben conducirle a adquirir las cualidades necesarias para la Iniciación: el sendero del conocimiento (saber), el de la acción (poder), y el de la devoción (amar), sólo le queda atreverse (osar) a dar el paso siguiente: la iniciación y, después de ella, callar.[39]

El caminante ha de enfrentarse, además, a las adherencias que le ha ido produciendo la propia vida, lo que se ha llamado el enfrentamiento con la sombra o con el guardián del umbral.

Quien, en el camino de la iniciación, crea poder evitar la sombra y avanzar directamente hacia el Ser, está condenado al fracaso a mitad del camino. La sombra representa el conjunto de aquello que debiera formar parte de la integridad del hombre y no ha podido desarrollarse. Son todas las inclinaciones y pulsiones reprimidas, cuya agitación queda en el inconsciente. La sombra se alimenta de reveses sufridos en la vida, de heridas no reconocidas que se transforman en agresión reprimida y también de todo lo que destruye nuestra confianza. También están los llamamientos de las cosas bellas que nos hubieran aportado alegría y que no nos hemos atrevido a aceptar, por debilidad, por co-

---

37. Recuérdese que, de acuerdo con la doctrina sufí, cada virtud es un atributo de Dios, por lo tanto, una virtud no se «ejercita», se «es». De modo que el iniciado no es bueno, ni bello, ni veraz, etcétera, sino que, en la medida en que consiga —y le sea concedido— identificarse con el atributo divino correspondiente, será la bondad, la belleza, la verdad, etcétera. Y es así como Jesús, el Cristo, puede decir: *Yo soy el camino, Yo soy la verdad, Yo soy la vida, Yo soy la luz del mundo,* etcétera, en definitiva *Yo soy* o *Quien me ve a mí* ve al Padre y demás expresiones contenidas en el Evangelio de Juan.

38. «Entonces Jesús fue llevado por el Espíritu al desierto, para ser tentado por el diablo...» (Mateo, 4, 1-11).

39. Estas tres vías, que tienen una estrecha relación con tres escuelas de yoga, (el *gnana yoga,* el *karma yoga* y el *bakthi yoga),* corresponden a otros tantos caminos que el hombre común puede escoger para su salvación personal, el aspirante debe, de un modo u otro, recorrer los tres, antes de ser admitido a la iniciación. Recordemos, una vez más, que el iniciado debe recapitular en sí todas las realidades y experiencias precedentes al grado del Ser al que aspira.

bardía o por presuntas razones morales. Liberarse de este obstáculo significa no solamente resolver las tensiones originadas por la fuerza de la sombra; se necesita también conseguir su transmutación e integrar las energías que encierran.[40]

El núcleo de la sombra en el hombre es su propia esencia, aquella que él no ha dejado que se manifieste. De todas las represiones, la del Ser esencial es la que pone más en peligro el devenir íntimo del hombre. Es su mal intrínseco. No hay nada más opuesto a una posición aparentemente segura, o a la fachada apacible de una «buena conciencia», que el Ser reprimido. Al no ser aceptado se convierte en una fuente de descontento, de nostalgia y de sufrimiento inexplicables y es causa de enfermedades y perturbaciones psíquicas.[41]

Por el contrario, el hombre, cuando toma conciencia de sus conflictos interiores, descubre en sí energías dinámicas que le permiten asumir su propia existencia; su culminación corresponde a una experiencia liberadora que es la conquistable no-dualidad. La unidad primordial no se lleva a cabo más que con la experiencia, cuando el Ser se integra en ella en su totalidad.[42]

Por otra parte, «dado que la verdadera iniciación es una toma de posesión consciente de los estados superiores, es fácil comprender que sea descrita simbólicamente como una ascensión o un viaje celeste; con todo, cabría preguntarse por qué esta ascensión debe estar precedida de un descenso a los infiernos. Por un lado, este descenso equivale a una recapitulación de los estados que preceden lógicamente al estado humano, que deben participar también en la transformación que va a cumplirse, por otro, permite la manifestación de las posibilidades de un orden inferior que el hombre lleva en sí en un estado no desarrollado y que deben ser agotadas por él antes de que sea posible el logro de esos estados superiores».[43]

El descenso a los infiernos tiene, pues, como finalidad recapitular, asumir y ascender todos los niveles del Ser, inferiores desde el punto

40. Dürckheim, K. G. *Meditar: por qué y cómo.*
41. Dürckhcim, K. G. *Op. cit.*
42. Davy, M. M. *Op. cit.*
43. Guénon, R. *El esoterismo de Dante.*

de vista de la conciencia, de los que el hombre es rey y corona. Como señala Rumi, el hombre, copia del universo, atravesó varias etapas (primeramente la vegetal y luego la animal) hasta llegar a su vida actual, en la cual posee potencialidades infinitas. El hombre posee todas las formas de existencia en su inconsciente: debe descubrirlas todas para alcanzar la unión más completa con todo. Sólo puede hacer esto permitiéndose nacer y renacer,[44] para ello debe atravesar todos los aspectos tenebrosos de la vida, so pena de no convertirse nunca en un ser realmente vivo.

«En su interioridad oscura el hombre atraviesa un mundo larvado, hormigueante, aullador, cargado de fantasmas, energías que conducen a veces a la destrucción, a la energía, al desespero. Los contenidos del inconsciente inundan como una marea negra arrastrando una contaminación imposible de circunscribir. Cuando el hombre se ha embarcado en el descenso a los infiernos ha de proseguir su avance esperando desembocar en la plena luz… El viaje por el propio laberinto infernal hace aparecer la visión de las propias sombras y, por ello, engendra un sufrimiento que, en ciertos instantes, tiene como función moler como una muela. Es un lugar de paso, algunos seres, sin embargo, permanecen allí largo tiempo… No obstante, hay que salir de allí, no se permanece de forma duradera y con provecho en aguas cenagosas; salir es la condición misma de la metamorfosis».[45]

La materia prima debe sufrir una serie de operaciones que la purifiquen y la conviertan en apta para la obra. De ahí el axioma masónico VITRIOL *(visita interiora terram rectificando invenies ocultam lapidem),* que significa «visita las partes interiores [de la Tierra], por rectificación encontrarás la piedra escondida».

Las pruebas son, en definitiva, esencialmente ritos de purificación con un sentido claramente alquímico: se trata de conducir al Ser a un estado de simplicidad indiferenciada comparable al de la materia prima, a fin de que la influencia espiritual cuya transmisión va a darle la iniciación no encuentre en él ningún obstáculo debido a «preforma-

---

44. Cfr. Reza Arasteh, A. *Rumi el persa, Rumi el sufí.*
45. Davy, M. M. *Op. cit.*

ciones» inarmónicas provenientes del mundo profano.[46] El peregrino, habiendo demostrado su dominio sobre la materia, habiéndose enfrentado victoriosamente a su propia sombra que trataba de impedirle el paso, y habiendo recapitulado en sí toda la vida inferior, está en condiciones de abrirse a una nueva experiencia del Ser.

Éste es el plan
que había proyectado realizar por Cristo,
cuando llegase el momento culminante:
recapitular en Cristo todas las cosas
del Cielo y de la Tierra.[47]

La muerte

En verdad, en verdad os digo: si el grano de trigo no cae en tierra y muere, queda él solo; pero si muere, da mucho fruto. El que ama su vida, la pierde; y el que odia su vida en este mundo, la guardará para una vida eterna.[48]

Él hace surgir la vida del seno de la muerte y la muerte del seno de la vida. Él hace germinar, en las entrañas de la tierra estéril, los retoños de la fecundidad. Así seréis sacados de vuestros sepulcros.[49]

La mayor parte de las ceremonias de iniciación se articulan alrededor de un rito de muerte y resurrección, que reproduce el mito salvífico primordial de la tradición correspondiente. Conviene una vez más reiterar que el carácter simbólico del rito no merma, sino que refuerza, el carácter real del suceso. Si bien el proceso culmina en el rito, es a lo largo de todo el período preparatorio cuando el candidato debe sufrir un proceso real de muerte, que lo capacite para resucitar en el momento del rito.

---

46. Cfr. Guénon, R. *Apreciaciones sobre la iniciación.*
47. Efesios 1, 3-10.
48. Juan 12, 24-25
49. Corán XXX, 18-19.

La iniciación es, de hecho, básicamente, un proceso de muerte y resurrección. Muerte a un estado para nacer al nuevo estado. El efecto de toda iniciación es convertir al iniciado en alguien que ha vencido a la muerte, pero la paradoja reside en que sólo se vence a la muerte muriendo. «Porque quien quiera salvar su vida, la perderá, pero quien pierda su vida por mí, la encontrará».[50]

En el contexto iniciático, la muerte, que debe ser asumida, sufrida y vencida, significa la superación de la condición profana. La muerte iniciática reitera el retorno al caos primordial, de manera que haga posible la repetición de la cosmogonía, que prepare el nuevo nacimiento.[51] Por la muerte iniciática son abolidas la creación y la historia, teniendo lugar la liberación de todos los «fracasos», de todos los «pecados».[52]

> Si deseas esta realidad sin velos, escoge la muerte y arranca el velo. No la muerte que te lleva a la tumba, sino la que consiste en una transformación que te hará penetrar en la luz. [53]

«Preparaos, pues, a esta muerte si queréis ser iniciados –dice O. Wirth–; de otro modo, el solo rito tradicional, de por sí, nada puede dar, puesto que [en ese caso] no sería más que la forma hueca y engañosa de la superstición; sabed morir o, de lo contrario, mejor será renunciar de antemano, modestamente, a la iniciación».[54]

La iniciación es descrita como un «segundo nacimiento», pero este segundo nacimiento implica necesariamente la muerte al mundo profano y de alguna manera la sigue inmediatamente, ya que son como las dos caras de una misma moneda. Muerte al mundo profano que, por ello, implica profundas mutaciones en la vida profana del candidato, afectando a su entorno, a sus relaciones personales y laborales. Este cambio en el régimen de vida en ocasiones se produce antes de la iniciación propiamente dicha, como una parte del proceso de muerte, pero, con frecuencia prosigue después, en la medida que el iniciado

---

50. Mateo 16,25.
51. Mariel, P. *Rituales e iniciaciones en las sociedades secretas.*
52. Eliade, M. *Herreros y alquimistas.*
53. Rumi.
54. Wirth, O. *El ideal iniciático.*

va «actualizando» la nueva vida recibida, y va cambiando todo su régimen vital hasta que deje de ser profano y, todo él, se convierta en sagrado.[55]

El segundo nacimiento, entendido como correspondiente a la primera iniciación, es propiamente lo que podría llamarse una regeneración psíquica, y en efecto es en el orden psíquico, es decir, en el orden, donde se sitúan las modalidades sutiles del ser humano, donde deben desarrollarse las primeras fases del desarrollo iniciático; pero ellas no constituyen una meta en sí misma, no son más que preparatorias en orden a la realización de posibilidades de orden más elevado.[56]

Este orden sutil es lo que ordinariamente se llama «alma». Se ponen así de manifiesto las trascendentales consecuencias de reducir al hombre a «alma» y «cuerpo», olvidándose del «espíritu». Para un hombre constituido de «alma» y «cuerpo», la salvación corresponderá a la salvación del «alma», producida después de la muerte física, lo que hemos llamado salvación horizontal. Para el iniciado, consciente de su carácter trinitario, la primera iniciación equivale a la muerte física, y a partir de ella continúa su ascenso por los niveles del Ser.[57]

El punto que marcará el pasaje del orden psíquico al orden espiritual[58] deberá ser observado como constituyendo una «segunda muerte» y un «tercer nacimiento». Tercer nacimiento que será más bien representado como una resurrección, porque no se trata de un comienzo, como en la primera iniciación, sino de la «transformación» de las posibilidades que entonces fueron adquiridas de una vez por todas. pero ahora desarrolladas. Tal ser no tendrá nombre y podrá tomar cualquiera para manifestarse en el dominio individual, accidental o cambiable.[59]

---

55. Todas las circunstancias de la vida son susceptibles de ser vividas como sagradas, pero, en la práctica, para cada hombre hay algunas concretas que le esclavizan y que, si no se libera de ellas, le impiden avanzar. La vida puesta en marcha por el proceso iniciático se encarga de liberarlo, casi aunque él no quiera.
56. Cfr. Guénon, R. *Apreciaciones sobre la iniciación.*
57. No quiere ello decir que el iniciado esté libre de errar, y su desviación, si es definitiva, tendrá unas consecuencias extremadamente graves, porque, de hecho, su alma es ya inmortal.
58. Del alma, al espíritu.
59. Cfr. Guénon, R. *Op. cit.*

En verdad, en verdad te digo: el que no renazca de lo alto no puede ver el reino de Dios… En verdad, en verdad te digo: el que no renazca de agua y espíritu no puede entrar en el Reino de Dios… En verdad, en verdad te digo: nosotros hablamos de lo que sabemos y damos testimonio de lo que hemos visto.[60]

Tras la muerte, el nuevo iniciado recibe un nuevo nombre,[61] que revela una identidad diferente a la profana. Nombre que, en ocasiones, toma de un predecesor en la orden, y esta adopción del nombre de un antepasado iniciático no tiene tanto el carácter de invocar su protección como el de sentirse, en cierto modo, continuador de su misión. Y podríamos decir así que es la misión, y no el individuo, la que reencarna.

El profano que muere, no por ello deviene iniciado. Todas las tradiciones insisten en la diferencia esencial que existe en los estados póstumos del ser según se trate del profano o del iniciado; si las consecuencias de la muerte, tomadas en su acepción habitual, son así condicionadas por esta distinción es que el cambio que da acceso al orden iniciático corresponde a un grado superior de realidad.[62]

Bajo esta óptica hay un importante pasaje de la epístola de Pablo a los Corintios que adquiere todo su sentido iniciático:

¡Mirad! Os revelo un misterio: no moriremos todos, mas todos seremos transformados… En efecto, es necesario que este ser corruptible se revista de incorruptibilidad; y que este ser mortal se revista de inmortalidad. Y

Es significativo releer, bajo esta óptica, la vida terrenal de Jesús de Nazaret, entendiendo como primera iniciación su bautismo (Cfr. Mateo 3, 13-17 y Juan 1, 29-34), como segunda iniciación su muerte y resurrección (recuérdese que en unas ocasiones era reconocido por su aspecto físico —y conservaba las huellas de la pasión— y en otras no —como en el camino de Emaús—) y su ascensión en que parece trascender la manifestación del ser como hombre físico. Ello no implica que el papel cósmico de Jesús, el Cristo, se agote en los aspectos iniciáticos señalados, pero, como él mismo señala al someterse al bautismo de Juan («Nos conviene cumplir todo lo que es justo»), debe apurar la totalidad de la experiencia humana.

60. Juan 3, 3-11.
61. «El que tenga oídos, oiga lo que el Espíritu dice a las Iglesias: al vencedor le daré maná escondido; y le daré también una piedrecita blanca, y, grabado en la piedrecita, un nombre nuevo, que nadie conoce, sino el que lo recibe» (Apocalipsis 2, 17).
62. Guénon, R. *Op. cit.*

cuando este ser corruptible se revista de incorruptibilidad y este ser mortal se revista de inmortalidad, entonces se cumplirá la palabra que está escrita: la muerte ha sido devorada en la victoria. ¿Dónde está, oh, muerte, tu victoria? ¿Dónde está, oh, muerte, tu aguijón?[63]

La muerte del iniciado es tan real como la muerte física. Si bien el cuerpo del candidato no muere físicamente,[64] su psiquismo se ve sometido a un proceso de destrucción que, de acuerdo a la tradición, es absolutamente análogo al que sufre el hombre profano después de la muerte física. El recién adquirido dominio de los elementos se desmorona. Antes de ser transmutados el saber, el poder y el amor, que el peregrino había conseguido durante su viaje, son reducidos a nada,[65] y el candidato atraviesa lo que los místicos han llamado la «noche oscura del alma»,[66] en donde se siente absolutamente dejado de la mano de

---

63. *I Corintios* 15, 51-56.
    La explicación ordinaria de este pasaje lo sitúa dentro de la tensión escatológica de las primeras comunidades cristianas, que esperaban un inminente fin del mundo y se preguntaban qué sucedería con los que en ese momento aún permaneciesen vivos. La respuesta de Pablo, sin olvidar que con ella responde, de forma inmediata, a una preocupación coyuntural, profundiza en el sentido real del carácter transformador del bautismo que, haciendo al bautizado partícipe en la muerte de Cristo, lo hace también partícipe en su resurrección, de modo que todo su ser es transformado y revestido de incorruptibilidad. «Con Él fuisteis sepultados en el bautismo y en Él asimismo fuisteis resucitados por la fe en el poder de Dios que le resucitó de entre los muertos… Estáis muertos y vuestra vida está escondida con Cristo en Dios» (Colosenses 2, 12; 3,3).
64. Aunque con frecuencia se ve afectado, al menos de forma transitoria, por el proceso, y, con tanta más intensidad, cuanto mayor sea la resistencia que el «yo» del candidato oponga a su muerte.
65. «Aquéllos para quienes el velo que los separa de Dios es más denso son tres: el asceta por su propio renunciamiento [poder], el orante por sus oraciones [amor] y el sabio por su ciencia [saber] (Bistâmî).
66. Y tanto más dolorosa cuanto que afectará a las «realizaciones» más positivas conseguidas hasta el momento, afectando al final a la propia idea del Ser o Dios, que cuando se instala en la mente, y por muy dura y purificadora que haya resultado su adquisición, se convierte en un ídolo (imagen de Dios construida por las manos –la mente– del hombre) que constituye el principal freno para todo avance posterior. Es el «hijo de la promesa» el que debe ser sacrificado, aunque, como en el caso de Abraham con su hijo, signifique renunciar a toda esperanza. Es verdad que después todo se recupera en un nivel superior, pero para el que lo está viviendo no existe la más mínima evidencia de que esto vaya a ser así.

Dios y de los hombres y, como Jesús grita: «Dios mío, Dios mío, ¿por qué me has abandonado?».[67] Y, precisamente, por ello el que «muere antes de morir»[68] no conoce la segunda muerte, porque en realidad ya la ha sufrido en vida.

Quien tenga oídos oiga lo que dice el Espíritu a las Iglesias. El que salga vencedor no será víctima de la muerte segunda.[69]

Y cuando, emancipado de la materia,
seas recibido en el éter puro y libre,
vencerás, como un dios, a la muerte
con la inmortalidad.[70]

La muerte que lleva a la iniciación ha sido descrita como una «descreación». El tema de la descreación se encuentra en las escuelas más antiguas.[71] En palabras de M. M. Davy:

La descreación tiene como función introducir una influencia que lleva consigo el rechazo de toda mezcla. Sólo la parte superior del alma atañe a lo divino y se convierte en el lugar de las teofanías. En la medida en que la parte inferior se mezcla con la operación llevada a cabo por la cúspide del alma, uno puede creer que está sirviendo a lo divino, pero se trata únicamente de idolatría… Ahí el hombre religioso se ve constantemente amenazado por la idolatría… Durante la operación

---

67. Mateo 27, 46.
68. «Morid antes de morir», dijo el Profeta Mahoma. «El sufismo es que Dios te haga morir a ti mismo y resucitar en Él» (Junayd). «Nadie ve a Dios sin morir: el que no muere no puede verle» (Abû Madyan (1197), místico sevillano con gran influencia, hasta nuestros días, en el Magreb).
69. Apocalipsis 2, 11.
70. Pitágoras. *Los versos áureos.*
71. «Para alcanzar la perfección espiritual el ser humano ha de perder, uno por uno, y en orden contrario, todo aquello que ha adquirido desde su infancia hasta su madurez. Éste es el significado de la tradición profética «Morid antes de morir». Es importante saber que este regreso no tiene nada que ver con el deterioro psicológico conocido como «regresión»… Mientras la regresión es una huida involuntaria de la realidad: la vuelta o el regreso del sufí constituye un viaje voluntario y consciente hacia Dios y la realidad» (Nurbakhsh, J. *Gnosis sufí).*

de liberación por la que el alma superior se vuelve y se adhiere a lo divino, la parte inferior del alma, privada de todo apego se encuentra desarraigada. La descreación culmina en un estado sutil que agudiza la fina punta del alma, es decir, el espíritu. La vacuidad coincide con la actitud original y de su purísimo y apacible silencio: penetra en un estado de anonimato. En ese instante se revela el sí y penetra en él la luz y el amor… a partir de ese momento se opera la mutación, el gusano se transforma en mariposa.[72]

Si el iniciado aspira realmente a que el Ser se manifieste en él, será necesario que se vacíe completamente de sí mismo, porque el Ser todo lo abarca y donde Él está no hay sitio para otra realidad que no sea Él. En su Infinita elegancia no desplaza a nadie para ocupar su puesto, pero si no se le deja todo el sitio, Él no entra. Por eso dice Juan el Bautista, el precursor: «Es preciso que Él crezca y yo disminuya»,[73] despojándose del hombre viejo y revistiéndose del hombre nuevo.[74] O, en versos de otro Juan:

Para venir a gustarlo todo,
no quieras tener gusto en nada.
Para venir a poseerlo todo,
no quieras venir a poseerlo todo en nada.
Para venir a serlo todo,
no quieras ser algo en nada.
Para venir a saberlo todo,
no quieras saber algo en nada.

Para venir a lo que no gustas,
has de ir por donde no gustas.
Para venir a lo que no sabes,
has de ir por donde no sabes.
Para venir a lo que no posees,
has de ir por donde no posees.

---

72. Davy, M.M. *El hombre interior y sus metamorfosis.*
73. Juan 3,30.
74. Colosenses 3, 9-11.

Para venir a lo que no eres,
has de ir por donde no eres.

Cuando reparas en algo,
dejas de arrojarte al todo.
Porque para venir del todo al todo,
has de negarte del todo en todo.
Y cuando lo vengas del todo a tener,
has de tenerlo sin nada tener.
Porque si quieres tener algo en todo
no tienes puro en Dios tu tesoro.[75]

La Transmisión iniciática: El maestro

Los maestros, no importa del lugar que sean,
son en cuerpo y alma del linaje del Profeta...
Lo que el maestro posea,
tanto material, como espiritual,
le es confiado a su sucesor.
Por eso en cada era surge un maestro,
un suceso que continuará hasta el momento del
juicio final.

Rumi

«La iniciación es necesaria, porque el salto de un estado a otro, de un grado a otro, de un nivel a otro, no es automático; se necesita una colaboración entre, por un lado, una mano que se tiende y, por otro, unos pies que se alcen, que se esfuercen para llegar a coger esa mano».[76]

---

75. S. Juan de la Cruz, *Subida al monte Carmelo* (11, 12).
76. Panikkar, R. La experiencia de Dios.

A lo largo de este capítulo nos hemos estado ocupando del peregrino, del «noble viajero» –en palabras del maestro Eckhart–, de «los pies que se alzan». Antes de llegar a que se produzca el rito iniciático es necesario referirnos al otro polo del encuentro: a «la mano que se tiende».

La iniciación, proceso de muerte y resurrección, implica el paso de un estado del Ser a otro superior, y esta ascensión no se puede dar solo, es imprescindible que una mano, tendida desde el otro lado, abra la puerta y tire hacia arriba del neófito. Sólo el que está del otro lado, sólo quien pertenece ya a ese nivel superior del Ser, realmente sólo quien es ese nivel superior del Ser, puede iniciar. Esta persona a su vez ha podido llegar a ese nivel gracias a alguien que le ha precedido, que a su vez ha sido precedido por otro, y así ininterrumpidamente, como una cadena que se remonta hasta una actuación suprahumana, de donde procede la energía, la *dinamis* que hace posible el proceso.

La iniciación en sentido restringido es «la recepción de una influencia espiritual en estado de germen por medio de un rito, por el cual se vincula a un postulante a un linaje iniciático». Es la comunicación de un elemento en cierta manera «vital», asociación de energías sutiles y espirituales, cuyo papel es extender las posibilidades del individuo a todas las modalidades de la vida humana.[77] Cuando un individuo es iniciado, al mismo tiempo que se le abre la puerta a un nivel superior del Ser, recibe esa «influencia espiritual», procedente de los niveles superiores del Ser, que debe permitirle el desarrollo de las potencialidades que implican el nuevo nivel al que accede. El efecto no se siente inmediatamente, por cuanto lo que se transmite es una aptitud que el iniciado deberá desarrollar o podrá dejar dormir quedando en estado virtual.

Como nadie puede dar lo que no tiene, ni transmitir lo que no posee, todas las tradiciones adjudican capital importancia a lo que se designa como la «cadena» iniciática, es decir, a una sucesión que asegura de forma ininterrumpida la transmisión de que se trata; en efecto, fuera de esta sucesión la observancia misma de las formas sería vana, porque faltaría allí el elemento vital esencial a su eficacia.[78]

77. García Bazán, F. *René Guénon o la tradición viviente.*
78. Guénon, R. *Op. cit.*

La iniciación debe tener un origen no humano, porque sin eso no podría de ninguna manera alcanzar su meta final, que sobrepasa el dominio de las posibilidades individuales. Se trata de la transmisión de una energía de origen divino que se perpetúa en el tiempo y se renueva incesantemente por el contacto con su fuente intemporal. Es válido definirla como una vibración que ilumina y ordena el caos de potencialidades, si bien no se trata de una vibración sensible.[79] El papel de un individuo que confiere la iniciación a otro es verdaderamente el de un «transmisor», en el sentido más exacto de la palabra; no se trata aquí en tanto individuo, sino en tanto soporte de una influencia que no pertenece al orden individual; es únicamente el eslabón de una cadena cuyo punto de partida está fuera y más allá de la humanidad.[80]

«Podríais cantar la misa como un canónigo, recitar el *zeikr* como un sufí, recolectar el jugo de la *soma* como un brahmán, evocar al ángel Anael como un mago; no seréis, sin embargo, ni sacerdote, ni sufí, ni brahmán, ni mago si os falta lo esencial: la transmisión de poderes... Cada celebrante debe ser el anillo de una cadena. Es necesario que en el curso del rito la influencia pase del maestro al discípulo... Sin transmisión iniciática no hay rito propiamente dicho. La transmisión ha de ser directa, efectiva. Es necesario que el iniciador esté en contacto corporal con el iniciado», dice P. Mariel.[81]

Esta transmisión tiene un doble carácter: horizontal y vertical. Al referirnos al nivel horizontal de la transmisión estamos hablando, precisamente, de la cadena iniciática que, de forma ininterrumpida, iniciado a iniciado, se remonta a la tradición primordial de cada linaje. En su nivel vertical esta transmisión, por una parte vincula, de forma intemporal, a todos los que han sido y serán miembros de la misma tradición (es lo que se llama Iglesia invisible, Iglesia del espíritu, Comunidad de los Santos, etcétera);[82] por otra parte, y a través de dichos miembros, vincula con el origen primordial de la «influencia», con el Ser.

79. García Bazán, F. *Op. cit.*
80. Esto es lo que explica que la eficacia del rito cumplido por un individuo sea independiente del propio valor de este individuo como tal. Cfr. Guénon, R. *Op. cit.*
81. Mariel, P. *Rituales e iniciaciones de las sociedades secretas.*
82. Releer el apartado correspondiente a la «Caballería espiritual».

Si la conexión vertical se debilita, como consecuencia de que los miembros que permanecen en esta dimensión no realizan de forma adecuada la «actualización» de sus posibilidades (el desarrollo de la semilla), de manera que la organización degenere,[83] la influencia vertical irá disminuyendo y la organización languideciendo hasta su posible desaparición visible. La influencia que transmitan los iniciados seguirá siendo válida, conservará su potencial virtual, pero, como una semilla degenerada, cada vez tendrá más dificultades para germinar en los nuevos iniciados, salvo que uno de ellos recobre la conexión vertical.

Las órdenes iniciáticas, de hecho, pueden desaparecer por varios motivos. El más evidente es el de la «degeneración» a que hemos hecho referencia en el caso anterior, que además suele conllevar que dejen de afluir nuevos miembros; otro es que la propia organización se corrompa, como consecuencia de la introducción de una influencia corruptora a través de uno o varios de sus miembros caídos; finalmente, también pueden extinguirse porque desaparezca el motivo, el papel concreto que tenían que desarrollar.[84] Por otra parte, la propia pérdida del sentido iniciático de la sociedad, correspondiente a la fase de declive de nuestro ciclo histórico, hace que la falta de candidatos a la iniciación haga languidecer y extinguirse a las organizaciones.

Si, por cualquier causa, la fuerza espiritual se retira, sus antiguos soportes corpóreos no dejarán de estar cargados de elementos psíquicos, tanto más persistentes cuanto más han servido de intermediarios de una acción poderosa. La energía de estos objetos, y de los propios rituales, abandonada a sí misma, puede ser captada por quien sepa hacerlo y, como las fuerzas físicas, usada para los fines más diversos e incluso opuestos. Ésta es la explicación de que determinados lugares

---

83. Usamos aquí el termino «de-generar» no tanto en el sentido de «pervertir» (que también puede darse el caso), sino en su sentido etimológico de perder el *genus,* la raza, de acuerdo con la definición del diccionario: ser un individuo, vegetal, animal o humano de peor calidad que sus antecesores (Cfr. Moliner, M. *Diccionario en uso del español).*

84. Esta fuerza espiritual, compuesta por la energía de todos los que, a lo largo de los tiempos, han pertenecido a la organización iniciática concreta, se denomina *egregor,* y de hecho nunca desaparece. En un momento dado, técnicas especiales, aplicadas por iniciados de otra orden podrían reactivar el *egregor* de una orden aparentemente retirada del mundo de la manifestación.

hayan sido ocupados sucesivamente por distintas organizaciones tradicionales y de que, aun después de desaparecer éstas, sigan ejerciendo una especial atracción sobre los buscadores, tal es el caso, por ejemplo, de las pirámides o de los lugares que han pertenecido a la Orden del Temple.

Ahora bien, si no hay iniciación sin transmisión, sin cadena iniciática, ¿cuál es el origen, el primer eslabón, de esta cadena?

Una organización iniciática concreta puede haber sido creada por iniciados de otra orden en circunstancias y por motivos diversos, pero, remontándonos a la fuente de su propio linaje, siempre hemos de llegar a una intervención suprahumana que da origen a una determinada línea tradicional. La tradición judeo-cristiana habla de la Orden de Melkisedec como la que da lugar al nacimiento de una nueva línea iniciática, pero vamos a detenernos en tres personajes de esta tradición en los que se encuentra perfectamente tipificado el proceso: Abraham, Moisés y Jesús.

El Señor irrumpe en la vida de Abram y lo saca de su tierra,[85] con la promesa de ser el origen de un gran linaje.[86] Un nuevo profeta, origen de un nuevo linaje, aparece sobre la tierra, esto es suficiente desde el punto de vista religioso, sin embargo, desde el punto de vista iniciático el proceso no está completo hasta que no aparece Melkisedec,[87] *rey* de Salem, y *sacerdote* del Dios Altísimo. Melkisedec, del que se dice que no tiene padre ni madre, es decir, linaje humano, se presenta, según la tradición, como el representante del centro primordial que establece la cadena iniciática en un nuevo linaje. Después el Señor establece un pacto con Abram y le cambia el nombre por el de Abraham.[88] La nueva influencia ha sido establecida.

Moisés, probablemente iniciado en los misterios egipcios, antes de ascender al Sinaí, donde va a recibir directamente del Señor una nueva influencia espiritual para su pueblo, se somete a la enseñanza e inicia-

---

85. Génesis 13.
86. Y lo ha sido de tres, el judío, el cristiano y el musulmán.
87. Génesis 14, 8, véase también Salmo 1 14, 8.
88. Génesis 17, 6. Al cambiarle el nombre, el Señor introduce en el centro del nombre de Abram la H (la He ה) la segunda y cuarta letra del propio nombre de Dios, que significa la presencia del Espíritu de Dios.

ción del que fue su suegro, Jetro, como hemos comentado al hablar de la cábala.

Jesús de Nazaret que, como hemos señalado, era de origen *real*, por ser de la familia de David, pero que no pertenecía al sacerdocio de Aarón, recibe la visita de los reyes magos,[89] y se somete al bautismo de Juan, precisamente porque, como él mismo explicó, «Conviene cumplir todo lo que es justo»[90] y «se abrieron los cielos y vio al espíritu de Dios que venía sobre él». Y es considerado «sacerdote según la Orden de Melkisedec», porque establece una nueva Ley, en virtud de «la fuerza de una vida indestructible».[91]

> Y nadie se arroga tal dignidad, sino el llamado por Dios, lo mismo que Aarón. De igual modo, tampoco Cristo se apropió la gloria del sumo sacerdocio, sino que la tuvo de quien le dijo: «Hijo mío, eres tú; yo te he engendrado hoy». Como también dice en otro lugar: «Tú eres sacerdote para siempre, a semejanza de Melkisedec».[92] Porque, cambiado el sacerdocio, necesariamente se cambia la ley. Todo esto es mucho más evidente aún si surge otro sacerdote a semejanza de Melkisedec, que lo sea no por ley de prescripción carnal, sino según la fuerza de una vida indestructible. De hecho, está atestiguado: «Tú eres sacerdote para siempre, a semejanza de Melkisedec».[93]

La tradición recoge casos excepcionales, aparte de los grandes profetas, de personas que han sido directamente iniciadas por una realidad suprahumana, fuera de los cauces habituales, pero normalmente dichas personas no dan lugar a un nuevo linaje, sino que lo reciben exclusivamente a título individual.[94]

---

89. Uno de los cuales se llama precisamente Melkor.
90. Mateo, 3, 13-170.
91. De ahí la importancia decisiva que tiene en la Iglesia la continuidad apostólica para la validez de los sacramentos, de forma que la pérdida –o el desprecio– de la continuidad apostólica en determinadas Iglesias conlleva la pérdida del sentido de los sacramentos y la conversión del culto en meros actos piadosos.
92. Hebreos 5, 4-6.
93. Hebreos 7, 12-17.
94. Existen gentes excepcionales que son iniciados en el camino por el *Khidr*, el profeta de vida inusitadamente larga, que puede iniciar a los hombres en los miste-

La naturaleza de la transmisión iniciática hace que la eficacia del rito sea independiente, en principio, del valor del individuo como tal, como hemos señalado. A este hecho corresponde el debate que ha existido en el seno de las Iglesias cristianas sobre si la eficacia del sacramento (siempre suponiendo la regularidad del oficiante, y por tanto que su «influencia espiritual» procedía de Cristo) correspondía al rito (*ex opere operato*)[95] o al oficiante (*ex opere operanti*),[96] con lo que se negaría validez a los sacramentos administrados por un oficiante «indigno». Todas las órdenes iniciáticas regulares (así como todas las Iglesias cristianas que conservan el sacerdocio sacramental) se han inclinado siempre por el primer supuesto, es decir, que es la fuerza de la «influencia espiritual», regularmente transmitida, la que confiere al rito su eficacia, precisamente por ser de origen suprahumano.

No obstante, hemos apuntado que, en la medida que los transmisores no actualicen adecuadamente su propia virtualidad, es decir, no mantengan e incrementen su contacto con la fuente del Ser, pueden llevar, en la práctica, a la pérdida progresiva de la eficacia de la «influencia» por ellos transmitida. Este aspecto resulta especialmente significativo en aquellas tradiciones en las que el iniciador, además de su papel «puntual», ejerce una función permanente de maestro, siendo el maestro el que debe hacer posible que la «influencia» recibida, que inicialmente tiene sólo un carácter «virtual», desarrolle todo su potencial.

La iniciación no garantiza en sí misma la realización.

Después de que por manos de la gracia divina se ha sembrado en la tierra fértil del corazón la semilla de la devoción, no debe dejarse que ésta se marchite. Debe colocarse al cuidado de un maestro perfecto, poseedor de las cualidades de la santidad, para que le proteja de las muchísimas formas de destrucción que le amenazan, de esta manera

---

rios divinos y que corresponde de muchas maneras al Enoch de la tradición judeocristiana, o por los «hombres de la jerarquía invisible» o bien, en el caso del shi'ismo, por el Imân escondido. Pero estas vías excepcionales que, en ningún caso el hombre puede elegir o buscar, y para las que unos pocos son escogidos, pertenecen a la función iniciática universal cuya encarnación sobre la tierra es el maestro sufí (Cfr. Nasr, S. H. *Sufismo vivo).*

95. Por obra de lo obrado.

96. Por obra del que obra.

logra que la semilla madure y dé fruto, de acuerdo con su capacidad innata… El maestro ha recorrido la senda de la pobreza espiritual y anonadamiento de la existencia en Dios. Es el conocedor de la sabiduría divina. La existencia de su ser abarca los atributos divinos. Es el guía del sendero espiritual y el Sol de la verdad.[97]

El verdadero maestro es el que enseña aquello que él mismo ha experimentado interiormente. El conocimiento teórico, en materia de espiritualidad, no tiene valor ni fuerza de convicción más que si está apoyado en la santidad y en la realización.[98]

El maestro de la senda es como un espejo que refleja la devoción del discípulo hacia Dios y transmite la gracia de Dios al discípulo. Si el espejo del corazón del maestro o *sheij* está empañado por la corrosión del «yo», un velo cae entre el sufí y Dios de manera que en lugar de guiar y abrir el camino, el maestro le bloqueará al caminante la senda, volviendo la dedicación del sufí de Dios hacia sí mismo.[99]

El maestro, por lo tanto, es un hombre que ha llegado a ser transparente al Ser esencial. Gracias a este contacto, Él reconoce a este Ser en todas las cosas que encuentra y transmite a su alrededor su transparencia a la trascendencia. Allí donde está el maestro la vida se hace manifiesta. Él es el representante e intermediario, iniciador y protector de la vida que se engendra en un movimiento y cambio incesantes.[100]

Es el mediador llamado a tender un puente que una al yo profano con el Ser sobrenatural. Él desata los nudos que no dejan que el hombre realice el Ser. El maestro es lo que es por su vínculo con una instancia superior, de la cual le viene su existencia y su misión, y es responsable ante esa instancia. Mediador entre el cielo y la tierra, actúa siempre en nombre de esa instancia y nunca se presenta como origen de su propio hacer. Él remite a una realidad superior, a un poder sobrenatural, a Dios o a su propio maestro. La actitud del maestro es fruto de su sumisión a lo absoluto y de su respeto hacia quienes le han precedido.[101]

---

97. Nurbakhsh, J. *En la Taberna.*
98. Yunayd.
99. Nurkakhsh, J. *Discourses on the sufi path.*
100. Cfr. Dürckheim, K. G. *El maestro interior.*
101. Cfr, Dürckheim, K. G. *Op. cit.*

El maestro no responde al ideal del hombre honrado tal y como se nos presenta. Ni con la imagen de lo que exigen los valores tradicionales de lo bello, lo verdadero y el bien. El maestro no es un elemento de estabilidad, sino una figura revolucionaria; con él nunca se sabe lo que va a pasar. Es imprevisible y contradictorio igual que la vida encarnada en él. echa abajo lo establecido, destruye lo que parece estar seguro. El maestro mantiene viva la vida como perpetuo viaje. Su modo de actuación es el no actuar. Realmente, él no «hace» nada. Es el mediador de una vida que actuando a través de él transforma todos los seres.[102]

En definitiva, la mirada del maestro es el elixir que transforma en oro el plomo del corazón de los caminantes:

Nosotros con una sola mirada
transformamos el polvo en oro;
con una sola mirada
curamos cientos de dolores.

Sha Nematollah Wali

El ritual y el silencio

Cantemos la luz
que lleva por el camino del retorno
a los hombres.

Orfeo[103]

El ritual iniciatorio es el punto central del proceso iniciático. En él las manos que se tienden se unen a las manos que se alzan, y la influencia espiritual fluye del iniciador al iniciando, que accede así a un nuevo nivel del Ser.

---

102. Cfr. Dürckheim, K. G. *Op. cit.*
103. Himno a las musas.

El ritual es el punto central del proceso iniciático, ante todo porque divide en dos la vida del nuevo iniciado, que pasa de hombre profano a hombre sagrado. El hombre nuevo, en el centro de la cruz, abandona su discurrir horizontal para iniciar su ascenso vertical, que le debe permitir superar su condición humana e iniciar su ascensión por el camino de regreso. El ritual marca simultáneamente el final de una etapa y, como su propio nombre indica, el inicio de otra, de manera que si el nuevo iniciado, como hemos venido insistiendo, no desarrolla la semilla que recibe, su iniciación quedará en estado virtual. Sin embargo, la iniciación altera y marca definitivamente el régimen existencial del hombre. No se puede ser exiniciado. El iniciado lo es por toda la eternidad, porque ha accedido a un nuevo nivel del Ser que no puede perder,[104] ni puede serle retirado por decisión u organización humana alguna.

Pero, además, el ritual constituye el punto central del proceso porque sin él no hay iniciación, constituye un elemento esencial para la transmisión de la influencia espiritual, y para la unión a la cadena iniciática.[105]

Un ritual[106] no es una serie de ceremonias constituidas por movimientos convencionales y arbitrarios, más o menos emotivos y más o menos bellos. El rito es un conjunto de símbolos en acción, que tiene por meta poner al ser humano en relación, directa o indirectamente, con una realidad que sobrepasa su individualidad y pertenece a otros niveles del Ser y que, por lo tanto, tiene sus propias leyes. El carácter simbólico del rito comprende no sólo los objetos empleados o a las figuras representadas, sino también a los gestos empleados y a las palabras pronunciadas, elementos todos ellos que, por su misma naturaleza, tienen valor de símbolo.[107]

El ritual iniciatorio crea un *locus,* unas coordenadas espaciotemporales fuera del tiempo y espacio profanos, en el que los dos mundos se

---

104. «Sí, aunque le derribaras de la gloria, ciego y atormentado, enloquecido y solo, incluso en la cruz mantendría su historia. Sí, incluso en el infierno él musitaría: "He conocido"» Fortune, D. *Las órdenes esotéricas y su trabajo.*

105. Cfr. Guénon, R. *Apreciaciones sobre la iniciación.*

106. Denominamos ritual a un conjunto de ritos. Y rito al conjunto de actuaciones simbólicas dirigidas a producir un fin concreto.

107. Cfr. Guénon, R. *Op. cit.*

unen. Si la naturaleza del símbolo reside en que participa de la naturaleza de los dos mundos que une,[108] el rito, al poner en acción los distintos símbolos que lo componen, se sitúa en la confluencia entre ambos mundos, fuera de la historia, de modo que, en ese instante, el iniciado y el iniciador son contemporáneos de todos los miembros de su estirpe, los que los han precedido y los que los han de seguir, y así, en ese momento —no antes–, puede decirse que el iniciado ha sido elegido desde la preeternidad. De hecho, rituales e iniciaciones no pueden existir más que en los límites del tiempo, porque el tiempo es precisamente el lapso que media entre la salida y el retorno a casa, y en el momento del retorno dice el ángel: «No habrá ya noche»,[109] es decir: «No habrá más tiempo».

El iniciado en los misterios, el hombre que ha sufrido las pruebas de la muerte profana y el renacimiento sagrado, vive en adelante, y hasta su muerte física, en dos especies de tiempo: el tiempo profano y el no-tiempo o tiempo sagrado, eternamente presente. Será precisamente la capacidad de vivir permanentemente en este tiempo sagrado, en este no-tiempo, la capacidad de vivir cada momento como único, cada instante como una eternidad y cada eternidad como un instante, una de las más marcadas características del hombre realizado, del iniciado.

De la misma manera, el ritual iniciatorio se sitúa fuera del espacio. Sólo hay un sitio donde la iniciación pueda tener lugar. El punto donde se unen el cielo y la tierra: el eterno templo. Y el iniciado así se convierte en el «templo vivo» del «Dios vivo», en el lugar donde los demás puedan encontrar al Ser.

Los rituales de las distintas iniciaciones pueden ser muy diferentes, pero en la mayor parte de ellas se repiten, bajo formas muy diversas, una serie de ritos que, por una parte, reproducen la cosmogonía propia de la propia organización iniciática y, por otra, resumen, actualizan y llenan de sentido todo el proceso seguido por el candidato desde que puso el pie en el sendero.

---

108. Cfr. Ancochea-Toscano, *El simbolismo del número.*
109. «… ni tendrán necesidad de luz de lámpara ni de Sol, porque el Señor Dios lucirá sobre ellos» (Apocalipsis 22, 5).

El neófito vuelve a sentir la llamada y la nostalgia. Es separado del mundo profano y, despojado del hombre viejo, es dejado solo,[110] como alguien que no tiene ya ni padre ni madre. Vuelve a ser probado por los elementos, se debe enfrentar al guardián del umbral y, finalmente, debe someterse a la muerte, muerte que, repetimos, debe ser asumida, sufrida y vencida (no simplemente soportada), su identidad se desmembra, hasta que el nuevo nacimiento lo re-crea para resucitar y pasar definitivamente de las tinieblas a la luz, convirtiéndose en el eterno joven.

Desde el punto de vista del simbolismo gráfico, el neófito es representado por un triángulo con la base abajo, bien afianzada en su mundo, y con el vértice dirigido hacia arriba, de manera que toda su conciencia se concentra en un punto lanzado hacia lo alto. El iniciador se representa con un triángulo cuya base está sólidamente establecida en el nivel superior del Ser, y cuyo vértice proyecta su conciencia hacia abajo para establecer contacto con el candidato. En el instante anterior a la iniciación, ambos triángulos se tocan por su vértice, el rito rompe la membrana que separa los dos mundos, estableciendo un puente entre ambos, y el Ser fluye hacia el candidato, que entonces pasa a estar simbolizado gráficamente por la estrella de seis puntas,[111] ha recuperado el traje que siempre le perteneció, el cielo y la tierra se han unido a través de él, se ha consumado la hierogamia, las bodas sagradas.

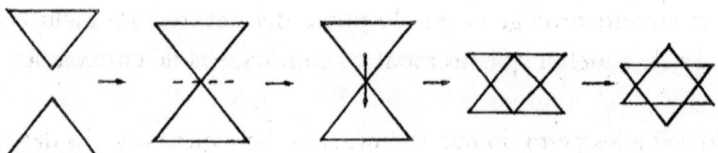

Y después el silencio.

Todas las tradiciones imponen el silencio al iniciado. Guardar silencio es uno de los más solemnes juramentos que el candidato debe prestar. «Antes morir que hablar», era uno de los aforismos preferidos

---

110. De hecho, aunque a través de la iniciación adquirirá una nueva familia a la que estará unido por lazos más fuertes que los de la sangre, el iniciado será por siempre y para siempre un solitario, porque el camino que inicia debe llevarle a ser uno con el Uno, y en la unidad no hay dos.

111. Cfr. Ancochea-Toscano. *Op. cit.*

de Pitágoras. Existen numerosos motivos tanto internos como externos para ello.

En la medida en que el secreto forma parte del ritual, él mismo es un rito que continúa operando mientras se mantiene. La obra se realiza en la oscuridad. El hombre se desarrolla durante nueve meses en la oscuridad de la matriz. La semilla debe crecer en la oscuridad, si es expuesta prematuramente a la luz del Sol se quemará. Sólo en el silencio hay sitio para la palabra. Sólo en el silencio puede brotar la palabra. Sólo en el silencio la palabra puede ser escuchada. «Y tu Padre que ve en lo secreto te recompensará».[112]

El silencio se impone, además, porque en realidad no hay nada que decir. En la iniciación no se transmite un secreto, sino una influencia espiritual, el mismo Ser. La propia naturaleza de lo que allí sucede es inefable, incomunicable, y el mero hecho de intentar expresar, de intentar verbalizar la experiencia, la degrada, la trivializa.[113]

Por otra parte, lo poco a lo que se puede hacer alusión, y siempre con un lenguaje forzosamente simbólico (pues hace referencia a realidades que trascienden al mundo de la manifestación), sólo es inteligible por los que han pasado por la misma situación, por eso el marinero, protagonista del anónimo romance del conde Arnaldos,[114] le dice a éste, cuando le pide revele su secreto: «Yo no digo mi canción sino al que conmigo va».

Y el secreto protege al que lo posee del desprecio e incluso de la agresión de aquellos que no están en condiciones de entenderlo:

No deis a los perros lo que es santo, ni echéis vuestras perlas delante de los puercos, no sea que las pisoteen con sus patas, y después, volviéndose, os despedacen.[115]

---

112. Mateo 6, 6.
113. De la misma manera que cuando hablamos de Dios estamos ya creando un ídolo con nuestras palabras, ídolo que debe ser destruido en cuanto haya despertado la chispa de la intuición del que escucha.
114. Romance fechado en torno al siglo XIV que comienza: «Quien hubiere tal ventura, sobre las aguas del mar, como hubo el conde Arnaldos, la mañana de San Juan…».
115. Mateo 7, 6.

De hecho, la pública manifestación de realidades y experiencias que, por su propia naturaleza, sólo podían ser entendidas por quienes participaban de ellas, les ha costado la vida a muchos iniciados. Tal es el caso del gran sufí Al Hallaj, que fue crucificado por expresar públicamente su unión e identificación con Dios, del mismo modo que el pretexto oficial para crucificar a Jesús[116] fue el reconocerse abiertamente como el Cristo, el Hijo de Dios.[117]

> De mi conocimiento yo oculto las joyas. Por miedo a que un ignorante, viendo la verdad, nos aplaste… ¡Oh, Señor!, si yo divulgara una perla de mi gnosis se me diría: ¿eres, pues, un adorador de ídolos? ¡Y habría musulmanes que encontrarían lícito que se vertiera mi sangre! Encuentran abominable lo que se les presenta de más bello.[118]
>
> Se ha dicho: aquel compañero con cuya cabeza la horca ha sido honrada era culpable de revelar los misterios.[119]

También hay que guardar secreto para no escandalizar, es decir, para no ser piedra de tropiezo[120] para los débiles, aplicando las palabras de san Pablo:

> Todo me está permitido, mas no todo es conveniente. Todo me está permitido, mas no todo edifica. No me refiero a tu conciencia, sino a la del otro; pues, ¿cómo va a ser juzgada la libertad de mi conciencia por una conciencia ajena? No deis escándalo ni a judíos ni a griegos ni a la Iglesia de Dios.[121] Nosotros, los fuertes, debemos sobrellevar las flaquezas de los débiles y no buscar nuestro propio agrado.[122]

---

116. Al margen del hecho de que él aceptase voluntariamente su muerte, como señal de la total consumación de su encarnación y de su naturaleza humana.
117. Mateo 26, 63-66.
118. ’Ali Zaynol-’ Abidin, IV imam.
119. Hafez.
120. Que eso quiere decir etimológicamente «escándalo».
121. 1 Corintios 10, 23-32.
122. Romanos 15, 1.

Además, el hacer públicos, el di-vulgar,[123] el revelar a los profanos,[124] tanto las propias experiencias interiores como los rituales de una orden iniciática, les hace perder su fuerza, los debilita, hasta su trivialización. Su conocimiento por los profanos, su divulgación, daría lugar a una difusión de realidades no entendidas que, rápidamente, degenerarían e incluso se pervertirían. La palabra sagrada, el «Fiat», que forma parte del rito, crea. La palabra profana destruye, como la vibración adecuada hace resonar una esfera de cristal y el sonido informe la hace explotar. «El mundo vive por el secreto», dice el *Zohar*.

Existen, finalmente, motivos pedagógicos en el mantenimiento del secreto, sea éste de orden iniciático o no. Desde el punto de vista psicológico, pocas cosas crean tanta cohesión en un grupo, en una organización de cualquier tipo, como el hecho de «compartir un secreto» y pocas cosas fortalecen más el alma de un individuo.[125] Desde el punto de vista espiritual, la disciplina[126] del secreto, formaba parte del entrenamiento de muchas organizaciones iniciáticas como preparación para una actitud vital más profunda: el silencio; convirtiéndose el secreto en símbolo del silencio y el silencio en símbolo de la presencia de lo inefable.

He sido coronado por mi Dios y mi corona es viva.

He sido justificado por mi Señor, mi salvación es incorruptible.

He sido liberado de las vanidades y no soy un condenado.

Mis ligaduras han sido cortadas por sus manos, he recibido un nuevo rostro y la apariencia de una nueva persona.

Todos los que me vieron se asombraron y les he parecido como un extraño.[127]

---

123. Es decir, el hacerlas accesibles al «vulgo», al no cualificado.

124. Es decir, el profanar.

125. «Toda clase de fieras [...] pueden domarse... pero la lengua ningún hombre puede domarla... Si alguno no cae cuando habla, ése es el hombre perfecto» (Santiago 3, 7 y 2).

126. Entendida como enseñanza. Cfr. Guénon, R. *Op. cit.*

127. Odas de Salomón 17, 1-6.

Las Odas de Salomón, consideradas como apócrifos del Antiguo Testamento, son en realidad escritos de un entorno judeocristiano, probablemente próximo a algunas de las comunidades de Juan, escritos a caballo entre el siglo I y el siglo II d. C.

¡Oídme!, oh, vosotros que gobernáis el timón de la sagrada
sabiduría,
y que encendiendo en las almas de los hombres
la llama del deseo del retorno,
las atraéis hacia los Inmortales,
dándoles [...] el poder de evadirse de la oscura caverna y
de purificarse.

¡Oídme, oh, poderosos liberadores!
Concededme, por la comprensión de los libros divinos,
y disipando la tiniebla que me rodea,
una luz pura y santa
a fin de que pueda comprender con claridad
al Dios incorruptible,
y también al hombre, que yo soy.

Proclo

ACTUALIDAD: EL TRABAJO «PRE» Y «POSINICIÁTICO»

Esperando al maestro

Si el lector, compañero ya de un trozo del camino, ha llegado hasta aquí, quizá hayamos conseguido, entre todos, que se encienda en él el deseo del retorno. Si así ha sido, porque Dios[1] así lo ha querido, nosotros, los autores, habríamos alcanzado lo principal de nuestro objetivo, y nos daríamos por satisfechos. Pero puede que no sea ésta (la satisfacción) la sensación de nuestro nuevo compañero. Tal vez se pregunte hacia dónde puede dirigir sus pasos en un mundo donde la iniciación parece existir sólo en los libros, dónde puede encontrar un maestro que le guíe, qué puede hacer para mantener viva la nostalgia mientras busca. Y sus inquietudes no son triviales, como tampoco lo son las soluciones.

Hay una primera respuesta que, si bien, por una parte, es realmente trivial (por estar incluida en el mismo entorno en el que se han generado las preguntas), en el fondo no sólo no es trivial (en el sentido de carecer de importancia), sino que es la única posible.

Si el lector, en este momento, «ha sentido el deseo del retorno», ha sentido la llamada, ésta sólo puede proceder de un lugar, sólo hay un origen, y el autor de la llamada continuará su labor, si se le deja. El lector ya se ha convertido en peregrino, ya ha sido puesto en el camino, y la peregrinación, el camino, tienen sus propias reglas que se im-

---

1. El Santo, Bendito sea, clemente y misericordioso, Uno y manifestado como Padre, Hijo y Espíritu Santo.

ponen al caminante sin más que confiar en el autor de la llamada, en la autenticidad de ésta. Si así lo hace, si comienza a abrirse a la vida, toda su vida irá tomando el rumbo adecuado, empezarán a pasar cosas, a surgir encuentros y casualidades. Es posible, incluso, que este encuentro sea ya la respuesta a una llamada previa.

Si el peregrino se entrega al camino, despierta y vive, en vez de ser vivido, *cuando el discípulo está preparado, el maestro aparece,* como dice el viejo axioma. Porque es la sed del discípulo la que hace que del maestro broten fuentes de agua viva, es la necesidad del discípulo la que hace que se manifieste el maestro y bien se puede decir que la crisis de maestros que inicien es también crisis de discípulos que deseen ser iniciados.[2] Por ello, en un momento dado, el aspirante debe expresar, en lo más hondo de su corazón sincero, su más claro deseo y su más firme determinación de consagrarse a la demanda. Y después debe casi olvidar su voto, para no ser víctima de la ansiedad, que la peregrinación es para corredores de fondo, precisamente por las grandes transformaciones que han de producirse en el ser del candidato. Pero en algún lugar esa llamada habrá sido escuchada y en su vida empezarán a suceder cambios, con frecuencia pequeños, pero significativos si se saben leer los signos.

El camino de regreso está lleno de círculos viciosos. Y no es menor aquel ante el que se encuentra el caminante: *las virtudes que se necesitan para recorrer el camino son aquellas que se adquieren cuando se ha recorrido el camino,* pero todo el camino es un «como si...». El caminante debe comportarse siempre como si ya fuese lo que desea ser, como si ya hubiese adquirido aquello a lo que aspira y las distintas «habilidades» para la peregrinación se irán fortaleciendo en su interior.

En cualquier caso, el camino de la iniciación no es, en absoluto, un camino pasivo. El caminante debe trabajar «como si» todo dependiese de él, sabiendo que nada depende de él, consciente de que cada paso que da hacia la meta, ésta se acerca diez pasos. En este capítulo queremos tratar, precisamente, de esos pasos que pueden, y deben, irse dando.

Esta *naturaleza activa del camino iniciático* marca una de las diferencias entre la actitud iniciática y la actitud puramente mística. El

---

2. Panikkar, R. *La experiencia de Dios.*

análisis de ambos caminos nos llevaría demasiado lejos, pero quizá sea oportuno hacer, en este punto, algunas precisiones, aun siendo conscientes de que no hay ninguna experiencia humana absolutamente pura y que responda exclusivamente a patrones arquetípicos.

La actitud mística[3] es, al menos en teoría, un camino pasivo, receptivo, subjetivo, cuyas experiencias sobrevienen al místico[4] y no tienen por qué producir cambios en el nivel del Ser y, por ello, sus efectos pueden no ser duraderos. Por otra parte, la actitud mística se refiere «sólo» al mundo del espíritu (y eventualmente a la cumbre del alma como punto de encuentro) pero no está, en absoluto, preocupada por integrar el ser completo del místico, ni la totalidad de sus experiencias. En cualquier caso, el que recorre un camino puramente místico, normalmente no sabe por dónde ha pasado ni puede servir a otros de guía. Aun en el caso de que el místico llegue, por la gracia de Dios, a la meta final de la unión con el Ser, no sabría cómo ha llegado hasta allí, como la gota de agua que se descubre en medio del Gran Mar.

El camino iniciático es esencialmente un camino activo, objetivo, que produce cambios permanentes en el nivel del Ser del que lo recorre y que tiende a la integración y transmutación del ser completo del iniciado. A partir de determinado momento, el camino iniciático es plenamente consciente, y esta consciencia alumbra también los momentos anteriores; el que lo recorre sabe por dónde ha pasado y puede servir a otros de guía, del mismo modo que la gota que nace en la montaña y recorre todo el curso del río para llegar al mar conoce su camino. Ahora bien, el iniciado, que debe recoger en sí toda la experiencia humana, ha de ser también un místico que se abandona en las manos del Ser y de la vida y que experimenta el misterio de la unión. Eso sí, mientras se mantenga en el nivel humano, el iniciado es consciente de esa unión y cada grado alcanzado se convierte en permanen-

---

3. Cfr. Dürckheim, K. G. *Meditar por qué y cómo* y Guénon, R. *Apreciaciones sobre la iniciación.*

4. La pasividad propia de la experiencia mística no es incompatible con la ascesis que han seguido muchos místicos, bien antes, bien como consecuencia de la experiencia mística. Como, por otra parte, en muchos casos es una experiencia mística la que lanza al buscador al camino de la iniciación.

te. Puede por ello afirmarse que no todo místico es un iniciado y, sin embargo, todo iniciado ha de ser un místico.

Antes de entrar en los pasos que se pueden ir dando procede una última precisión semántica. Cuando se habla técnicamente de «actualidad», en el proceso iniciático, se hace referencia al trabajo que el ya iniciado debe hacer para desarrollar la fuerza vital recibida en la iniciación, y de eso poco se puede hablar en este libro. Sin embargo, creemos que el candidato, en la medida en que ha recibido la llamada y ha sentido la nostalgia, es una persona que ya ha superado la mera «potencialidad» y que, por lo tanto, su trabajo hasta llegar al umbral de la iniciación consiste en actualizar y desarrollar el contenido de la llamada. Es en este sentido en el que hablamos de «actualidad» al referirnos a la preparación del aspirante.

Vivir en plenitud

Acabamos de recordar que el camino de la iniciación busca llevar al máximo desarrollo todas las potencialidades del hombre completo. Si la meta, al menos teórica, es la ascensión del conjunto cuerpo-alma-espíritu, quiere decir que todas las partes del ser humano forman parte del proceso y todas deben ser empleadas y mejoradas. La autocastración no sólo no es un mérito, sino que es un impedimento en este camino. Todo plomo ha de ser depurado de adherencias y trasmutado en oro. Teniendo, eso sí, claramente presente que se trata de *vivir en plenitud* el conjunto de experiencias y el desarrollo de las oportunidades con que la vida nos ha dotado, experiencias que abarcan también la debilidad, la sensación de impotencia y el sufrimiento. Asumir la totalidad del ser hombre, desde el punto de vista iniciático, está, en cualquier caso, en las antípodas de los superhombres y de los perfeccionismos neuróticos y fascistoides.

Desde esta óptica, el caminante debe empezar por buscar una correcta relación con su *cuerpo*. Excepto en el caso de las enfermedades congénitas –que bajo cualquier hipótesis tienen un importante papel pedagógico–, toda patología es siempre síntoma de un desarreglo en la correcta relación del trinomio cuerpo-alma-espíritu. La pérdida de la conexión con el espíritu enferma al alma y las enfermedades del alma son la causa de las dolencias del, cuerpo. «Sabrás que los males que aquejan a los hombres han sido por ellos mismos generados»,[5] dice Pitágoras. Es, pues, imprescindible que con serenidad y sin crispación, admitamos el cuerpo como nuestro primer maestro y aprendamos sus lecciones.

Existe una tentación, frecuente entre la gente del camino, de realizar prácticas ascéticas y aferrarse a tabúes alimentarios.[6] La ascesis, más allá de la conveniencia obvia de autocontrol y autoeducación, no tiene espacio alguno en el camino iniciático. Es más, salvo en el caso de prácticas puntuales aconsejadas por un maestro probado, las prácticas ascéticas sirven más para la inflación del «ego», para creerse puro y diferente,[7] que para hacer desaparecer el «ego», que es de lo que se trata. Los consejos de Pitágoras de seguir la vía del medio, de la moderación son, más que nunca, válidos:

Jamás descuides la salud del cuerpo.
Dale con mesura comida, bebida, ejercicio y descanso,
ya que armonía es todo aquello que no perjudica.
Habitúate a vivir sencilla y pulcramente.[8]

La salud del *alma*, es decir, de la psiquis, es la otra lección. Si el candidato va a ser probado por los cuatro elementos, como hemos se-

---

5. Pitágoras, *Los versos áureos.*
6. [Dijo Jesús]: «No es lo que entra en la boca lo que contamina al hombre; sino lo que sale de la boca, eso es lo que contamina al hombre... ¿No comprendéis que todo lo que entra en la boca pasa al vientre y luego se echa al excusado? En cambio, lo que sale de la boca viene de dentro del corazón, y eso es lo que contamina al hombre» (Mateo 15, 11-18).
7. «Mirad que nadie os engañe con argumentos capciosos... Que nadie os juzgue por la comida o la bebida, por las fiestas, los novilunios o los sábados... No tomes, no gustes, no toques. Todas éstas son cosas corruptibles con el uso, conforme a los preceptos y las enseñanzas de los hombres. Son preceptos que implican cierta especie de sabiduría, de afectada piedad y humildad y severidad con el cuerpo, pero sin valor alguno si no es para satisfacción de la carne» (Colosenses 2 4, 16, 21-23).
8. Pitágoras, *Op. cit.*

ñalado, deberá, mientras marcha por el camino, analizar su equilibrio en el trato con la realidad, en sus sentimientos, en sus pasiones y en su intelecto. El propio proceso, especialmente muchas de las técnicas tradicionales de meditación a las que después haremos referencia, se convertirá en ocasiones en la mejor terapia para sus problemas, pero, si los problemas son excesivos en cualquiera de los terrenos, seguir adelante sin plantarles cara es buscarse complicaciones mucho más serias. El camino exalta la personalidad y exacerba las tensiones. En un momento dado puede ser necesario hacer un alto, arreglar la casa e incluso, si procede, recurrir a la ayuda de un terapeuta, siempre que su visión del hombre esté próxima al pensamiento tradicional. En este sentido, conviene recordar, por otra parte, que un buen maestro del espíritu no tiene por qué ser un buen terapeuta del alma, entre otras cosas porque, como hemos venido reiterando, él ha recorrido los caminos del espíritu que va a hollar el discípulo, pero no necesariamente los mismos del alma.

Usualmente parece que el hombre está más habituado a saber que debe enfrentarse a las pruebas del *fuego,* a las pasiones, y este tipo de lucha le parece más normal. Hay que recordar que al dragón hay que domarlo, no matarlo, si no queremos matar, con cada vicio, la virtud correspondiente; pero también hay que estar permanentemente atentos, porque el dragón nunca está completamente domado y sus ataques son tanto más peligrosos y duros cuanto más arriba está el que los sufre. El mejor método sigue siendo el tradicional: cuando una pasión pretende adquirir carta de ciudadanía, desarrollemos con firmeza la virtud que le corresponde. Es la fuerza de la virtud, que en cuanto manifestación de la virtud es un aspecto de la Divinidad, no de la voluntad, la que mantiene bajo control a la pasión. Tampoco hay que asustarse si, en un momento dado, una antigua pasión parece renacer con fuerza inusitada; como hemos señalado suele ser el signo y la señal de que la virtud correspondiente se está desarrollando con fuerza: es el momento de prestarle atención.

Hay una virtud que el noble viajero debe cuidar con especial esmero: la sinceridad. Ésta no se limita a que nuestras palabras coincidan con la verdad, eso es una consecuencia de una sinceridad mucho más profunda situada al nivel del Ser. Hay dos atributos de Ser con los que el noble viajero debe intentar identificarse desde el comienzo de la senda. El Ser es la verdad y porque es lo único real. Y es lo único real porque es la verdad. Sólo lo verdadero existe realmente y sólo lo que es real es verdadero. Esto implica que todo en el noble viajero debe ser verdadero. Debe parecer aquello que es y debe ser aquello que parece, si no, toda su vida es mentira. Debe atreverse a ser aquello que desea, y debe desear sólo aquello que se atreva a ser, si no, toda su vida es esquizofrenia.

El mundo de los deseos y las emociones, el mundo del *agua,* ha de ser también atravesado sin rodearlo. Es otra realidad que no puede ser ignorada sin que en el momento más inoportuno las aguas suban borrascosas con riesgo de ahogar al caminante. El mundo iniciático no es un mundo de emociones y arrobamientos y menos aún un mundo de sentimentalismos. Las emociones tienen su justo papel de ayudar, en algunos casos, a la exaltación de la conciencia, pero no pueden ser las que conduzcan el carro. Si el riesgo del sentimental es ver siempre las cosas deformadas por la luz de la Luna, dotar de un falso sentido todo cuanto hace o recibe, el riesgo del que reprime sus emociones es volverse estéril, él y cuanto le rodea. El mejor remedio, en ambos casos, es entregarse al servicio desinteresado de los demás. Sin embargo, en un momento dado del viaje el agua parece evaporarse y el peregrino llega a asustarse de su propia sequedad; aparentemente nada ni nadie le importa, pero se dará cuenta de que, cuando las necesidades del hermano le reclaman, le encontrarán más disponible que antes, seco pero disponible, aparentemente frío pero eficaz. Y esta disponibilidad, esta capacidad de servir sin encontrar la más mínima satisfacción en lo que se hace, produce una depuración del actuar que le llevará, si se mantiene firme en la actitud de servicio, a recuperar sus sentimientos pero purificados. Descubrirá que ni el mundo es culpable de no amarle a él suficientemente, ni él tiene que servir para redimir ninguna culpa. Servirá a los demás gratuitamente, sin esperar a cambio nada más que la oportunidad de servir. Se sentirá libre para poder disfrutar de sus sentimientos porque no tienen trampa alguna detrás. Podrá querer y dejarse querer. Y entonces sus emociones se convertirán en un instrumento útil, sin doble filo, para el trabajo mágico.

Mundo aparte es el mundo de los deseos. El hombre tiene deseos que no se atreve a desear. Son deseos que extenúan. El individuo es como un coche atado con una cadena al suelo, al que se acelera permanentemente: o quema el motor –lo más probable– o se estrella contra el árbol de enfrente. En el lado opuesto está el individuo que se mueve a impulsos de cualquier deseo, como un coche sin dirección se mueve cada vez hacia un objetivo distinto. El esfuerzo estéril produce melancolía, quema y paraliza. El peregrino ha de mirar de cara a sus deseos, debe atreverse a desear o dejar de desear, pero ha de hacerse responsable de lo que desea. A partir de cierto punto del camino, la energía acumulada hace que los verdaderos deseos del caminante se cumplan y ha de ser especialmente cuidadoso con lo que de verdad desea, porque puede verse sorprendido por no reconocer a su criatura: porque alcanza lo que no reconoce desear y no alcanza lo que dice buscar. Dice Tauler: «Quien a Dios quiere, sólo a Dios tiene», quien quiere otras cosas, que no se extrañe si sólo obtiene cosas, quien quiere a Dios que no se sorprenda si «sólo» obtiene a Dios, Él es el ciento por uno.[9] Paradójicamente, para el que alcanza la meta todos sus deseos se cumplen, porque su voluntad coincide con la voluntad de Dios y en Dios no hay ninguna diferencia entre querer y ser. No se puede matar el deseo, se debe desear lo único que merece la pena.

Mucha gente del camino da menos importancia a las otras pruebas y, sin embargo, en todas ellas debe batirse el peregrino. El camino está lleno de «des-pistados», es decir, de personas que «han perdido las pistas» por su mala relación con el elemento *tierra*. Y es que la relación con la tierra es particularmente ambigua para el caminante. En la medida en que se reconoce «peregrino» y «ciudadano de otra patria», su relación con la realidad nunca será de absoluta instalación ni comodidad. Una cierta sensación de inadaptación acompaña siempre a la nostalgia. Pero el camino no es para inadaptados, ni sirven en él las actitudes fuguistas. Es la llamada de una voz superior la que nos atrae, no nuestra incapacidad para enfrentarnos a la realidad la que nos lleva a dejar nuestra casa. El maestro (aún con minúscula) del camino siempre debe preguntar al discípulo: «¿Cuál es tu materia?», «¿Cuál es aque-

---

9. [Dijo Jesús] «Y todo aquel que haya dejado casas, hermanos, hermanas, padre, madre, hijos o hacienda por mi nombre, recibirá el ciento por uno y heredará vida eterna» (Mateo 19, 29).

lla parte de la realidad con la que te confrontas, para que sea para ti piedra de toque?». Y si ésta no existe, el peregrino debe, de nuevo, hacer un alto y reconciliarse con la tierra. De hecho, la mayor parte de las escuelas iniciáticas no admitían candidatos que no fuesen capaces de ganarse la vida con normalidad.

En el polo opuesto, el mundo del *aire,* de la mente, encierra un doble desafío para el viajero. La razón puede intentar detener permanentemente el proceso.

Lo «razonable» raramente permite romper los propios límites, que precisamente se defienden recubriéndose de razonabilidad y respetabilidad. La razón no sólo es miedosa, está permanentemente al servicio de la supervivencia del «ego», y el «ego», mientras tenga impurezas, ordenará a la razón que las defienda de cuanto puede ponerlas en peligro. En el riesgo contrario se pierden los que son víctimas de mundos imaginarios, de construcciones arbitrarias, los que se refugian en ellos para compensar sus dificultades con la vida cotidiana, con la tierra.

El camino no es «razonable», pero mucho menos es «irracional». El hombre debe aplicar permanentemente su razón al camino, pero una razón que debe ser permanentemente educada y purificada hasta que se abra al Intelecto, que posee la capacidad de ver directamente lo real.

El viajero, por lo tanto, debe, por una parte, afianzarse en la tierra para recuperar contacto con la realidad que le defienda de los mundos imaginarios.[10] Por otra parte, debe cultivar la confianza en sus propias intuiciones que le permitan escuchar la voz del corazón; sin embargo, éste es un proceso que exige mucha depuración, sensatez y contraste; si no quiere confundir «las intuiciones», con la primera estupidez que se le ocurra, como fruto de sus miedos o frustraciones.

---

10. No debe confundirse lo imaginario, fruto de los «delirios» de nuestra mente, ni con la imaginación creadora, de gran importancia para acceder y trabajar en otros niveles de realidad, ni mucho menos con el mundo imaginal, frontera entre los dos mundos, en la que un día quizás el iniciado tenga que moverse, pero ése ya es otro tema. Pero precisamente el control de lo imaginario es la condición indispensable para no perderse de forma radical en esos otros mundos.

Importante alimento y disciplina de la mente[11] es el estudio y la lectura. No se trata del estudio erudito, sino del conocimiento del pensamiento tradicional, de aquellos hombres y mujeres que a lo largo de los siglos nos han precedido y nos han ido mostrando parte del camino. Ante la dificultad de encontrar maestros y escuelas, los libros (serios) pueden llegar a ocupar durante un buen trozo del camino un importante papel de maestro. No sólo, también nos permiten sentir una especial sensación de hermandad con muchos autores y, de alguna manera, recibir de ellos una cierta influencia espiritual.

El mundo del *espíritu* nos obliga a cambiar de enfoque. El espíritu no necesita ser educado ni depurado, él participa del Espíritu y como tal es perfecto. El espíritu necesita, simplemente, ser liberado. Que se le permita enseñorearse de la totalidad del ser del viajero. Esta liberación del espíritu tiene como momento culminante la iniciación ritual, pero no es poco lo que se puede, y tiene, que hacer antes y después, y por siempre, hasta llegar a la unión. En este sentido, como lo que se tiene que hacer antes y lo que se tiene que hacer después es en cierto modo lo mismo, al hablar del trabajo del espíritu estamos simultáneamente refiriéndonos a parte del trabajo de «realización» a realizar —valga la redundancia— por el ya iniciado.

Hasta ese momento el caminante ha debido reconstruir, ordenar y equilibrar su propio «yo», de manera que se convierta en una ayuda y no en un estorbo para avanzar por el camino. Llegado el momento de abrirse al espíritu, el propio «yo» se convierte en el principal velo entre el corazón del viajero y su propio espíritu.[12] Al igual que Abra-

---

11. En el fondo, el hombre común es lo que piensa y piensa en aquello con lo que alimenta su mente. En el iniciado se da un salto ontológico (correspondiente al nivel del Ser): el iniciado es aquello que conoce y conoce aquello que él mismo ya es.

12. ¿Qué sabe el yo de lo que se guarda en el tesoro del corazón? ¿Qué sabe el corazón de las sutilezas del santuario del espíritu? ¿Qué sabe el espíritu de las sutilezas que se conservan en el pabellón de la consciencia interior, y qué sabe ésta de las verdades del núcleo del Ser o la consciencia más íntima del Ser? En realidad, el «yo» es el lugar de la dádiva sagrada. El corazón, la casa de la gnosis divina. El Espíritu, el sello de la contemplación. La consciencia del Ser, la morada del amor. Y el núcleo del Ser o la consciencia más íntima sólo Dios sabe qué guarda o quién es su conocedor, pues está más allá de la imaginación y de la comprensión del ser humano? Cfr. Nurbakhsh, J. *Psicología sufí.*

ham con el hijo de la promesa, el noble viajero debe estar dispuesto a sacrificar al hijo de la promesa, a su propio «yo» en el altar del corazón. El rey debe ser sacrificado para que el niño nazca en el cáliz. Comienza el proceso de descreación. Que no es destrucción, sino transmutación.

El camino hacia el corazón pasa por el *silencio.* El silencio es el altar donde es sacrificado[13] todo el ser contingente del hombre, tanto en sus elementos ya integrados como en los no integrados. Es el vacío en que es posible la manifestación de lo lleno. El vacío que será llenado, el silencio en que habitará la palabra, es el hacer no-haciendo, la nube del no-saber. Si, desde el punto de vista del hombre, el silencio representa el sacrificio de la palabra, desde el punto de vista del silencio. «la palabra es el sacrificio del silencio. La autoinmolación del silencio origina la palabra. El silencio deja de existir cuando aparece la palabra...; la palabra es todo lo que el silencio es, pero entonces el silencio ya no es, sólo hay palabra».[14] Por eso el silencio es símbolo y realidad del estado final al que se aspira, símbolo y realidad del viaje de regreso.

El viajero debe aprender, e integrar en su vida diaria, cualquiera de las técnicas tradicionales que ayudan a alcanzar el silencio.[15] Técnicas que, una vez más, deben abarcar al hombre completo. La profundización hacia la apertura del corazón, del tercer ojo[16] del que hablaban los místicos cristianos medievales, debe realizarse desde el cuerpo y desde el alma, profundizando desde el exterior al interior. El hombre debe abrirse a la contemplación,[17] empezando por el silencio del cuerpo y

---

13. Conviene recordar que el término «sacri-ficio» quiere decir «hacer sagrado». Desde el punto de vista simbólico el hombre antiguo, para convertir algo en sagrado, y expresar que dejaba de ser de su propiedad para pasar a ser propiedad divina, destruía algo valioso de su propiedad, sin que el acto tuviese más utilidad que ésa. El hombre moderno piensa que es mucho más razonable, en vez de quemar una vaca, dársela de comer a los que tienen hambre, y como norma eso es sin duda alguna lo más correcto. Sin embargo, piénsese por un momento –sólo como posibilidad– cómo nos sentiríamos quemando diez mil, o cien mil, pesetas en billetes, para expresar nuestra propia entrega, sin poder esperar a cambio ni la satisfacción de la caridad, ni una respuesta sensible por parte de la Divinidad.

14. Cfr. Panikkar, R. «El silencio de la Palabra», *Cielo y Tierra*, n.º 10.

15. Cfr. Enomiya Lasalle, H. M. *Zen y mística cristiana* y Davy, M. M. *El hombre interior y sus metamorfosis.*

16. Cfr. Johnston, W. *El ojo interior del amor* y *La música callada.*

17. A convertir todo su ser en un templo.

siguiendo por el silencio del alma,[18] hasta el momento en que deja de pensar discursivamente, su ser se recoge al interior, se unifica y se abre a la presencia.[19]

Nada en el ser humano es lineal, ni tampoco circular. Todo su proceso es una doble espiral, que atrae hacia el centro y que lanza hacia el exterior. Lo mismo el camino. La apertura del corazón exige la limpieza del cuerpo y del alma, pero al mismo tiempo la produce, por sustitución, si es verdad –como hemos venido repitiendo– que lo uno no acepta algo distinto de Él, para lo cual el caminante debe dejarle espacio en su interior; también es verdad que lo uno, en cuanto se le abre la puerta, va expulsando, por su propia potencia, todo lo que no es compatible con Él. Y así, la actitud contemplativa tiene simultáneamente como condición y consecuencia el equilibrio del hombre en su totalidad.

Despertando al conocimiento

Pero éste es también un camino de conocimiento y hay dos mundos que deben ser conocidos por el aspirante: los símbolos y las Escrituras Sagradas. A este conocimiento, sin embargo, no se accede por el mero estudio, que siendo imprescindible, pertenece al mundo de la mente y no permite ir más allá de lo que los propios textos dicen, sino que es necesario convertirlos, en primer lugar, en objeto de *meditación,* en donde la mente, iluminada por el espíritu, concentrada en un solo punto, intenta penetrar en lo que el objeto de meditación sugiere y envuelve, más allá de las palabras concretas, actitud que, con el tiempo, debe dar paso a la contemplación.

El mundo de los *símbolos* constituye un caso muy especial en la formación del iniciando y, en el fondo todos los otros medios de los que aquí vamos a hablar son reconducibles al mundo de los símbolos. Para acceder al conocimiento de aquello que «ni el ojo vio, ni el oído oyó, a la gnosis de Dios oculta en forma de misterio... que Dios nos

---

18. Cfr. Dürckheim, K. G. *Op. cit.*
19. Cfr. Enomiya Lasalle, H. M. *La meditación camino para la experiencia de Dios.*

reveló por medio del Espíritu, pues el Espíritu lo sondea todo, incluso las profundidades de Dios»,[20] el hombre posee, y ha de desarrollar, una facultad: la intuición, el ojo del corazón, una técnica: la meditación y un modo de expresar los resultados: los símbolos, que a su vez servirán de apoyo a la intuición de los que mediten sobre ellos.

El símbolo[21] es la representación sensible de una idea, de una experiencia, pero esta representación tiene una característica muy singular. Existe una profunda relación de analogía entre símbolo y simbolizado, de hecho, el símbolo y lo simbolizado comparten un mismo nivel de realidad. Y así, el símbolo actúa de puente entre el mundo de las realidades sensibles, al que pertenece en cuanto representación, y el mundo de las ideas y de las experiencias inefables, cuyo arquetipo manifiesta.

El símbolo no expresa ni explica, sólo sirve de soporte para elevarse mediante la meditación al conocimiento de las verdades metafísicas. Su ambigüedad vela y revela, permite la interpretación en diversos niveles o planos de la realidad y permite a cada ser humano penetrar en su intimidad de acuerdo con su actitud y circunstancia, de acuerdo con su «cualificación». Los símbolos, por otra parte, se enriquecen cada vez que se medita sobre ellos, puesto que incorporan el conocimiento del misterio alcanzado por cada uno que nunca agotará la totalidad hasta que la creación entera no contemple a Dios cara a cara.

Dentro del mundo de los símbolos existen cuatro familias de símbolos especialmente significativos: el simbolismo del arte sagrado, el simbolismo astrológico, el simbolismo del tarot y el del Árbol de la Vida. Todos ellos han sido objeto de innumerables estudios. A nuestros efectos nos interesa únicamente apuntar el papel que pueden desempeñar en la formación y en el desarrollo de la intuición del caminante.

El arte no es sagrado por su tema, sino por su finalidad y por la inspiración del artista, que en la mayor parte de los casos de arte sagra-

---

20. 1 Corintios 2, 7, 11 y ss.
21. La palabra «sím-bolo» en su sentido etimológico hace referencia a un objeto (señal de reconocimiento dada entre amantes, amigos o miembros de una sociedad secreta) dividido en dos partes que recuperan todo su contenido al reunirse de nuevo. Es, por lo tanto, lo que une dos realidades, exactamente lo contrario de lo «dia-bólico», que es lo que separa. Cfr. Ancochea, G. y Toscano, M. «El simbolismo del número».

do auténtico suele ser anónimo. El arte sagrado no es la expresión artística que se ocupa de temas religiosos, sino aquella que refleja la visión espiritual propia de una tradición sagrada. No trata de evocar sentimientos o transmitir emociones, sino simbolizar realidades inefables. El arte es sagrado porque reproduce el arte divino, la forma de actuar de la Divinidad. El arte es sagrado cuando el artista tiende a ver y reproducir la realidad con los ojos de Dios. El objetivo del arte sagrado será, por lo tanto, representar la manifestación que la Divinidad hace el hombre de sí misma, de acuerdo con cada una de las tradiciones. Todo arte sagrado es, en última instancia, epifanía. Para el cristianismo, el centro de la manifestación divina es la persona de Cristo, y en consecuencia el arte cristiano sólo tiene un objeto: la transfiguración del hombre por su conformación con Cristo. Para el islam, el arte sagrado es ante todo la manifestación de la unidad divina en la belleza de lo creado y su finalidad es ayudar al hombre a separarse de la multitud desordenada de las cosas a fin de remontarse a la unidad.[22]

El arte sagrado es un arte vivo, en la medida en que el que lo interpreta está vivo. La historia de Dios se hace accesible en el arte. El objeto parece mudo, pero cuando es recibido, habla, grita, expresa la alegría y el gemido. La función del simbolismo del arte sagrado es arrastrar a una penetración cada vez más profunda de la tradición, educando al hombre, enseñándole a penetrar en la intimidad de Dios y favoreciendo la vida secreta con Él. Esta penetración es el resultado de un esfuerzo de atención y concentración, exige el ora y el labora; es el fruto de un trabajo lúcido y después del «rumiar» interior.[23] Entonces la intuición, la inteligencia espiritual, capta el símbolo en su profundidad, arrastrando consigo la con versión, el «volverse hacia» –que eso significa «convertirse»–, el cambiar de sentido e iniciar el camino de retorno.

Especial interés tiene el arte sagrado que rodea las grandes rutas de peregrinación. «El Camino de Santiago es la ruta estrellada, accesible a los elegidos, a los mortales valerosos, a los sabios perseverantes... «¡Ruta larga y peligrosa por la cual lo potencial se actualiza y lo oculto

22. Cfr. Burckhardt, T. *Principios y métodos del arte sagrado.*
23. Cfr. Croberos, J. *El camino iniciático de Santiago.*

se manifiesta!», decía Fulcanelli, y es aplicable a cualquier peregrinación sagrada tradicional. Si la peregrinación es en sí misma, y resume, un completo recorrido iniciático, el arte de los lugares sagrados que jalonan el camino se convierte en un auténtico libro en piedra. Que como tal debe ser enfocado y leído, siendo válidas las vías de interpretación a las que haremos referencia más adelante, al hablar de las Escrituras Sagradas.

La ruta de las estrellas nos lleva directamente a la consideración del *simbolismo astrológico*. No nos vamos a ocupar, ni siquiera a nivel de grandes líneas, de la astrología como método para predecir el futuro, ni tampoco –a pesar de su interés en nuestro caso– como enseñanza sobre el transcurrir de los ciclos en la vida del hombre.[24] Tampoco nos detendremos en la importancia decisiva que la astrología tiene para regir el año litúrgico de las tres religiones abrahámicas, dos de ellas (judaísmo e islam) de marcado carácter lunar y la tercera (el cristianismo, como los esenios) de carácter predominantemente solar.[25] De hecho, «por su origen, la astrología es esencialmente religiosa. En la astrología se refleja la postura del hombre con respecto al universo y a sus motivaciones personales últimas».[26] En este sentido, y en este momento, la astrología nos interesa como sistema simbólico que nos ayuda a comprender la situación del hombre, de cada hombre, en el centro del cosmos.

La astrología, tal y como la conocemos en Occidente, nace en Mesopotamia, entre los caldeos, al menos hace tres mil años. Se difunde por Grecia y Egipto y llega a Europa en la Edad Media a través de los árabes, y de ella nace, como una rama, la actual astronomía. De hecho, muchos de los astrónomos famosos y el propio Newton se ganaron la vida como astrólogos. Es una disciplina del conocimiento que reúne casi todas las condiciones para ser considerada una ciencia, que se ocupa de estudiar las relaciones entre las posiciones de los astros y la naturaleza, y, más en concreto, con el hombre.

---

24. Cfr. Ruperti, A. *Los ciclos del devenir* y González Sterling, M. *Astrología kármica básica.*
25. Véanse, por ejemplo, los estudios para asimilar los doce signos del Zodíaco a los doce apóstoles o a las doce tribus de Israel. Cfr. Danielou, J. *Los símbolos cristianos primitivos.*
26. Voss, G. *Astrología y cristianismo.*

La astrología se basa en el estudio de la posición aparente de los planetas, el Sol, la Luna y las estrellas sobre el firmamento, visto desde la Tierra; llamándose horóscopo o carta astral a la «fotografía» del firmamento en un momento dado, en particular en el momento del nacimiento de una persona.

El simbolismo astrológico tiene, desde la óptica que nos ocupa, un doble interés. Lo que nos dice la astrología del cosmos y lo que nos dice nuestra carta astral de nosotros mismos. Dice la Biblia en el libro de la Sabiduría:

> Fue Él [Dios] quien me concedió un conocimiento verdadero de los seres, para conocer la estructura del mundo y la actividad de los elementos, el principio, el fin y el medio de los tiempos, los cambios de los solsticios y la sucesión de las estaciones, los ciclos del año y la posición de las estrellas... Cuanto está oculto y cuanto se ve, todo lo conocí, porque el artífice de todo, la sabiduría, me lo enseñó.[27]

La astrología empieza por dividir el firmamento visible en doce sectores, a cada uno de los cuales se le asigna un signo (generalmente de un ser vivo, de ahí el nombre del Zodíaco) y un nombre, en función de las características de la naturaleza cuando el Sol se encuentra en cada uno de esos signos a lo largo del año. Esos signos, que empiezan a contarse desde el signo de Aries (correspondiente al equinoccio de primavera), están regidos ante todo por una ley de polaridad, siendo alternativamente de características positivas (expansivas, masculinas, yang) y femeninas (receptivas, femeninas, yin). La alternancia de estas características ya nos pone de manifiesto que ambas coexisten en distintas proporciones en todos los hombres y que ambas deben ser usadas y desarrolladas. Siguiendo el ciclo de las estaciones, vemos que el Sol recorre tres signos en cada una, lo que da lugar a una segunda división ternaria: los signos (y los planetas y casas que las ocupan) pueden ser cardinales, en donde empieza la acción, donde nace el impulso; fijos, en el centro de la estación, conservadores, resistentes; y mudables, flexibles, adaptables, favorecedores del cambio. Por otra

---

27. Sabiduría 7, 17-21,

parte, los signos son también clasificables de acuerdo a un esquema cuaternario en signos de fuego (vital), aire (mental), ambos positivos, y tierra (estable, corpóreo) y agua (emocional), ambos negativos. Del cruce de las tres clasificaciones obtendremos las características más destacadas de la actividad de las distintas zonas del firmamento, y de los planetas al discurrir por ellas, entre Aries (positivo, de fuego y cardinal) y Piscis (negativo, de agua y mudable). La concentración o ausencia de planetas en las distintas polaridades, ternarios o cuaternidades nos hablarán de las características principales de la forma de reaccionar del individuo.

Un segundo elemento del universo simbólico de la astrología es el sistema de *casas*. Las casas, que son el resultado de dividir de nuevo la carta astral en doce sectores, a partir del punto que representa el signo que salía por el Este en el momento en que se levantaba la carta. Delimitan áreas de la experiencia humana, son los aspectos de la vida donde se exteriorizan las energías zodiacales y planetarias. En cada cuadrante hay tres casas que representan aspectos del yo interior, de su relación interior con los demás, de su relación externa con los demás y de su yo externo. La densidad o ausencia de planetas en sectores específicos nos dará una pista sobre la forma de manifestarse el sujeto de la carta.

Por este escenario del Zodíaco transitan los *planetas,* que son a modo de canales por los que se manifiestan las energías del cosmos y que representan las distintas fuerzas que actúan en el interior del hombre. Los planetas reciben nombres de dioses mitológicos y su influencia astral tiene una importante coincidencia con las características de dichos dioses. Estas fuerzas establecen relaciones entre sí, según las posiciones relativas de los planetas, de manera que se refuerzan, debilitan o enlazan sus actuaciones. Estas energías existen en todo hombre aunque se manifiestan de forma distinta (signos) en áreas distintas de actividad (casas) y con distintas relaciones entre sí (aspectos).[28]

---

28. Todas estas posibilidades dan lugar a una compleja combinatoria que hace imposible hacer afirmaciones rotundas en la astrología y que la convierte en un importante instrumento para afilar la intuición. Piénsese que –haciendo uso sólo de las relaciones más simples– un solo planeta puede estar en 12 signos, dentro de ellos en 30 posiciones –grados– posibles, combinados con 12 casas, y, como mínimo, en 5 tipos posibles de relación con otros 10 astros, lo que da un número de posi-

Especialmente significativo es el simbolismo gráfico de los planetas.

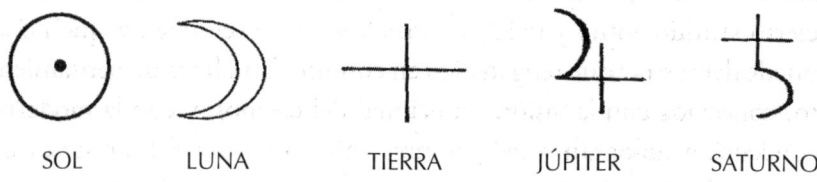

| SOL | LUNA | TIERRA | JÚPITER | SATURNO |

Todos los planetas se generan con tres trazos, el círculo O que representa el espíritu; el arco) que representa el alma; y la cruz + que representa el cuerpo, la materia. En función de su posición relativa, tenemos una idea de la actuación del planeta. Así, el Sol es sólo un círculo, espíritu, con todo el resto reducido a un punto en su interior; la Luna es sólo alma; la Tierra, cuerpo; Júpiter expresa la preponderancia del alma sobre la materia, y Saturno la de la materia sobre el alma, y así para el resto de los planetas.

Ahora bien, después de esta rápida referencia al tipo de información que podemos encontrar, surgen las preguntas fundamentales: ¿qué tiene que ver el hombre con unas masas minerales que giran en el firmamento y que ocupan posiciones aparentes en una zona de éste? ¿Qué grados de libertad le quedan a un hombre cuya vida parece absolutamente fijada en todos sus aspectos por los elementos que aparecen en su carta astral? La reflexión sobre estas dos cuestiones es lo que dota de sentido a incluir el simbolismo astrológico como objeto de estudio y meditación.

Todos los textos de astrología dedican unas páginas a intentar explicar si existen o no relaciones de causalidad entre la posición de los planetas y la vida de los hombres. Al margen de las evidentes influencias de la Luna y del Sol, el tipo de influencias que nos interesa sería de un tipo no detectable por los medios físicos. Lo que sí parece un hecho es que hay una cierta correspondencia entre la posición de los astros en

---

bilidades de 12 x 30 x 12 x 5 x 10 = 216 000, lo que hace muy difícil hacer afirmaciones simplistas sobre las características de los que tienen el Sol en Piscis y explicarlo en tres líneas. La astrología es una ciencia, que parte de un análisis de regularidades, y un arte que precisa de la intuición para hacer una síntesis sensata.

el Zodíaco y las características de una persona, y esta coincidencia abre a la intuición caminos más fecundos. Existe el *principio de sincronicidad* enunciado por Jung, en virtud del cual la simultaneidad actúa en cierto sentido como paralelismo, incluso entre fenómenos que no se puede demostrar que tengan algo en común. Otra línea de pensamiento, conectada con la visión tradicional del cosmos, y con la moderna concepción holográfica del universo, nos diría que el hombre es un compendio de todo el cosmos, de modo que simultáneamente lo refleja y es reflejado por él. «El hombre se percibe a sí mismo como un pequeño cosmos, como microcosmos en el espejo del universo, del macrocosmos, tal y como éste se presenta a él en la imagen del cielo, de los planetas. Cuando la astrología afirma una *correspondencia* entre macrocosmos y microcosmos y la representa en el horóscopo, se presupone que lo observado en los planetas es válido para la totalidad del macrocosmos».[29] Esta hipótesis, muy relacionada con la tradición hermética y la realización la obra alquímica, abre caminos de reflexión particularmente interesantes.

Lo que se constata empíricamente es que las observaciones hechas por la astrología sobre las tendencias apuntadas en la carta astral, en cuanto a las características y formas de actuar una persona, tienen una importante coincidencia con la realidad,[30] lo cual —además de la importante sistematización que ofrece sobre las fuerzas que actúan sobre el ser humano— convierte a la carta astral en un inapreciable instrumento de autoconocimiento y mejora.

Ello aboca a la otra pregunta: si la vida de un hombre está marcada por su carta astral, al margen de la forma en que lo hace, ¿dónde queda la libertad? Y también esta pregunta nos aboca a importantes consideraciones. Hay un antiguo axioma astrológico, recordado incluso por la escuelas de tendencias más deterministas, que dice: «Los astros inclinan, pero no obligan». El hombre nace condicionado, pero no determinado, por su dotación genética, por el medio sociocultural

---

29. Voss, G. *Op. cit.*
30. Siendo precisamente las aparentes discrepancias consecuencia del libre actuar de cada hombre, de modo que él sólo puede dar fe, en cada caso, de en qué medida su comportamiento está, deliberadamente, en contra de las tendencias marcadas.

en donde vive y el comportamiento de sus familiares y educadores y, sin embargo, siempre le queda un margen de libertad suficiente para tomar las riendas de su vida. Frente a estas tendencias, que son en muchos casos ciegas y en otros exigen técnicas largas y costosas para descifrarlas, la astrología nos muestra un mapa completo de las presiones y potencialidades de que disponemos, e incluso nos da pistas sobre su mejor uso y corrección. La vida del hombre consiste precisamente en tejer el mejor cesto posible con los mimbres que le han sido dados. Por eso la carta astral se convierte en un instrumento importante en manos del viajero, en una especie de mapa del alma, que le pueden permitir hacer el mejor uso de sus posibilidades, y allanarle el camino para que un día le sea de aplicación otro de los más antiguos axiomas astrológicos: *Los astros rigen a los hombres. Los iniciados rigen sus astros.* Nada más lejos del determinismo que el hombre que, escuchada la llamada, sabe que es libre o no de emprender el camino de regreso para recuperar su dignidad de hijo del rey. Nada más lejos de los determinismos que el iniciado que se sabe señor de los astros.

Un paso más en el conocimiento de las características del camino que ha de recorrer el viajero nos lo ofrece el simbolismo del *tarot*. «El enigmático universo del tarot constituye sin duda un universo oculto dentro de nuestro universo… sus arcanos son capaces de evocar al alma sensible los más profundos misterios del destino humano».[31]

El tarot es, en realidad, un libro que, en lugar de tener páginas impresas con palabras, se expresa a través de símbolos estampados en una serie de planchas o cartulinas.[32] En él se ordena una cosmología completa y constituye un modelo del universo, análogo a éste, construido con su misma estructura.[33] Al margen del poder mágico que se le ha venido atribuyendo, a nosotros nos importa que ese lenguaje está relacionado con el conocimiento, implica una sabiduría iniciática, que se manifiesta a distintos niveles en función de la persona que se le aproxima.

---

31. Peradejordi, J. *El libro de Toth o el tarot esotérico.*
32. Existen en el mundo del pensamiento tradicional, especialmente en la tradición alquímica, otros libros que sólo contienen grabados o con grabados acompañados de breves aforismos.
33. Cfr. González, F. *La Rueda.*

Desde el punto de vista histórico se ha querido remontar el tarot al hermetismo egipcio, sin que exista ninguna clase de prueba o tradición fundada al respecto. El tarot, tal y como hoy lo conocemos, aparece hacia el siglo XIV (aunque existen testimonios desde el siglo XII de su uso como juego o como instrumento adivinatorio entre los gitanos). En el siglo XVIII, fruto del cruce entre el romanticismo alemán y los neoplatónicos del Renacimiento italiano, el tarot conoce su renacimiento desde el punto esotérico y, simultáneamente, su desprestigio por el abuso que de él hicieron embaucadores y charlatanes.[34]

El tarot es un sistema simbólico-cósmico,[35] formado, como es sabido, por setenta y ocho cartas subdivididas en tres bloque. Veintidós arcanos[36] mayores, cuarenta arcanos menores y dieciséis cartas de la corte. Los arcanos menores están formados por cuarenta naipes, en cuatro series (llamadas normalmente bastos, copas, espadas y oros) numeradas del 1 al 10. Las cuatro series están ligadas a los cuatro elementos y a los cuatro mundos de emanación de la cábala. Las series del I al 10 deben relacionarse con las diez *sefiroth* a través de las cuales la cábala expresa el proceso de la manifestación divina. Las cartas de la corte (sota, caballero, reina y rey) tiene la misma división cuaternaria que los arcanos menores. Los arcanos mayores constituyen la síntesis del sistema, son veintidós[37] figuras (como las letras del alfabeto hebreo), con nombres y simbolismos diferentes, veintiuna de ellas numeradas del 1

---

34. Cfr. Cousté, A. *El tarot o la máquina de imaginar.*
35. Cfr. González, F. *Op. cit.*
36. Nótese que no se utiliza la palabra «carta» sino «arcano», lo cual nos anticipa ya que el acercamiento al mundo del tarot es todo menos obvio. «Lo que nos revela no son secretos, o sea, cosas disimuladas por la voluntad humana, sino arcanos. Un arcano es lo que hay que saber para ser fecundado en un sector determinado de la vida espiritual. Debe estar activamente presente en nuestra conciencia –o incluso en nuestro subconsciente– para volvernos fecundos en nuestras empresas creadoras, y ello en cualquier campo de la vida espiritual. Un arcano es un fermento o enzima cuya presencia estimula la vida espiritual y anímica del hombre». Cfr. *Los arcanos mayores del Tarot,* Anónimo.
37. El numero 22 es aproximadamente igual a $7 \times \pi$, lo que encierra un doble simbolismo de perfección, puesto que el número 7 es el símbolo de totalidad, de la plenitud alcanzada por el hombre en el camino de regreso y el número (relación entre la medida de la circunferencia y su diámetro) representa el círculo, principio y fin del proceso de manifestación.

al 21 y una última figura «el Loco», normalmente sin numerar, que puede colocarse al principio o al final de la serie.

La aproximación iniciática al tarot parte del estudio individual de los 22 arcanos mayores con todo el simbolismo figurativo, cromático y numérico de cada una de las cartas. Posteriormente, dividiendo los 22 arcanos en dos grupos de 11, las cartas pueden ser enfrentadas de dos en dos para su explicación mutua. El paso siguiente podría ser dividirlas en 7 ternarios consecutivos (1-2-3, 4-5-6) de manera que el primer elemento de cada ternario representaría el espíritu, el segundo el alma y el tercero el cuerpo en distintos niveles de evolución. Dentro de otras muchas combinaciones posibles[38] ha de llegarse a desentrañar el camino iniciático descrito por la serie completa. Desarrollada en dos fases, la primera, del I al XI, representaría la vía seca, masculina, solar, que empieza con «el Mago», todavía más prestidigitador que sabio, que representa al poder creador existente en el hombre que empieza el camino y culmina en la adquisición de «la Fuerza», arcano XI; y la segunda serie, que representa la vía húmeda, femenina, lunar, comienza con el que ya ha puesto el pie en el camino de la iniciación, «el Ahorcado», arcano XII,[39] suspendido entre dos mundos en posición invertida y, si alcanza el don de Dios representado por la Estrella del arcano XVII, culminará con la resurrección simbolizada por el arcano XXI, «el Mundo», y el regreso del iniciado, con una nueva experiencia y visión del cosmos bajo la forma de «el Loco». De todo esto nos habla el libro del tarot.

Los 22 arcanos mayores y los 10 naipes de los arcanos menores, distribuidos en cuatro palos, nos han estado remitiendo, de forma permanente, al tercer universo simbólico que, en cierto modo, abarca, profundiza y trasciende los dos anteriores. El simbolismo del Árbol *de la Vida.*

Aunque la tradición cabalística es una de las tres grandes tradiciones que hemos analizado y constituye el esoterismo de la religión ju-

---

38. Cfr. Couste, A. *Op. cit.*
39. Sobre los peligros de esta segunda fase del camino nos habla el hecho de que el viajero ha de enfrentarse ahora, sucesivamente a la Muerte (XIII), el Diablo (XV) y la experiencia de la Torre (XVI).

día, su influencia sobre el esoterismo en general, y en especial el esoterismo cristiano, ha sido notable, como hemos señalado. El estudio en profundidad de la cábala[40] exige ser aceptado por un maestro y largos años de preparación; sin embargo, existen dentro de la tradición cabalista determinados símbolos que son de más fácil acceso y de una gran importancia por su poder evocador y organizador del conocimiento. Vamos a apuntar aquí, por su especial interés y potencia, las líneas generales de uno de los más importantes conjuntos de símbolos de la cábala: el Árbol de la Vida. Dice el *Sefer Yetzirah,* o libro de la Creación, el más misterioso y antiguo texto cabalístico, atribuido por la tradición al patriarca Abraham:[41]

Con 32 senderos místicos de Sabiduría
grabó Yah, el Señor...
Y creó Su universo con tres libros
con texto con número
y con comunicación.
Diez Sefiroth de la Nada y
22 letras Fundamento...

El Árbol de la Vida, que consta de 10 esferas *(Sefiroth,* plural de *Sefirah),* y 22 senderos, correspondientes a las 22 letras, es un diagrama (Fig. 1), a partir del cual se construyen multitud de diagramas adicionales, que permite esquematizar gran parte de la reflexión cabalística, en particular el proceso de creación del mundo, el camino de retorno y

---

40. No está de más recordar que el verdadero corazón de la cábla es la Torá y en este sentido dice el *Zohar:* «Porque la Torá tiene muchas cosas exteriores e interiores y todas forman una sola Torá y un solo árbol sin que se den diferencias». Cfr. Peradejordi J. *La cábala.*

41. Los cabalistas dividen la cábala en tres categorías: teórica, basada en el *Zohar,* y que trata fundamentalmente de la dinámica del dominio espiritual, especialmente el mundo de las *Sefiroth,* las almas y los ángeles; la meditativa, que trata del uso de nombres diversos, permutaciones de letras y métodos similares para conseguir estados superiores de conciencia, de la que se disponen de muy pocos documentos escritos; y la mágica que, mediante signos, encantamientos y nombres, pretende influir o alterar los sucesos naturales. El *Sefer Yetzirah* es un texto meditativo con fuertes armónicos mágicos. Cfr. Kaplan, A. *Sefer Yetzirah.*

la naturaleza de todo lo creado, y en particular del hombre. Como en el caso de los otros universos simbólicos vamos a hacer un pequeño recorrido por éste, para poner de manifiesto alguno de los elementos que aconsejan su estudio y meditación, y su relación con el resto de los conjuntos simbólicos estudiados.

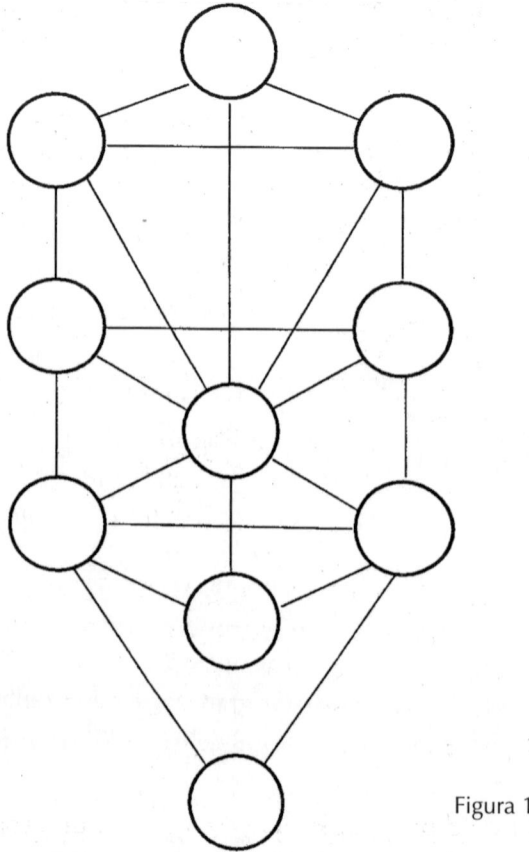

Figura 1

En primer lugar, la tradición cabalista nos habla de la existencia de una nada no manifestada *(Ain)*, ilimitada *(Ain Sof)* y luminosa *(Ain Sof Aur)* que como tres velos cubren la realidad existente antes de que todo existiese. Cuando esta realidad empieza a manifestarse creando de la nada (es decir, de nada ajeno a ella misma) lo hace emanando un primer punto de luz o energía que es absoluta potencialidad, la primera esfera *(Kether,* la Corona) (Fig. 2).

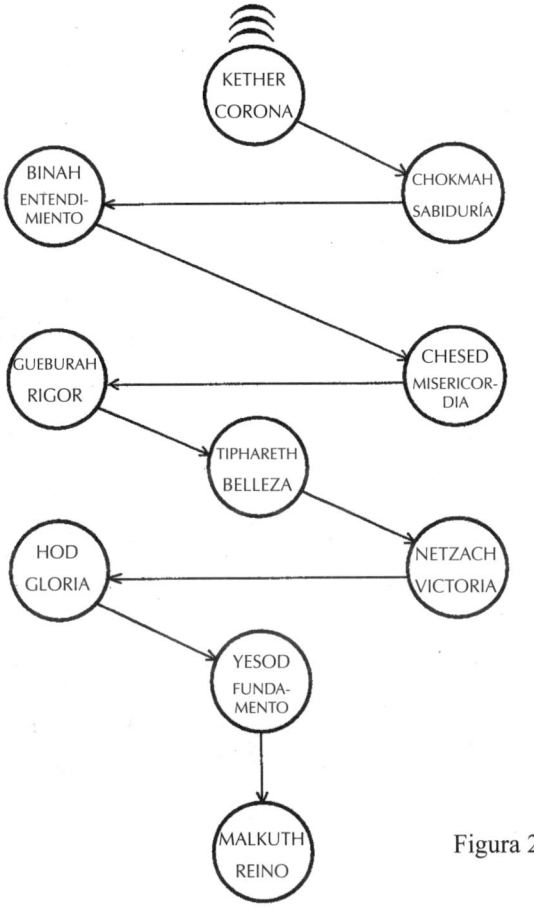

Figura 2

A partir de él prosigue la manifestación en un proceso en que cada esfera va ganando en concreción y perdiendo en potencialidad, de manera que cada esfera se comporta como femenina con respecto a la anterior y masculina con respecto a la siguiente. Es femenina porque recibe su energía de la que la precede, y le da concreción, al tiempo que reduce su potencialidad, de la misma manera que el óvulo, al escoger un espermatozoide, hace posible que un nuevo ser vea la vida, pero, simultáneamente, priva de existencia a las potencialidades implícitas en los miles de espermatozoides despreciados. Es masculina porque a su vez encierra miles de potencialidades para fecundar a la esfera siguiente. El proceso termina en la aparición del mundo material *(Malkuth,* el Reino), la absoluta concreción.

En función de las características de la actividad de la energía divina a lo largo del proceso de descenso, las *sefiroth* son clasificadas en cuatro mundos, o niveles (Fig.3): emanación (aire), creación (fuego), formación o (agua) y material (tierra). Puesto que cada *sefirá* se comporta como el origen de la manifestación para la siguiente, en cada uno pueden identificarse los cuatro mundos, de manera que obtendríamos el número 40 = 10 x 4 que, como hemos señalado, implica una experiencia completa.

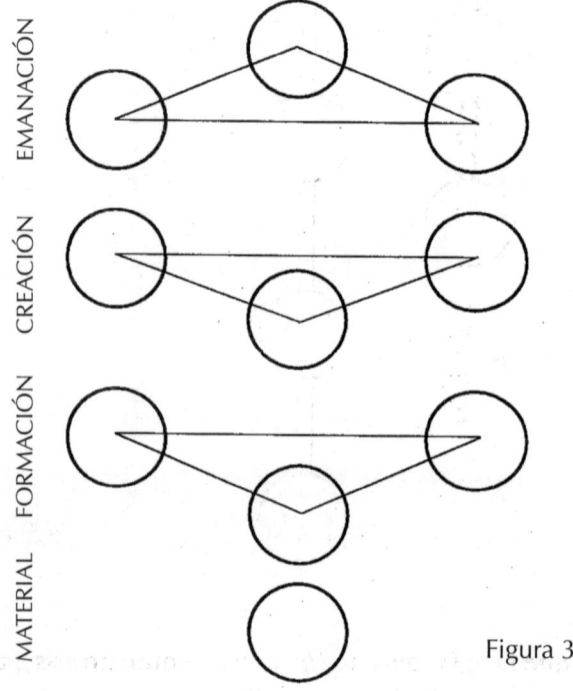

Figura 3

Una vez producida la manifestación, la actividad de las *sefiroth* se estructura de acuerdo con un modelo ternario (Fig.4): la columna de la izquierda es el pilar femenino, pasivo o negativo, la de la derecha el pilar masculino, activo o positivo y la del centro el pilar del equilibrio. A título de curiosidad y como un ejemplo de en qué medida nuestra cultura está marcada por el simbolismo cabalístico, recuérdense las dos columnas del Templo de Jerusalén, reproducidas en todas las logias masónicas o, en otro orden de cosas, la antigua costumbre de que las mujeres ocupasen la parte izquierda del templo y los hombres la derecha, en las liturgias católicas.

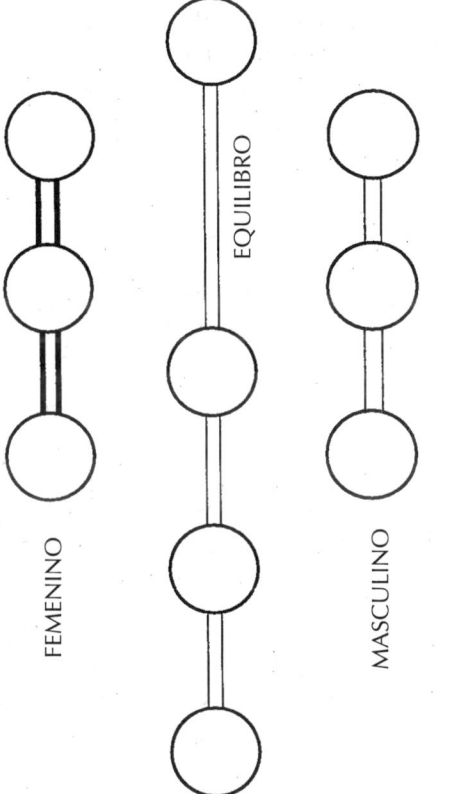

Figura 4

Destacar que la *sefirá* central *Tiphareth,* el número seis, punto donde todas las fuerzas del árbol se equilibran, corresponde a lo que el esoterismo llaman la experiencia del Cristo, o del Hijo, correspondiendo el Dios Padre a *Kether,* mientras que el Espíritu es la energía divina que circula entre todos ellos. El Cristo es el lugar donde el hombre que sube se une al Padre, que baja al hacerse consciente de su naturaleza de Hijo de Dios y hacerla operante. El Dios uno, que de acuerdo con la tradición cristiana se manifiesta como Padre, Hijo y Espíritu es siempre no manifestado.

En la figura 1 hemos reproducido las 10 *sefiroth* y los 22 caminos que las unen.[42] De este diagrama que, repetimos, se puede aplicar a las distintas realidades existentes, queremos destacar, en este momento, su uso como mapa del camino de retorno. En la lectura más sencilla nos indica las tres posibilidades que se abren al hombre situado en *Malkuth*. El hombre normal emprenderá el regreso rehaciendo el camino marcado por el rayo indicado en la figura 2, con la posibilidad clara de llegar al final, pero con el riesgo[43] de quedarse parcialmente (es decir, una parte de él) retenido eternamente en una de las esferas: la hipótesis peor (y tómese en su nivel simbólico) sería un cuerpo muerto en *Malkuth,* un alma convertida en un fantasma en la *sefirá* anterior *(Yesod)* y un espíritu retornando a la fuente. El místico recorre el camino central, un camino rápido, al margen de las polaridades, que va consumiendo dolorosamente los distintos vehículos a medida que asciende. El iniciado intenta recorrer los 22 senderos, asumiendo en su viaje de vuelta, salvando, recapitulando, toda la creación. La creación espera ansiosa la manifestación de los hijos de Dios. «La creación, en efecto, fue sometida a la vanidad, no espontáneamente, sino por aquel que la sometió, en la esperanza de ser liberada de la servidumbre de la corrupción para participar en la gloriosa libertad de los Hijos de Dios. Pues sabemos que la creación entera gime hasta el presente y sufre dolores de parto».[44] El camino del iniciado es, por lo tanto, un camino de conocimiento y experiencia, que incluye como elemento central la experiencia mística y que algún día terminará en la unión, más allá de toda manifestación pensable y, por tanto, de toda dualidad.

El Libro escrito es el último escalón de las emanaciones, gracias a lo cual lo oculto se hace manifiesto.[45] El Libro es, para el pensamiento tradicional, la manera en que el Absoluto se manifiesta y se hace accesible, se hace decible y conocible. El libro es fundamentalmente des-

---

42. Según los diferentes autores existen otras rutas posibles para marcar los senderos.
43. Riesgo del que no están exentos los otros caminos, incluso con mayor gravedad, debido al mayor nivel del ser y de integración alcanzado, especialmente en el caso del camino iniciático.
44. Romanos 8, 19 y ss.
45. Cfr. Antón, J. A. *Symbolica nomina.*

pliegue, desarrollo, emanación, manifestación, epifanía. La palabra se convierte en libro y los sentidos del libro son las sucesivas fases o hipóstasis del proceso de revelación. Habrá así tantos sentidos del libro como hipóstasis o revelaciones. Desvelar el sentido del libro es desvelar el sentido del Ser. Cada grado que se ascienda en la intelección del libro será un grado que se ascienda a través de los estadios supremos del ser, por ello en muchas tradiciones intelección del libro e iniciación están estrechamente ligados.

Las Escrituras Sagradas no son ni fósiles ni libros cerrados. La palabra de Dios está viva. La palabra se ha hecho libro y ha puesto su tienda entre nosotros. Para que un libro pueda ser considerado «palabra de Dios» es necesaria una cuádruple intervención del Espíritu. Ha inspirado al hombre que recibió el libro. Ha inspirado a la comunidad que ha reconocido ese libro como palabra de Dios. Ha inspirado a la comunidad que ha mantenido vivo ese libro hasta entregárselo al lector. Y finalmente, inspira al lector cada vez que abre de nuevo el libro y se dispone a que la palabra sea pronunciada para él. El ciclo de la revelación nunca se cierra. Es posible que, en esta era cósmica, no le sea dado a la humanidad un nuevo profeta. Pero el libro es siempre nuevo, cada vez que un hombre, movido por el Espíritu, lo abre. El viajero, por lo tanto, ha de confrontarse permanentemente con el libro (el que corresponda a su tradición) para que su mente sea fecundada por él y la palabra habite en él.[46] Las Escrituras Sagradas tienen en sí mismas esa «influencia vital» que se transmite en la iniciación, pero –y estamos una vez más ante el círculo vicioso sin la iniciación– el hombre no puede acceder al sentido más profundo de la Escritura.

El pensamiento tradicional sostiene, desde antiguo, que toda Escritura Sagrada tiene tres sentidos, en paralelo con la triple naturaleza del hombre y con los tres niveles que el hombre alcanza en su evolución:

- sentido literal que se refiere a lo que dice literalmente;
- sentido alegórico que se refiere al nivel de la moral y del dogma:
- sentido anagógico que se refiere a la capacidad del texto sagrado de remontarnos al origen de lo sagrado.

---

46. Juan 1, 14.

Todos los sentidos son válidos a su nivel, siempre que no se extrapolen en ningún caso a realidades distintas a las que se refieren, y son perceptibles por los hombres que hayan desarrollado cada nivel de conciencia. Así, el hombre carnal se detendrá en el nivel literal, el hombre psíquico en el nivel alegórico y el hombre espiritual en el nivel anagógico. El problema surge cuando desde un nivel de conciencia se pretende juzgar lo que sólo es perceptible desde el nivel superior. Y así como el necio desprecia lo que no conoce, el hombre carnal no verá en la Escritura más que cultura, antropología e historia de las religiones; el hombre psíquico sólo percibirá aquello que se refiere al dogma y a las costumbres y el hombre espiritual percibirá el sentido profundo y auténtico de todo lo anterior, no despreciando sino comprendiendo la realidad última del sentido literal y del alegórico, desde la posesión de una clave superior a ambos.

Dice un célebre pasaje del Zohar: «Rabí Simeón dijo: ¡Ay del hombre que pretende que la Torá ha venido para contar narraciones simples y palabras ordinarias! Si así fuera, de la misma forma, actualmente, podríamos hacer una Torá con asuntos vulgares y aún de más valor, sin embargo, la Torá contiene en cada una de sus palabras cosas elevadas y secretos supremos. En el momento en que la Torá desciende hacia el mundo inferior se reviste con vestidos de este mundo. Si no se vistiera con vestidos semejantes a este mundo, no podría permanecer en él y el mundo no la soportaría. Por ello, las narraciones de la Torá son el vestido de la Torá. Aquel que piense que este vestido es realmente la Torá y que no hay otra cosa, no tendrá su parte en el mundo por venir».

En la medida en que se ha perdido el carácter jerarquizado de la realidad y del hombre, las religiones han ido perdiendo la dimensión espiritual y se han quedado reducidas al nivel alegórico, de la moral y el dogma, han ido perdiendo el sentido anagógico de la Escritura, sólo perceptible por los místicos y por los pocos iniciados que en el mundo han sido.

Las tres religiones del libro han visto nacer tradiciones literalistas a veces admirables por su ingenio, pero que pueden llegar a ser peligrosas y opresivas. Existe un conflicto permanente de estas dos actitudes fundamentales respecto a la base de la revelación. Están por un lado quienes sobre la letra del libro sagrado construyen, por la fuerza del razonamiento, una sistematización de la verdad, que entiende la verdad como las piezas de una arquitectura: la moral, la jurisprudencia, la teología se encajan en la tradición exotérica. Pero hay otra tradición que pretende tratar la letra del libro como la presencia y la ausencia de una verdad ausente, en la que la ausencia es una dimensión imborrable.[47]

Para los cabalistas la Torá no ha sido revelada de una vez por todas, sino que, por el contrario, hay dos formas de Torá: una que es celestial y que se encuentra oculta, y otra que es la Torá revelada, la palabra proferida en medio de los hombres. La Torá oculta representa un punto de concentración en el que se encuentra enrollada la palabra aún no revelada. De esta forma, el libro contraído en un punto se irá explicando sucesivamente en el libro revelado. Pero de aquí se derivan importantes conclusiones. Una es el papel que corresponde al hombre en todo esto; en efecto, para la cábala el despliegue explicativo de la Torá enrollada no es obra exclusivamente divina, sino que al hombre le ha sido dada una misión en todo ello, participar de la explicación misma, ayudar a revelarla.[48]

Dice Isaías: «Guardaré el testimonio, sellaré estas enseñanzas para mis discípulos»,[49] lo cual nos pone de manifiesto la necesidad de que alguien nos ayude a levantar ese sello de las enseñanzas que, para el que no es digno, permanecen cerradas como dice el mismo Isaías: «Toda revelación es para vosotros como palabra de libro sellado que se da a leer a quien sabe leer diciéndole: "Lee, por favor, esto" y responde: "No puedo, este libro está sellado". O se da el libro a quien no sabe leer diciéndole: "Lee, por favor" y responde "No sé leer"».[50]

En paralelo, en el entorno cristiano, el autor del Apocalipsis nos dice: «Vi a la derecha del que estaba sentado en el trono un libro escrito por dentro y por fuera, sellado por siete sellos… Y nadie en el cielo ni en la tierra, ni debajo de la tierra podía abrir el libro, ni verlo, pero Jesús, el Cristo, se ha hecho digno de recibir el documento y abrir sus sellos».[51]

---

47. Cfr. Jambet, C. *El problema del sentido y su alcance en relación a la filosofía oriental.*
48. Cfr. Antón, J. A. *Op. cit.*
49. Isaías 8, 16.
50. Isaías 29, 11-12.
51. Apocalipsis 5, 1-3, 9.

«Todo el Corán es una historia simbólica entre el Amante y el Amado, y nadie, aparte de ellos dos, comprende la verdad y la realidad de su intención», dice Ibn 'Arabî. Y es necesaria toda la ciencia del corazón, toda la creatividad del corazón, para poner en práctica la interpretación mística que permite leer e interpretar el Corán.[52]

El V imam de los chiíes ha formulado la situación en términos a los que se hubieran adherido todos los buscadores del sentido espiritual de la Biblia:

«Si la revelación del Corán sólo tuviera sentido para el hombre o grupo de hombres a los que tal o cual versículo fue revelado, entonces todo el libro santo estaría muerto desde hace tiempo. Pero no es así. El libro santo jamás muere. El sentido de sus versículos se cumplirá entre los hombres en el porvenir como se ha cumplido en el pasado. Y así será hasta el último día».

El libro revelado, como símbolo del verbo eterno, es siempre capaz de producir nuevas creaciones. La exégesis espiritual esotérica percibe y transmuta todos los datos materiales, las cosas y los hechos, en símbolos, y los «reconduce» a lo simbolizado. La iniciación, nacimiento espiritual que permite el acceso a un mundo nuevo a un plano superior del ser, tiene como uno de sus efectos abrir el acceso al sentido esotérico de la Escritura, al sentido oculto bajo la apariencia literal de las revelaciones.

El hombre del camino deberá confrontarse permanentemente con las Escrituras Sagradas. Abrir el libro como si hubiese sido escrito exclusivamente para él, invocando la fuerza del Espíritu para que abra su corazón a los misterios. Una vez que ha adquirido el mínimo de conocimientos técnicos para situar los términos y los escritos en su contexto —no antes— debe olvidarse de toda erudición. El libro es una palabra siempre nueva que debe hablarle sólo del camino de regreso. En sus primeros pasos, el libro parece resistirse, pero determinadas frases aparecerán a los ojos del lector con un brillo especial; a pesar de que tenga la sensación de que su significado se le escapa, el aspirante irá memorizándolos, repitiéndolos, sembrando en su corazón los símbolos sagrados, como María, la madre de Jesús que: «por su parte, guardaba

---

52. Cfr. Corbin, H. *La imaginación creadora en el sufismo de Ibn 'Arabî*.

todas estas cosas, y las meditaba en su corazón». [53] Poco a poco, en los momentos más insospechados le irán revelando parte de su significado hasta que reciba el Espíritu. Entonces de acuerdo con la promesa de Jesús:[54]

El Paráclito, el Espíritu Santo
que el Padre enviará en mi nombre
os lo enseñará todo...
y os recordará todo lo que yo os he dicho...
Cuando venga el Espíritu de la verdad
os guiará hasta la verdad completa.

53. Lucas 2, 19.
54. Juan 14, 26 y 16, 13.

BIBLIOGRAFÍA EMPLEADA

Recogemos en la bibliografía los libros manejados para escribir las páginas anteriores. Con todos ellos hemos disfrutado. De todos ellos nos declaramos deudores. Señalamos en negrita aquellos que, de forma absolutamente subjetiva, nos parecen más atractivos para una primera aproximación al tema del que tratan.

AL SULAMI: *Futuwah* (tratado de caballería sufí). Ed. Paidos. Barcelona 1991.

ANCOCHEA, G. y TOSCANO, M.: *El simbolismo del número.* Ed. Obelisco, Barcelona, 1993.

ANCOCHEA, G. y TOSCANO, M: «Buscad mi rostro». En *A la raíz.* VV.AA. Darek Nyumba, Madrid, 1995.

ANDEAE, J-V.: **Las bodas químicas de Christian Rosentcreutz.** Ed. Obelisco, Barcelona, 2004.

ANÓNIMO: «El canto de la perla» (publicado como apéndice de *Las bodas químicas).*

ANÓNIMO: *Fama fraternitatis.* Biblioteca esotérica, México, 1983.

ANÓNIMO: *Los oráculos caldeos* F. García Bazán (ed.). Ed. Gredos, Madrid, 1991.

ANÓNIMO: **Los arcanos del tarot.** Ed Herder, Barcelona, 1987.

ARASTEH, A. R.: *Rumi, el persa, el sufí.* Ed. Paidos, Barcelona, 1984.

ARMSTRONG, K.: *Una historia de Dios.* Ed. Paidós, Barcelona, 1995.

AROLA, R.: *El simbolismo del templo.* Ed. Obelisco, Barcelona, 1986.

BAILEY, A.: *Iniciación humana y solar.* Ed. Kier, Buenos aires, 1976.

BARNATAN, M. R.: **La Kábala.** Ed. Barral, Barcelona, 1974.

BAYARD, J. P.: *La meta secreta de los rosacruces.* Biblioteca Año Cero, Madrid, 1995.

BIBLIA. Ed. Crítica cantera-lglesias. Bac, Madrid, 1979.

BIBLIA DE JERUSALÉN. Desclee de Brouwer, Bilbao, 1990.

BIOLCATI, V. A.: *La edad crepuscular.* Épsilon, Buenos aires, 1980. (Reeditado en España por Ediciones Obelisco, 1988).

BROSSE, J.: **Los maestros espirituales.** Alianza, Madrid, 1994.

—: *Alquimia.* Plaza y Janés, Barcelona, 1976.

—: *Principios y métodos del arte sagrado.* Ed. Lidium, Buenos Aires, 1982.

BUTLER, W. E. *Magia: Su ritual, su poder y su propósito.* Ed. Luis. Cárcamo, Madrid, 1982.

CASTANEDA, C.: El don del águila. Ed. Eyras, Madrid, 1982.

CIRLOT, J. E.: **Diccionario de símbolos.** Ed. Labor, Barcelona, 1994.

COBREROS, J. P. y MORÍN, J.: *El camino iniciático de Santiago.* Ed. 29, Barcelona, 1982.

CORBIN, H.: *Temple et contemplation.* Ed. Flammarion, París, 1980.

—: *Historia de la filosofía islámica.* Trotta, Madrid, 1994.

—: *El hombre y su ángel. Iniciación y caballería espiritual.* Destino, Barcelona, 1995.

COUSTE, A.: *El tarot o la máquina de imaginar.* Barral Ed., Barcelona, 1971.

CHEVALIER, J.: *Diccionario de los símbolos.* Ed. Herder, Barcelona, 1985.

CHEVALIER, J.: *El sufismo.* Ed. F.C.E., México, 1987.

CHIITICK, W. C.: «The Myth of Adam's Fall», *Sufi*, n.º 15, 1992.

DANIELOU, J.: *Los símbolos cristianos primitivos.* Ed. EGA, Bilbao, 1993.

DAVY, M. M.: *El hombre interior y sus metamorfosis.* Ed. Integral, Barcelona, 1985.

DE CLARAVAL, B.: *Elogio de la nueva milicia templaria.* Siruela, Madrid, 1983.

—: *Obras completas.* Tomo I. Ed. Bac, Madrid, 1983.

DE GIRONA, A.: *Cuatro textos cabalísticos.* Riopiedras, Barcelona, 1994.

DEVOS-HORNETT, J.: «La gnosis evangélica», *La Puerta,* n.ᵒˢ 22-23, 1986.

DÜRCKHEIM, K. G.: *El maestro interior.* Ed. Mensajero, Burgos, 1984.

—: *Meditar, por qué y cómo.* Ed. Mensajero, Bilbao, 1982.

ECKARTSHAUSEN, K. V.: *La nube sobre el santuario*. Ed. Obelisco, Barcelona, 1992.

ECKHART, M.: *Tratados y sermones*. Edhasa, Barcelona, 1983.

ELIADE, M.: **Historia de las creencias y de las ideas religiosas.** Ed. Cristiandad, Madrid, 1978.

—: *La prueba del laberinto*. Ed. Cristiandad, Madrid, 1980.

—: *Tratado de Historia de las Religiones*. Cristiandad, Madrid, 1981.

—: *Iniciaciones místicas*. Taurus, Madrid, 1989.

ENOMIYA-LASSALLE, H. M.: **La meditación, camino de la experiencia de Dios.** Sal Terrae, Santander, 1981.

ENOMIYA-LASSALLE, H. M.: *Zen y mística cristiana*. Ed. Paulinas, Madrid, 1991.

EVOLA, J.: *La tradición hermética*. Martínez Roca, Barcelona, 1975.

FORTUNE, D.: *Las órdenes esotéricas y su trabajo*. Ed. Luis Cárcamo, Madrid, 1981.

G. LAMADRID, A.: *Los descubrimientos del mar Muerto*. Ed. BAC, Madrid, 1971.

GALINDO, E.: *La experiencia del fuego*. Ed. Verbo Divino, Navarra, 1994.

GARCÍA, M. F.: *Textos de Qumran*. Trotta, Madrid, 1993.

GHYCA, M.C.: **El número de oro.** Ed. Poseidón, Barcelona, 1978.

GODWIN, M.: **El santo grial.** Ed. EMECÉ, Barcelona, 1994.

GONZÁLEZ, F.: *La rueda: Una imagen simbólica del cosmos*. Ed. Symbolos, Barcelona, 1986.

GRAD, A. D.: *El Libro de los principios cabalísticos*. Edaf, Madrid, 1980.

GRAY, W. G.: *La magia del templo*. Ed. Luis Cárcamo, Barcelona, 1991.

GREENE, L. y SASPORTAS, H.: *La dinámica del inconsciente*. Urano, Barcelona, 1989.

GRIFFITS, B.: *El matrimonio de Oriente y Occidente*. Ed. Paulinas, Madrid, 1985.

GUÉNON, R.: *Initiation et realisation spirituelle*. Ed. Traditionnelles, París, 1986.

—: **Apreciaciones sobre la iniciación.** CS Ediciones, Buenos Aires, 1993.

—: *El hombre y su devenir según el Vedanta*. CS Ediciones, Buenos Aires, 1990.

—:. *El simbolismo de la cruz.* Ed. Obelisco. Barcelona, 2022.

—: *El esoterismo de Dante.* Ed. Obelisco. Barcelona, 2021.

—: *Sobre esoterismo cristiano.* Ed. Obelisco. Barcelona, 2021.

—: **Símbolos fundamentales de la ciencia sagrada.** Ed. Eudeba, Buenos Aires, 1969. (Reeditado por Ed. Paidos, 1995).

—: *Los estados múltiples del ser.* Ed. Obelisco, Barcelona, 1987.

GARCÍA BAZÁN, F.: *René Guénon o la tradición viviente.* Ed. Hastinapura, Buenos Aires, 1985.

HALEVI, Z'B. S.: **La cábala.** Ed Debate, Madrid, 1994.

HANI, J.: *El simbolismo del templo cristiano.* Ed. Olañeta, Barcelona, 1983.

HUTIN, S.: *Las sociedades secretas.* Eudeba, Buenos Aires, 1979.

IBN TUFAYLE.: *El filósofo autodidacta.* Ed Trota, Madrid, 1995.

JÁMBLICO.: *Vida pitagórica.* Ed. Etnos, Madrid, 1991.

JAMES, E. O.: *Introducción a la historia comparada de las religiones.* Ed. Cristiandad, Madrid, 1973.

JOHNSTON, W.: **La música callada.** Ed. Paulinas, Madrid, 1985.

—: **El ojo interior del amor.** Ed. Paulinas, Madrid, 1984.

JUNG, C. G.: *Psicología y alquimia.* Ed. Plaza y Janés, Barcelona, 1977.

KAPLAN, A.: *Sefer Yetzirah.* Ed. Mirach, Madrid, 1994.

KLOSSOWSKI DE ROLA, S.: **Alquimia.** Ed. Debate, Madrid, 1989.

KNIGTH, G.: **Guía práctica al simbolismo cabalístico.** Ed. Luis Cárcamo, Madrid, 1980.

LEIPOLDT, J. y GRUNDMANN, W.: *El mundo del Nuevo Testamento.* Ed. Cristiandad, Madrid, 1973.

LINGS, M.: ¿Qué es el sufismo? Ed. Taurus, Madrid, 1981.

—: *Un santo sufí del siglo* XX. Ed Taurus, Madrid, 1982.

—: *Muhammad: Su vida basada en las fuentes más antiguas.* Ed. Hiperión, Madrid, 1989.

MARIEL, P.: Rituales e iniciaciones en las sociedades secretas. Ed. Espasa-Calpe. Madrid 1978.

MARTÍN VELASCO *et al.: La experiencia de Dios.* Ed. Fundación Santa María, Madrid, 1985.

MATHEWS, J.: *El santo grial.* Ed Debate, Madrid, 1994.

MAYNADÉ, J.: *Los versos áureos de Pitágoras.* Ed. Diana, México, 1975.

MERINO, J.: *La alquimia.* Ed. Gedisa, Barcelona, 1981.

MARTÍNEZ OTERO, L. M.: *Fulcanelli. Una biografía imposible.* Ed. Obelisco, Barcelona, 1986.

NASR, S. H.: **Sufismo vivo.** Ed. Herder, Barcelona, 1984.

—: *Vida y pensamiento en el islam.* Ed. Herder, Barcelona, 1985.

NATAF, A.: **Los maestros del ocultismo.** Alianza Ed., Madrid, 1994.

NICHOLSON, R. A.: Poetas y místicos del islam. Ed. Barath, Madrid, 1986.

NUEVO TESTAMENTO. Edición Trilingüe. Ed. Crítica Bover-O'Callagan. BAC, Madrid, 1994.

NURBAKHSH, J.: *La gnosis del sufismo.* Ed. Nur, Madrid, 1998.

—: **En la taberna.** Ed. Luis Cárcamo, Madrid, 1992.

—: **En el paraíso de los sufíes.** Ed. Luis Cárcamo, Madrid, 1992.

—: *Jesús a los ojos de los sufíes.* Ed. Darek Nyumba, Madrid, 1996.

—: *Discourse on the sufi path.* Khaniqah Nimatullahi Publications, Nueva York, 1996.

—: *Psicología sufí.* Ed. Nur, Madrid, 1997.

PANIKKAR, R.: **La Trinidad y la experiencia religiosa.** Ed. Obelisco, Barcelona, 1989.

—: *La experiencia de Dios.* Ed. PPC, Madrid, 1994.

—: **Elogio de la sencillez.** Ed. Verbo Divino, Estella, 1993.

PAPUS. *Tratado elemental de ciencia oculta.* Ed. Novedades de Libros, México, d. f.

PERADEJORDI, J. *El libro de Toth.* Ed. Obelisco, Barcelona, 1986.

—: *La cábala.* Ed. Obelisco, Barcelona, 1996.

PERNETY, D. A-J.: *Diccionario mito-hermético.* Ed. Índigo, Barcelona, 1993.

PITÁGORAS: *Los versos áureos.* Maynadé, J. (ed.). Ed. Diana, México, 1975.

PONSOYE, P.: **El islam y el grial.** Ed. Olañeta, Barcelona, 1984.

CORÁN, EL: Ed. Planeta, Barcelona, 1983.

R. PERNOUD. «Los templarios», en *Elogio de la nueva milicia templaria.* Siruela, Madrid, 1994.

REGARDIE, I.: *La aurora dorada.* Ed. Luis Cárcamo, Madrid, 1986.

RIVIÈRE, J.: **Historia de las doctrinas esotéricas.** Ed. Dédalo, Buenos Aires, 1976.

SATZ, M.: *Jesús Nazareno, terapeuta y kabalista.* Ed. Obelisco, Barcelona, 1988.

—: *Umbría Lumbre: S. Juan de la Cruz y la sabiduría secreta de la kábala y el sufismo.* Ed. Hiperión, Madrid, 1991.

—: *Poética de la kábala.* Ed. Altalena, Madrid, 1985.

—: Árbol *verbal.* Ed. Altalena, Madrid, 1983.

SCHAYA, L.: *La doctrina sufí de la unidad.* Ed. Olañeta, Palma de Mallorca, 1985.

SCHOLEM, G.: *Las grandes tendencias de la mística judía.* Ed. Fondo de Cultura, Buenos Aires, 1993.

SCHUON, F: *El esoterismo como principio y como vía.* Taurus, Madrid, 1982.

—: *De la unidad transcendente de las religiones.* Ed. Heliodoro, Madrid, 1980.

—: *Comprender el islam.* Ed. Olañeta, Palma de Mallorca, 1987.

SCHURÉ, E.: **Los grandes iniciados.** Biblioteca Año Cero, Madrid, 1995.

SHAH, I.: *Los sufíes.* Luis de Caralt Ed., Barcelona, 1984.

STEINER, R.: *La ciencia oculta.* Ed. R. Steiner, Madrid, 1978.

TOSCANO, M.: «Lo que el hombre dice sobre el hombre». Conferencia en la Fundación Antonio Oliver, Madrid, 1994.

VIVES, J.: *Los Padres de la Iglesia.* Ed. Herder, Barcelona, 1971.

VOSS, G.: **Astrología y cristianismo.** Ed. Herder, Barcelona, 1985.

VV. AA.: *Nuevo diccionario de Espiritualidad.* Ed. Paulinas, Madrid, 1983.

VV. AA.: *Apócrifos del Antiguo Testamento.* A. Díaz Macho (ed.) Cristiandad, Madrid, 1984.

VV. AA.: *Historia de las religiones,* tomo 8. Ed. Siglo XXI, Madrid, 1987.

VV. AA.: *Los evangelios apócrifos.* Aurelio de Santos (ed.). BAC, Madrid, 1963.

VV. AA.: «Cábala», *La Puerta,* 1989.

VV. AA.: «*Sobre esoterismo cristiano*», *La Puerta,* 1990.

VV. AA.: *René Guénon. Cuadernos del Obelisco.* Ed. Obelisco, Barcelona, 1991.

VV. AA.: *El Graal y la búsqueda iniciática.* Ed. Arbor Mundi, Barcelona, 1982.

VV. AA.: «Tradición hermética», *Symbolos,* n.ᵒˢ 11-12, 1996.

VV. AA.: «Alquimia», *La Puerta,* 1993.

VV. AA.: *Pasos.* Zendo Betaniae Guadalajara.

WILSON, E.: *Los rollos del mar Muerto.* Ed. FCE, México, 1966.

WIRTH, O. *El ideal iniciático.* Ed. Kier, Buenos Aires, 1979.

ÍNDICE